歴史のなかの東大闘争

——得たもの、残されたこと

大窪一志
大野博
柴田章
神山正弘
佐々木敏昭
乾彰夫
藤本齊
光本滋
伊藤谷生

本の泉社

まえがき

五〇年前、「東大闘争」とよばれる学生たちのたたかいがあった。

往々それは、ヘルメットとゲバ棒による全共闘系と日共＝民青系の対立として語られ、テレビで実況中継された全共闘系学生たちと警察機動隊の安田講堂「攻防戦」をクライマックスに、学生たちの「敗北」と描かれる。

本書は、そういう世上に流布する「東大闘争」とは違う、「東大闘争」の実相を振り返り、あのとき学生・院生、教職員たちは何を獲得し、何を獲り逃がしたのかを明らかにすることによって、現在の大学・教育がかかえる問題を考えようとする一つの試みである。各論考の筆者は当時、東大闘争を大学民主化の立場から中心になってすすめた者のほか、高等教育研究の専門家にも加わってもらい、さまざまな角度からあのたたかいを照らし出すことに努めた。

大学の民主的変革を求めて摸索し、たたかった側からの総括的な問題提起は、おそらく本書がはじめてだろう。学生たちと大学当局との間で交わした「確認書」にもとづくその後の東大闘争と、東大改革がなぜ挫折したのかに論及したのも、本書のほかにはないと思われる。

私たちは、それらの総体が「東大闘争」であったと考えている。

本書の編集にあたっては、以上の問題意識を共有しつつ、各論考は筆者それぞれの責任で見解を述べるものとした。論考間の多少の齟齬はそのためであり、読者諸氏のご理解をお願いする。また、学生集団の呼称を全共闘系、日共＝民青系などとしたことに異見もあろうが、五〇年という時間は一つの歴史でもあり、当時一般的に通用していたものとしてご了解いただきたい。

東大闘争は、闘争の渦中においても、その後も、学生たちをつき動かした。進路を変えた者がいれば、友人関係を絶った者もいる。政治に目覚めた者がいれば、背を向けた者がいる。懐かしく語る者もいるが、思い出したくもないと心を閉ざす者がいる。しかしあのとき、東京大学はもとより全国の学園には青春があった。国家、大学、教育、研究、教員、学生、世間、さらに思想、政治、政党、組織……問いきれない大命題に立ち向かい、必死で考え、吐き出す、学生たちの真剣な姿があった。

世界では、アメリカの侵略に抗するベトナム人民を後押しする世論が沸騰し、パリ・カルチェラタンに集まった学生たちに呼応してフランス全土でゼネストがたたかわれた。アメリカでは、ヒッピーたちに混じってボブ・ディランが帝国の横暴にノーの声をあげた。中国の「文化大革命」も、激しく揺れ動く世界の一つの光景をつくった。「プラハの春」を押しつぶしたソ連軍の戦車に、毅然とバラの花一輪掲げて歩み寄った婦人は、まちがいなく日本の若ものたちの心であった。

国内では、アメリカの原子力空母エンタープライズの寄港に反対し、日米安保条約「固定期限」終了へ動きが広がりはじめていた。沖縄返還の声もひときわ大きくなっていた。

「団塊の世代」が入学した大学では、マスプロ授業はじめ矛盾が噴出し、「期待される人間像」ではない自立・自尊の人間像を学生たちは真剣に模索した。一方、高度経済成長に歪みが生じた経済界は大学への要請をつのらせ、あらたな産学協同を企図しだした。

こうして、閉塞感と希望とが複雑に入り混じった世界と日本の大きな転換期で東大闘争はたたかわれた。学生たちは世界と日本のありようと自分の進み行く道とが密接不可分に結びついていることを、感じないわけにはいかなかった。

しかし、あのときの「確認書」が実を結び、大学改革が日の目を見ることはなかった。そのことが、今日の国立大学法人化など政府主導の大学「改革」につながっているという議論をも生むことになっている。ともあれ闘争後、学生たちは「日常」に帰っていった。就職、研究……胸を張ってだけでは生きていけない世間に同調し、あるいは反発・抵抗し、そして、五〇年が過ぎた。

私たちは、あのとき大学の民主化を求めてたたかった人はもちろん、バリケードをはさんで向こうにいた人たちも、さらに、心をすぼめて生きざるをえなかった人たちも、本書をひもといていただきたいと願っている。後の世代の人たちに、何か語ることが出てくるように思うからである。それは、あのときを確かに生きた者たちの、やり残した大きな一つでもあろう。

また、後の世代の人たち、とりわけ現代の学生のみなさんには、本書をぜひ手にして欲しい。あなた方のほぼ祖父母にあたる世代の者たちが、今のあなた方と同じように、惑い、傷つきながらも、自分の進み行く道にかくも真剣であったことを知って欲しい。そして、あなたならどうするか、あなたは明日へどう生きるかを考えて欲しい。今日とは違う明日のために何ができるか――若者はいつの時代にもそのことを悩むものであろうから。

二〇一九年九月

編集部

歴史のなかの東大闘争──得たもの、残されたこと　目次

まえがき　3

第Ⅰ部　東大闘争への道　11
第一章　日本学生運動史のなかの東大闘争　大窪一志　13
第二章　東大教養学部における学生自治の構造と活動の特徴──東大闘争への道　大野　博　62

第Ⅱ部　東大闘争の検証　105
第一章　東大闘争の概観　柴田　章　107
第二章　自治運動としての東大闘争　大窪一志　131
第三章　東大闘争と日本の大学──六〇年代の大学と学生運動　神山正弘　160
第四章　職員組合としての東大闘争：東職東大闘争　佐々木敏昭　194

第Ⅲ部　東大闘争と大学改革　215
第一章　一九六八年と学生参加──欧米の大学闘争と東大確認書　乾　彰夫　217

第二章　東大「確認書」はいま……――法律論として、運動論として　藤本　齊　246
第三章　東京大学「大学改革準備調査報告書」――戦後大学改革論の中での位置と意義　光本　滋　270
第四章　東大闘争後五〇年、大学の変貌過程と再生の課題　伊藤谷生　298

【資料】
東大闘争略年表（一九六七年一月～一九七〇年六月）　359
一九六九年一月一〇日の七学部集会における確認書（十項目確認書）　380
一九六九年二月一一日の七学部代表団との最終確認書　384
東京大学当局と東京大学職員組合との確認書　388
東大当局との「確認書」についての折衝経過における了解事項　391

歴史のなかの東大闘争

――得たもの、残されたこと

第Ⅰ部
東大闘争への道

帝国大学安田講堂。1921年起工、関東大震災による中断を経て25年に完成。

第一章　日本学生運動史のなかの東大闘争

大窪一志

東大闘争は、一九六五年から六九年に闘われた全国学園闘争の一齣であったが、そのなかでも特に大学のありかたを問い、学生のありかたを問うという根本的な課題に取り組んだ学園闘争であった。そこで、近代日本の学生運動が、大学と学生のありかたをどのように問い、その点をめぐってどのような運動を展開してきたのかを見ていくなかで、東大闘争が学生運動史に占めた位置を探ってみることにしたい。

一　近代日本の大学と学生

学ぶ者のための大学ではなく学ばせる者のための大学

近代日本の大学は、一八七七年の東京帝国大学創立に始まる。この東京帝大の前身は、儒学の昌平坂学問所、洋学の開成所、西洋医学の医学校で、いずれも徳川幕府の高等教育研究機関であった。つまり、もともと一種の国家機関であったものをもとにして、近代化推進のために国家機関として創られたのが近代日本の大学なのであった。

明治期には、一八九〇年に大学部を開設した慶應義塾、東京専門学校からのちに大学として認められた早稲田大学のように民間で創られた大学もあった。しかし、大学全体のありようは、帝国大学を範型にしており、一八八六年に公布された帝国大学令第一条にいう「国家の須要に応ずる学術技芸を教授する」という目的に基本的に規定されたものだった。一九一八年に公布された大学令でも基調は同じであった。

ここで重要なのは、近代日本の大学は、「国家の須要に応ずる」ため、つまり学ぶ者ではなく学ばせる者のニーズに基づいて、民間の自発によってではなく国家の計画によって設立運営されるところから始まったということである。

それでは、世界の大学はどうだったのだろうか。一〇〇八年創立の世界最初の大学と言われるイタリアのボローニャ大学は、学ぶ者が主体になって設立された大学であった。この大学は、一〇世紀にすでに成立していた法学と教養諸学の学校がもとで、この学校の学生たちが universitas（ウニヴェルシタス）と呼ばれる学生組合を一種のギルドとして結成して、この組合が主体になって設立したのである。設立されたのは studium generale（ストゥディウム・ゲネラーレ 全般的な研究）と呼ばれる機関で、この組合立機関が神聖ローマ帝国皇帝フリードリッヒ一世の特許を得て公認されたのがボローニャ大学の始まりなのである。

もう一つ、古くて有名な大学であるパリ大学の場合は、一二世紀前半に成立しているが、こちらは学生組合ではなく教員組合のギルドが主体となって設立されている。学ぶ者ではないが、学ぶ者といっしょになって究める者である研究者たちが創った研究教育機関なのだ。このパリ大学も、ローマ法王からやはり studium generale と認められたものであった。

いずれにしても、ヨーロッパの大学は、学ばせる者ではなく学ぶ者・究める者のニーズに基づいて民間で設立された自由な大学だったのだ。それに対して、日本の大学は、「国家の須要に応ずる」という言葉に表されているように、学ばせる者のニーズにもとづいて、上から国家によって創られた大学であったわけなのだ。[1]

だから、ヨーロッパの大学は、創立のときから自治が管理運営の基本だったのに対し、日本の大学は、自由な自治から出発しておらず、国家の行政機関のようなものだったのである。[2] 帝国大学令では、総長は勅任（天皇の任命）、教授・助教授は奏任（事実上内閣総理大臣の任命）によって決められると規定されていた。すなわち、教員である以前に、天皇・政府に直結する高級な官吏という身分として位置づけられていたのである。

しかし、学問というものは、国家の必要に応じるというようなかたちで政治権力に枠をはめられていては発展が制約されてしまう。だから、真摯に学問を学び究めようとする学生と教員は、やがて学問の自由と大学の自治を闘い獲るために起ち上がっていったのである。やがて形成された学生運動はその後一貫して、「学ばせる者のための大学」のなかで「学ぶ者のための大学」を求めていく自治運動となっていったのだった。

理想主義・ヒューマニズム・革命――学生の立脚点

このようなものだった大学において、学生というのはどのような存在だったのか。

戦前の学生というのは、帝国大学・私立大学の学生だけでなく、旧制高校（現在の大学の教養課程＝大学設置基準が変わり、現在は教養課程は少なくなっている＝にあたり大学予科とも呼ばれた）・専門学校（医学専門学校・師範学校）の学生も含めたものだった。これらすべてを含めた高等教育機関進学率は、明治期で一％程度、昭和に入っても五％前後といわれている。これは全体に占める割合から見てもエリートにちがいない。

明治期の社会では、徳川期の身分制が解体され、階層が流動化して、立身出世の可能性が大きく開けた。その立身出世のコースのうち最高のものが大学を出ることだったのである。だから、大学に入った学生は客観的にも「国家エリート」の卵であり、学生の主観的な自己意識においても「天下国家を担う」自負に満ちていたのである。

こうした関係は、「国家」のイメージは変わっても、一九六〇年代までは東大などではまだ残っていた。学生のありかたは、高度経済成長期を経てようやく大きく変わりつつあったけれど、それが変わり切るまでは、大学生は明治の頃と意味は違ってもやはり「エリート」だったのだ。これは学生運動のありかたを考えるうえで忘れてはならないことだ。

エリート意識は往々にして悪く働くが、良く働く面もある。旧制高校の代表的存在であった第一高等学校（一高）寮歌「嗚呼玉杯に花うけて」は「治安の夢に耽りたる　栄華の巷低く見て　向ケ岡にそそり立つ五寮の健児意気高し」と謳っていた。一高の五つの学生寮は全寮制で学生の自治によって運営されていた。東大駒場寮に保管されていた一高の寮の定期刊行誌『向陵時報』や学寮委員会の記録を見ると、非常な努力を払って学生自身の手で学生生活の自主管理・自己統治を図ってきたことが窺える。学校当局によっても奨励された俗世から離脱した「籠城主義」といわれる孤高の姿勢は、エリート意識故に尊ばれた自治主義にもとづくものでもあったのだ。このような性格の自治主義が学生自治のひとつの原点だったことは否定できない。

一方、あまり良くない面としては、明治初期の学生は「末は博士か大臣か」といわれたもので、これは立身出世を象徴することばだった。ここには一つは「真理追究」という側面があり、学者になって博士になる途が追求された。もう一つには、国家エリートとして「政治志向」が強いという側面があったので、政治家になって大臣になる途が追求されたのだった。こうして、博士と大臣の二つが「立身出世」の最高の達成だとされていたわけである。実は、このような志向も、一九六〇年代までは、形を変えてではあるが見られたのであり、それが学生運動のありかたにも影を落としていたのである。

明治期には、一方で、西洋哲学が入ってきてドイツ観念論・キリスト教プロテスタンティズムの影響で学生などの若いインテリの思想には理想主義が強い傾向があった。

学生の間で流行った歌「デカンショ節」――

♪デカンショー、デカンショーで半年暮らす、ヨイヨイ！
　後の半年ゃー寝て暮らそ、あーよーいよーい、デッカンショ！

デカンショーとは、デカルト、カント、ショーペンハウエルのことで、一年の半分は、こうした哲学者の本を読んで暮らし、あとの半年は眠るがごとく沈思黙考して暮らす――これが高邁なる理想主義学徒のあるべき姿だ、というわけだ。この理想主義と政治志向とが結合して、国事に関わって政論をぶつ学生がしばしば見られ、自由民権運動を鼓吹する学生も現れた。これは学生運動の萌芽ともいえるだろう。

大正期になると、国家よりも社会、人間のありかたが関心の的になるようになり、ヒューマニズムとデモクラシーが若い知識人をとらえる。そこから人間解放をめざし民衆のために学問を活かそうという進歩的学生が生まれていった。やがて、大正デモクラシーの主導者で東京帝大教授の吉野作造を顧問に新人会という学生団体が結成され、この新人会が学生運動団体の源流となっていったのだった。

昭和期には、大正後期から知識人に広まった社会主義思想が学生をとらえ、特にマルクシズムに魅かれた学生が、非合法秘密結社日本共産党の指導を受けて、研究活動や政治活動を進めるようになっていった。ここから一九八〇年代まで続く左翼学生運動が始まっていくわけである。

個体発生は系統発生をくりかえすといわれるが、少なくとも一九六〇年代の僕らまでの学生運動活動家は、個人の思想遍歴として、この理想主義からヒューマニズムへ、そして社会主義へという道をくりかえしたどってきたように思われる。

二　日本学生運動の原形質

学生運動の出発点

このような大学と学生のありかたのなかから、やがて持続的に展開されていく学生運動が形成されていく。その出発点といわれる新人会は、一九一八年に東京帝大に設立された学生団体だが、大学と学生固有の問題に取り組む自治運動団体ではなく、日本全体の社会問題に取り組む社会運動団体であった。

すでにその前から、大学には自治をめぐる紛争が起こっていた。たとえば、新人会結成の四年前、一九一四年に京都帝大で起こった澤柳事件、これは澤柳政太郎総長が教授会に諮ることなく七名の教授を罷免した事件で、全学的な紛争に発展した。このとき教授会はみずからの自治権限を主張して罷免に反対し、結局、教授の任免には教授会の同意が必要であり、総長は教授会が選任するという確認を勝ち取った。そして以後これが全国の大学の慣例として定着していくこととなったのである。これで大学の教官は官吏ではなく、官僚組織から独立し自治権限をもった大学の構成員としての身分が事実上確立されていったわけで、大学の自治にとっては重大な事件であった。

だが、このとき、学生は罷免反対運動をおこなっていない。おこなってはいないが、影響は受けた。このとき法科大学学生だった滝川幸辰――彼はのちに京都帝大教授となり、いわゆる滝川事件で大学を追われることになる――は、この澤柳事件をめぐって、自分を含めて学生たちはこの事件に大きな影響を受け、大学のありかたを考えることを通じて、「大学の自治」のなんたるかをつかむようになっていった、と回想している。[3] 学生の自治精神の芽生えといえるであろう。

しかし、新人会は、このような自治精神から生まれたものではなかったのだ。新人会顧問であり中心であった政治学者・吉野作造は、民本主義の主唱者で思想団体黎明会を主宰していた。その吉野の政治思想にもとづいた新人会綱領は次のように謳っていた。

一、吾徒は世界の文化的大勢たる人類解放の新気運に協調し之が促進に努む

一、吾徒は現代日本の合理的改造運動に従ふ

ここに表されているように、新人会は、もともと民本主義を基調に人類解放、日本の合理的改造をめざす思想・実践団体だったのである。実際の活動は政治・社会思想の啓蒙活動、普通選挙実現運動、労働者街でのボランティア活動など学外に広がっていく政治・社会運動であった。[4] つまり、理想に燃えた学生は、その情熱を大学の枠を超えた全人類、日本全体の社会改造に向けていったのである。

これが日本学生運動の出発点だったのだ。

この大正後期から昭和初期にかけての四、五年間に日本学生運動の原形質といってよいものが形成され、それは少なくとも僕らが東大闘争を闘っているころまで、世代交代を経ながら継承されてきたように思われる。

学生運動家の意識の原型

その原形質は学生運動家の意識にどのように刻印されたのだろうか。

学生運動家たちを支えたのは、さきにのべたように、選別された国家エリート候補生としてのエリート意識と、選別されたからには国家の将来を担わんという政治志向とが結びついた「エリート政治青年」の意識であった。

ただ学生運動家の場合は体制順応のエリート意識・政治志向ではなくて、体制批判のそれであったから、学生運動への参加として結実したのである。体制順応ではなく体制批判になったのは、そのエリート意識・政治志向が世俗的な上昇志向や立身出世願望にもとづくものではなく、真理の探求に真摯に打ち込む理想主義思想青年の意欲にもとづくものだったことによるものであったろう。

そうであるが故に、新人会の「人類解放」というヒューマニズムから、マルクシズムの「プロレタリア解放」の革命思想へと、体制批判の理想主義は進展していったのである。一九二二年には各大学の社会科学研究会（略称・社研）を糾合して日本学生社会科学連合会（Federation of Student Social Science　略称・学連F.S）が結成され、高校でも翌年に高等学校連盟（High School League　略称・高連 H.S.L）が結成されている。

この学連と高連が全国的学生運動組織の始まりであった。
　昭和初年代に左翼学生運動に参加して治安維持法違反などの容疑で検挙された学生を大量に調査した報告書によると、これらの学生たちは成績優秀な者が多く、たとえば一高の調査でも秀才揃いの同校のなかでも「頭脳明晰」であると評価されている。[5]
　しかも、彼らは高校ないし予科の学生のころに、哲学ではデカルト、カント、ショーペンハウエル、ニーチェ、文学ではゲーテ、シラー、トルストイ、シェークスピア、イプセンなどを読んで、みずからの生き方を真剣に探っている者が少なからず見られ、そこからクロポトキン、マルクス、エンゲルス、レーニンへと進んでいったのである。[6]ちなみに、左翼学生がマルクシズムに傾倒しはじめた時期は、高校または予科がいちばん多いという。[7]僕ら一九六〇年代の学生も、高校高学年、大学教養課程にマルクシズムに感化される者がもっとも多く、この点では同じであった。
　一九二九年の共産党員一斉検挙の四・一六事件で検挙された某帝大学生は、手記のなかで当時の学生を三類型に分けている。第一は「只学校の與ふるものを其儘蓄音器的に記憶する少数学生」、第二が「酒を呑む事遊ぶ事を以て萬事終れりとなす一般学生」ないしは「自己の小ジンマリとした生活に十全なる満足を見出して、政治も社会も国家も全く関心しない一般学生」、これらが多数派である。そして第三が「社会的影響を受け詰込教育にあきたらず寧ろ其に反撥して行く一部の社会科学研究の学生」である。[8]
　この第三類型が学生運動の活動家である。そして、その姿は、「激越なアヂ演説」「色とりどりの宣伝ビラ」「暴風のやうな学生大会の喊声」「狂乱のやうなデモ行進のスクラム」「薄暗い下宿の二階の読書会」「真夜中のガリ版のカット、ビラ印刷」……一九六〇年代、僕らの学生運動もほとんど同じであった。

そして、彼らは自分たちと同じ第三類型に加わらせるべくオルグ（組織化活動）に取り組んでいくわけだが、それは同じ学生として議論をするというよりは、「意識の高い」活動家学生が「意識の低い」一般学生を導いて自分たちの戦列に獲得するというかたちをとる。このような組織化のありかたは、学生層の利害をもとにした学生層のための学生運動ではなく、「学生運動を階級闘争として闘う」方向へと運動を導いていったのである。

そして、学生運動家自身も、社会科学研究会のメンバーから共産青年同盟へ、共産青年同盟から共産党へというように活動家としての位階を上げていって、党派性をそなえた前衛に成長していくのである。こうして前衛党員になった学生は、自分がそれ以前から在籍していた大学に前衛として新たに「派遣」された者であるという転倒した意識を植えつけられる。それは、宗教的な「使徒」意識に似たものである。そして、これらの使徒たちは、民衆に福音を説くように学生たちに目的意識性を外部注入していったのである。

以上に素描したものが初期学生運動のエトスとパトスであり、これが原形質として以後の学生運動に継受されていったのだった。それは、僕らの時代、まだ生きていた。

学生は毎年卒業生が大学を出ていき、新入生が入ってきて、メンバーが交代していく。だから、学生運動の継承には特別の配慮が必要だった。学生運動団体は、その組織を通じて意識的にその思想や精神、運動論や活動方法を後輩に伝達し継承に努めてきた。それとともに、対立点として解決に至らなかった問題は繰り越されて、くりかえし論争の的になることともなったのである。

三　戦前日本の学園闘争

学生運動の二つの面

戦前においても戦後においても、学生は社会のさまざまな階層の出身者からなっていた。だから、学生層のなかには、社会のあらゆる思想傾向や政治傾向が存在していた。したがって、そのままにされているなら、思想的に統一されたり、政治的に統一されたりするようにはなりえない。

しかし、学生は、青年としてみずからの未来をみずからの手で獲得しようとする意欲をもっていたし、学徒としてその獲得を知によってなそうとする意欲をもっていた。そういう意欲をもってはいても、生活でも学問でも経験不足で未熟なため、純粋だけれど生硬なのもいたしかたないところがあった。

だから、治安の夢にふける栄華の巷を低く見るというように、現在の社会を低俗で不純だとみなし、マルクシズムをその典型とするような、社会変革して理想社会を開く知の体系が提示されれば、それに従って社会を変える運動に起ち上がる傾向をもっている存在だった。

特に、日本のように後発の近代化に邁進している国、あるいは当時の中国のように先進近代国家に抑圧されていた植民地・従属国の学生には、そうした傾向が顕著で、学生の社会運動は、朝鮮の三・一独立運動、中国の五・四運動におけるように大きな役割を果したのだった[9]。日本でもその傾向が強かったといえる。それは、日本が植民地・従属国化していたというのではなく、後発近代国家として搾取と収奪を強め権威主義的支配を敷かざるをえなかったことによるものであった。日本学生運動の原形質としてのべた特質は、社会的背景としてはこうした事情から来たものであった。

ここに、学生運動の社会運動・政治闘争としての側面が存在する。

同時に、学生は学園を生活の場にしているし、学徒としての知の探求は大学の機構を通してなされる。だから、学生固有の生の欲求、知の欲求を学園の内で満たそうとするし、大学のありかた、学問のありかたに関心をもち、そこに関与していこうとする。

ここに学生運動の第二の側面として学生自治運動・学園闘争としての側面が生まれる。

この第二の側面は、日本のような国家主導の上からの近代化が進められているところでは、その面における自由が認められている領域が狭く、大学という部分社会固有の問題も、学生固有の欲求も、国家あるいは全体社会の壁にすぐ突き当たることになる。そのため、第二の側面も、第一の側面からの運動を必要としていくことになり、そちらが先行することになりがちであった。

こうして、戦後に至っても、日本の学生運動は、「社会運動・政治闘争としての学生運動」が前面に出て、大きな比重を占めることになっていたのだった。

しかし、大学外での社会運動・政治闘争という「上から、外へ」という方向を志向する運動をおこなうにしても、それが大学内に学生の支持の基盤をもたなければならないかぎり、自治運動・学園闘争という「下から、内へ」の運動こそが学生運動全体の基礎になるのであって、そこをないがしろにした運動がともすれば上滑りの運動になる傾向をもっていくことになったことは否めないのである。

学問研究か社会実践か――「リベツ化」論争

一九一四年の澤柳事件のとき、学生はまだ自治の自覚が不充分で、反対運動を起こさなかったが、六年後の一九二〇年に起こった東京帝大・森戸辰男助教授処分事件のときには反対運動を起こした。森戸は、経済学部機関誌『経済学研究』にロシアのアナキスト・クロポトキンの思想を研究した「クロポトキンの社会思想」と題する論文を発表したが、これが朝憲紊乱だとして休職処分に処されたのだ。これを不当処分だとした学生たちは、自然発生的に各学部で学生大会を開き、抗議行動をおこなった。

ところが当時東京帝大の学生運動を指導していた新人会幹部は、普通選挙実現という政治課題の運動に集中していたこともあって、こうした学生の自発的抗議行動に意外に冷淡な態度を示したのである。

新人会代表の山崎一雄は、学生大会で「われわれはブルジョアの大学なんかどうでもよいのだ。騒ぐだけ馬鹿げている」と発言し、新人会機関誌『先駆』では、政府や大学当局に学問の自由を要求してもしかたがない、「教授会に代わる学生委員会でもつくって……野に遊ぶ真の学者を招聘するくらいの意気込み」が必要であって、それができなければ「学の独立・自由」などありえない、と一九六〇年代学園闘争で主張された「学問の自由＝ブルジョア的権利」「教授会自治に代わる学生コミューン」のような論説を展開したのだった[10]。

ここには、当時の大学も学生も全体としてブルジョア的な存在であり、その実態をそのままにして制度を改良してもなんにもならない、そんなことに精力を集中するよりは、いま進めている普選運動を結実させて労働者・農民が選挙権を獲得すれば、日本の政治革新の途が開け、これを通じて新人会の掲げる「現代日本の合理的改造」が実現されるのだから、この政治課題に向けた運動に集中すべきだ、という考えが透けて見える。

ところが、普通選挙は実現しなかった。そして、一九二三年の第一次共産党検挙、関東大震災にともなう大杉栄虐殺など左翼への政治的弾圧が強まるなかで、社会運動の方向転換を求める声が起こってきた。それは、山川均の論文「無産階級運動の方向転換」に代表されるものであったが、学生運動もその線に沿って、従来の少数精鋭による高度な政治運動の推進から多くの学生の参加による大衆的学生運動の展開へと転換しようとする意見が強くなった。

ここに、階級闘争としての意識的な学生運動からリベラリズムにまかせた自然成長的な学生運動への転換――「リベツ化」と称された――がおこなわれた。一九二四年五月には学連が「今後連合会は純然たる研究団体として終始し、決して実行運動に携はらない」と決議している。

ところが、これに対し、無限定に大衆化を図るなら学生のブルジョア的・小ブルジョア的傾向に妥協し、それに同化されてしまい、運動の本来の目的が失われるという批判が出された。この批判の背景には、論文『『方向転換』はいかなる諸過程をとるか」などで山川均の方向転換論を批判した福本和夫の「分離・結合」論があった。こうした山川イズムか福本イズムかという革命論争を背景に、学生運動における「研究か実践か」「学問か政治か」をめぐる「リベツ化」論争が展開されることになった。

これは、さきにのべた学生運動の二つの面をどう統一するかという問題をめぐる論争であったといっていい。そこでは、大学という機関の存在意義、学生という社会集団の階級的規定、学生という存在の社会的役割、学生運動の目的といった根本的な問題が関わっていたが、それらが充分論議されないまま、結局、次のようなかたちで総括されて、論争は終わった[11]。

のちに作家となったが、当時は新人会の指導者だった林房雄が「学生運動について」という論文（後藤壽夫の筆名で執筆）を発表、この見解で一応の決着を見ることになったのだ。この論文で林は、学生にとっては実際運動への参加を通じて自己を変革することが重要だとしながら、その実際運動は学生として可能な範囲のものであるべきで、学生運動の重心は学校内の活動にあるという折衷的な見解で論争収拾を図っている。[12]

けれど、この論文のなかで林は、学生運動の第一の目的は、学生に「無産階級的意識を植えつける」ことにあり、第二の目的は、そうした意識に達した学生を組織して「学生として無産階級運動に貢献せしめる」ことにあるとのべている。これは、「学生運動を階級闘争として闘う」という考え方であり、煎じ詰めれば、「学生層のための学生運動」ではなくて、「労働者階級のための学生運動」だということになる。その上で学園での活動に重心を置こうというにすぎない。

このように基本的に階級闘争として学生運動を位置づける運動論は、戦後においても形は変わってはいても少なくとも一九六〇年代までは支配的なものだったが、僕にはむしろ、この「リベツ」化論争に関して当時のべられた早稲田大学教授・大山郁夫の見解のほうが正しかったと思える。大山は学生の「社会科学運動」を高く評価しつつ、それを社会主義運動とそのまま重ねたり、機械的に接続したりするのではなく、大学という場、学問という領域における学生大衆自身の運動として展開することを求めたのであった。すなわち、「大学生たちが企てる社会運動は、その基礎を大学生たち自身の立場の上に据ゑなければならない」として、そうでないかたちで「飄々浪々として他人の運動を伝へ歩るいて、それからそれへと転々として居ては」しかたがないとして、学生自身の立場に立った共同運動を提起していたのである。[13]

この大山の意見は一九二〇年代初めに自然発生的に盛り上がった学生自治運動の性格を反映したものだったと思われる。だが、当時の学生運動指導部の「階級闘争としての学生運動」路線は、これを汲み取ることができなかった。

学生自治への目覚め

こうしたなかで、やがて一九二五年になると、京都学連事件と呼ばれる事件を契機に学生自治を求める運動がふたたび急激に盛り上がった。

この事件は来日した全ロシア金属労働組合代表のレプセに京都帝大社研のメンバーが密かに接触して会談したというので、警察が会見した京大生を捕らえた事件だが、厳重な警備体制を出し抜かれた警察は怒って、社研を解散させ、学内の寄宿舎などを無断で捜索した。これに対して起こった大きな抗議行動が自治要求にまで発展したのだった。

京都帝大で開かれた抗議の学生大会では、これらの警察の行動を大学の独立と研究の自由を侵すものとして糾弾するとともに「学生生活の自治を確立するため学生自治機関の設立を期す」と決議された。「学生自治機関の設立を期す」――これがおそらく最初の学生自治宣言だと思われる。

このとき同時に、東京帝大でも、学友会改革運動というかたちで学生自治を求める運動が起こっていた。大学当局の意思が色濃く反映される運営がおこなわれていた学友会に対して、「官僚的学友会反対」の声が起こり、やがて「すべての権力を学生大衆へ」というスローガンのもと、臨時学生委員会が設置されるまでに発展したのである。

臨時学生委員会は、学生食堂の営業許可権と商人監督権を学生監（教授会の学生担当）から奪って、学生管理のもとに置き、食事代を五〇銭から一五銭に値下げするなど、労働者の工場委員会に似た自己決定機関的な役割を果たした。

京都帝大・東京帝大のこうした運動は全国に波及していった。

政府・文部省は、京都学連事件をきっかけに、学生の思想団体・研究団体を解散させる、個人にも左傾思想につながる研究をさせないという方針で思想取締を強化した。また、学生管理体制が強化され、学生担当が従来の教授会選出の学生監から文部省派遣の学生課・学生主事制度に換えられた。

その結果横行した勝手に下宿を捜索したり校友会雑誌を検閲したりするやりかたに対して、いわゆる左翼学生、左傾学生だけでなく一般学生が憤激したのだ。こうした憤激の拡大が学園闘争の盛り上がりを呼んだわけで、政府・文部省の取り締まりは、むしろ逆効果になったのだ。

学生観の転換と学生自治運動の思想

こうした状況を見た学連は、これまでのように「無産階級的意識」において闘うのではなく、「自由」と「自治」を掲げて、新しい質をもった運動を展開した。「階級闘争としての学生運動」から「自治運動としての学生運動」へ重心の移動がおこなわれたわけである。

ここには学生運動の指導部における学生観の転換が見られた。

従来の学連主流の考え方は、資本主義社会においては、学生は、結局のところブルジョア的な利害に収斂されていく社会集団であり、学生社会運動は、そこにプロレタリア的意識を注入してプロレタリアの階級闘争に学生の一部を引き入れていくことが目的であり、学生全体の利害を代表して闘うものではない——というものだった。

それに対し、学生自治運動の高揚のなかで自治運動のリーダーを導いた考え方は——現在の日本では、ブルジョア階級の階級的利益を最大化するためには、国家権力によってブルジョア民主主義的権利さえも否定する抑圧が学生全体に加えられている。したがって、学生社会運動は学生大衆の利害を積極的に代表して、その先頭に立つことによって、学園に根を張り、学生大衆を獲得していかなければならない、というものだった。[14]

一九二〇年代初め「リベツ化」の頃の学生自治運動の高揚と違う点は、ただ自然発生的な高揚をみたというだけではなく、学生運動指導部が学生観、運動路線を変えたことにあった。

このような新しい運動の展開のなかで、全国学生運動の機関誌『学生運動』創刊号（一九二六年一〇月）巻頭言は、学生自治運動の思想と理念を次のように明らかにしている。

第一に、学問の自由は、学生の自由に発展させなければならないということである。これはつまり「研究する者の自由から学ぶ者の自由へ」の自由の発展を意味する。

第二に、大学の自治は、学生の自治を包含しなければならないということである。これはつまり「教授会の自治から学生の自治を含む大学の自治へ」の自治の発展を意味する。

第三に、それはすべての人々の「社会的自由獲得」の一環でなければならないということである。そうなってはじめて学問の自由、大学の自治は保障されるという意味である。

これは、僕らが一九六〇年代に学生自治運動に取り組んだときの認識と同じだが、僕らは大正時代からこのような認識が確立されているとは知らなかった。知らずに継承していたわけである。そして、この一九二五年以降の学生自治運動は、ちょうど一九六〇年代に学内での要求闘争を重視するようになったときにそうであったように、「上から起こされ、外へと向かう管理・抑圧への反対」だけではなく「下から起こされ、内へと向かう自主管理・自己統治の創造」へという大きな転換を意味していたのだ。

「学校騒動期」――学園闘争の全国的高揚

このように学生運動が学生自治運動に転換するなかで、一九二八年から一九三一年までの時期は全国の大学で学園闘争・学生自治運動が大きく高揚した四年間だった。

「全国の高専以上の諸学校のうち、学生の自治・社会科学研究の自由・教育の反動化と学校経営の営利主義的堕落に対する反対などのために紛擾を起こし、あるいはストライキを行わなかった学校は、ほとんどない」という状況であった。[15] この四年間は「学校騒動期」と呼ばれ、戦後一九六五年から六九年に展開された全国学園闘争に匹敵する規模のものだった。

この全国学園闘争の高揚の要因には、単に学生運動の主体的な発展というだけではなく、社会的背景があった。

一九一〇年代から二〇年代の日本経済は、日露戦争後の重化学工業化が順調に進んで、欧米に比べても際立って高い経済成長率を実現していた。戦前の高度成長期だったのだ。

そして、この経済成長は都市化と大衆社会化をもたらし、学生を含む若者の意識と行動も変わっていった。一九二七年の流行語がモボ・モガ（モダンボーイ・モダンガール）、マルクスボーイだったのに表されているようにモダニズムとマルクシズムは若者風俗となり、左傾学生が大量に生まれた。

大学も増え大衆化していった。フランスの大学史研究者によると日本では「一九三五年には人口に対する学生の割合はヨーロッパより高くなっている」状態で、このときすでに「アメリカ・モデルによる大衆高等教育への早熟な参入」が始まっていた、とされている。[16]

それは産業経済の発展に寄与する大学への変貌を進行させるものでもあった。当時、早稲田大学は「早稲田商事株式会社」と批評される状況にあり、慶應大学と三井財閥、明治大学と安田財閥の関係の深まりが「学校の企業化」と指摘されている。[17]その一方で、一九二九年の流行語が「大学は出たけれど」だったのに示されているように、「知識階級の生産過剰」と呼ばれるような事態が現れ、就職できない学生が「高等遊民」になる時代でもあったのだ。[18]

こんな両面をもつ時代状況が学園闘争を活発化させたのである。これは、戦後の高度経済成長と大衆社会化を背景に一九六五—六九年全国学園闘争が起こったのと似ている。

路線転換と戦線崩壊

この全国学園闘争は、この闘争のなかで学生運動指導者が次々に逮捕されてリーダーを失っていったこと、また指導部に決定的な影響をあたえていた日本共産党地下指導部が路線転換したことによって、方向を失い、急速に衰退していった。

共産党は、いわゆる二七年テーゼ、すなわちコミンテルンの「日本問題に関する決議」で当面する革命を「民主主義革命」としており、それが学生自治運動や自由擁護運動を広範に展開する革命論上の基礎になっていたのである。ところが、一九二九年から学生運動に対する指導方針が転換され、学連を解体し、共産青年同盟の直接指導の下、「厳密なるプロレタリア指導」が貫かれるようになり[19]、さらに三一年テーゼ「日本共産党政治テーゼ草案」で「ブルジョワ民主主義的性格を広汎に抱擁するプロレタリア革命」に転換したことで、学生運動は元の階級闘争至上主義にもどってしまった。続いて三二年テーゼ「日本の情勢と日本共産党の任務に関するテーゼ」で、二七年テーゼ以来掲げていた天皇制打倒を主要任務として過度に強調して、あらゆる課題を天皇制打倒に結びつけるという戦術を採ったことによって学生を含む大衆の支持を失っていったのであった[20]。

このように革命論争が学生運動の闘争方針に大きな影響をあたえ、その帰趨を左右するのは、すでに「リベツ化」論争における山川イズムと福本イズムの影響にも見られたが、戦後においても何度かくりかえされることになったのである。

そして、一九三三年以降学生運動の指導者を含む大量の思想転向が現れて、大学においても、自由と自治の侵害に対する抵抗の戦線が崩壊していったのである。それ以降、一九三三年滝川事件、一九三五年天皇機関説事件、一九三七年矢内原忠雄事件、一九三八年労農派学者グループ事件、一九三九年河合栄治郎事件と大学の自治は蹂躙され、学生は工場へ戦場へと戦争に動員されていったのだった[21]。「学校騒動期」は戦前学生運動の最後の華だったのである。

四　戦後復興期の学園闘争

大学の自治と学生の自治をめぐる学園闘争という側面から一九七〇年までの戦後日本の学生運動を見渡してみると、そこには三つの山場があったといえる。

第一の山場は一九四六―四八年の大学理事会法案をめぐる学園闘争、第二の山場は一九六二―六三年の大学管理法をめぐる学園闘争、そして第三の山場は一九六五―六九年の全国学園闘争である。これらの三つの山場をピックアップして、戦後学園闘争史を見てゆくことにしたい。

学園民主化で始まった戦後学生運動

第一の山場の大学理事会法案をめぐる対立を先導したのは、大学の教授や知識人ではなく、戦後すぐに学園で大きく起ち上がった学生たちだった。敗戦と同時に、戦争に動員されていた学生は、戦場や工場から学園に帰ってきた。そして、すぐに学園の再建・刷新に取り組んだのだった。

早くも敗戦二ヶ月後の一〇月には、旧制の水戸高校、上野高女（高等女学校）などで学生が集まり、学園の再建・刷新のために起ち上がっている。これらの学校では、戦中に追放された良心的な教授の復帰、そうした教授たちを追放し学生を抑圧した教授や学生課の追放を学生たちが要求し、それを実現した。また、戦中からずっと学生がおこなってきた勤労奉仕の生産物や配給物資の公正な分配も要求した。

これらの活動は、要するに、学園における戦時体制の解体と民主主義の確立に向けた活動だということができる。当時、こうした活動は「学園民主化」と呼ばれた。学園民主化はまたたくまに全国に波及し、やがて授業料値上げ反対・学生生活擁護へと発展していった。

そうした学園闘争は、外部からの指導などなくまったく学生の自主的・自発的な運動として始まったものだから、そのまま学生自治組織の結成につながっていった。

そして、戦中に学生全体を包括していた学生報国組織（学生報国会・全学会などと呼ばれたもの）を改組して、自主的な学生組織がつくられていった。その嚆矢として、一九四六年五月に早稲田大学で学生大会において学生自治会規約を可決、さらに一九四七年一月には東大全学で学生自治会確立と続き、これらが範型となって学生自治会の組織化は全国に拡がっていった。

こうしてできた学生自治会を基礎として、学生運動の全国組織ができていく。戦前は社会科学研究会連合という任意加盟のサークル連合が基盤になっていた全国的な学生運動組織は、戦後は全員加盟制の学生自治会連合として統一されていくことになった。

一九四八年九月、全国学生自治会総連合結成大会が開かれ、一四五校三〇万の学生を組織して、全国組織・全学連が誕生したのである。

戦後学生運動のパトスとエトス

このように戦後学生運動は敗戦後直ちに自然発生的な学園闘争として始まったのだが、そのときの学生たちの気持ちをある東大生は、次のように書いている。

「私達は生きのこった。あの激しい戦争の中をとにかく生きのこった。私達はこの『生きのこった』ということの真の意味を忘れてはならない」（『失われなかった人間性』）

ここでいわれている『生きのこった』ということの真の意味」を学生たちはどこに求めていったのだろうか。

一つは「反戦・平和」に生きること、みずからの戦争体験に立脚しながら、死んだ先輩・同輩から託された遺志を果たすことであった。

そのとき「戦いの轍に裂かれ殺された友の血潮が僕らに平和を叫ばせる」（第四回駒場祭寮歌）と、悲しく憤ろしく歌った一九五〇年代の学生たちのパトスが、「わがゆくてをまもれ　学生の歌声に若き友よ手をのべよ　輝く太陽、青空をふたたび戦火で乱すな」と高らかに誇らかに歌う国際学連の歌につながっていったのは、けっして感傷や偽善ではなく、痛みをともなった実感だったろうと思う。

もう一つは、「自由・真理」に生きること、時の権力の誘導や強制に屈することなく、自由な学問研究を通じて真理を追究していこうということであった。

一九四六年戦後最初の東大の卒業式で、南原繁総長は卒業生に対し「民衆の中にあって民衆を啓発する」ことを求め、「大学で学んだ真理と、真実に即した知性の強さを知り、精神の自由を堅持することによってその体を生かさなければならない」と語りかけて、「精神の労働者こそ祖国再建の戦士である」と訴えた。

学生の側には、これを受けとめて自由と真理を追究する心構えは充分にできていた。戦争中、自由な言論に飢えていた学生たちは、先を争うようにして新刊の雑誌を買い求めた。岩波書店の小売部の前には『世界』の発売日に長蛇の列ができたという。そうした雰囲気のなかで、戦後いち早く再組織された共産党東大細胞は、機関紙名を『真理』として、発刊の辞に「人民の為の知識人を生み人民の為の学問を研究する大学を建設せんこと」を期し、そこに「真理の所在を見出して行きたい」とのべていた。[22]

このような戦争と圧制の体験をもとにした「反戦・平和」と「自由・真理」の追求という真摯な精神的基盤をもって戦後学生運動は出発していったのである。この点は、戦前学生運動とは異なる戦後学生運動の特質ということができる。

このパトスとエトスはのちに、一九五六年の全学連第九回大会において定式化された「平和と民主主義、よりよき学園生活のために」というスローガンに体現された。

大学理事会法案をめぐる対抗関係

一九四六年春に米国教育使節団が来日し、日本の教育制度の「民主的」改革のために活動を始めた。これはアメリカ主導による「戦後改革」の一環であった。

このとき、使節団は大学の自治に関しては、次のような原則で臨んだ。

①政府機関の干渉は排除する

②学問に関しては教授に権威と権限をあたえる

③国公立大学の管理運営をおこなう大学理事会（Board of Trustees）を設置する

①②は基本的に大学の自治の理念に合致している。問題は③だ。この大学理事会というのは米国にあった制度だが、米国の場合は銀行家をはじめとする実業界の代表が中心で、企業・行政の経済的な性格の要求が直截持ち込まれる傾向が見られたのである。これはアメリカにおいて「産業経済の発展に資するための大学」をつくろうという発想が強かったためといえるが、それをそのまま日本にもちこもうとしたわけ

だろう。

政府・文部省は、このような提起を受けて、一九四八年七月に大学法試案要綱を発表した。この要綱では、使節団のいう大学理事会にあたるものとして大学管理委員会というものをつくるとしていた。その構成は、国家代表三・県代表三・同窓生代表（名士）三・教授三・学長一で、学長は、この管理委員会に直接責任を負うものとし、学部長・教授の任免には管理委員会が拒否権をもつとしていた。

これは、構成からしても権限からしても、明らかに「国家・行政による大学の行政的な管理」の思想に貫かれており、ひいては政権の意向による政治的な観点が優先されることともなるものだった。

大学教授会はどう対応したのか。

大学教授会連合評議会は、東大の教授会がまとめた案をもとに、一九四八年三月に大学理事会案に反対する見解をまとめたが、その基本は、学外者の干渉を排するという点にあり、あくまで教授会による管理運営がなされるべきだという考え方であった。

これは、象牙の塔にたてこもりアカデミズムを墨守しようとするもので、「教授組合と学生との師弟関係を通じたギルド的管理」をおこなうことをもって自治とするものだった。

学生はどう対応したのか。

これらの対応にあきたらない学生側は、全学連が一九四八年一一月に大学法学生案を発表した。そこには、

①中央機関としての中央大学委員会は全国一区で公選された三〇名の委員により構成する

②各大学の大学自治評議会は教授代表（各教授会議・各研究室・教室・研究所会議で選出）／職員代表

（各職員会議で選出）／学生代表（各学部学生・大学院生から直接選挙で選出）により構成する
③各学部の学部自治評議会を大学自治評議会に準じた構成で設置する
④大学学費は全部国庫負担、授業料は徴収しない
などが謳われていた[23]。
これは、「大学コミュニティの構成員（教授・学生・職員）が、それぞれ固有の権利にもとづいて、それぞれの団体代表を通じて大学を共同管理する」というコーポラティズム型自治の構想であったといえる。

戦後大学の自治をめぐる対立軸

政府・文部省、教授会、学生の対応をやや詳しく見たのは、この大学理事会法案をめぐる対立と議論の中身が、学問の自由と大学の自治に関する戦後制度をどう運用し、どう発展させていくかに密接に関連していたからだ。

学問の自由と大学の自治は、憲法・教育基本法・学校教育法などの法律により新たに定められた。そのなかで、大学の目的は世界平和、人類の福祉といったきわめて抽象的なものになっているが、学問の自由については、個人として学問を究めることを妨害されないという基本的意義のほかに、その自由を担保するための制度的保障として大学の自治、教授の自由、義務教育などを含めた広い意味での教育の自由、教育権の所在などが派生的に規定されている。これは、戦前の国家本位の大学制度に比べれば、大きな前進である。

大学の自治については、次のような点が定められている。

①教授会：「大学には重要な事項を審議するため、教授会を置かなければならない」（学校教育法）
②学部長・教員の任用：これらは「大学の管理機関」において決定される（教育公務員特例法）。但しこの管理機関というのが何であるか特定されていない。
③学長・教授会については権限と機能がある程度規定されているが、評議会・学部長会議などは成文法上の規定がない。

このように戦前の国家本位の位置づけとはちがう形で大学の自治が制度化されたわけだが、理念はともかく、具体的な制度としては不完全で曖昧な成文法規定からなるものにしかなりえず、実際にその後の運用においては、条文の読み替えや慣例に従って運営されていったのである。

そして、そのように曖昧で妥協的なものになったのは、先にのべたような大学理事会法案をめぐる対立と角逐に見られたように、政府・文部省、教授会、学生それぞれの大学のとらえかた、自治のとらえかたの違いが埋められなかったからだ。

○政府・文部省の「国家・行政による大学の行政的な管理」という思想
○教授会の「教授組合と学生との師弟関係を通じたギルド的管理」という思想
○学生の「全構成員が固有の権利をもって形成する大学自治」という思想
○この時点では米国教育使節団のものとして出され、のちには日本財界の立場になる「産業経済の発展に資するための大学」という思想

——以後少なくとも一九七〇年代なかばまでは、一貫してこの四つの違いを対立軸にして、大学の自治、学生の自治をめぐる角逐が続いていったのだった。

政治の季節の学園闘争

一九四八年初頭に占領軍の対日政策が「非軍事化」「民主化」から「再軍備」「反社会主義」へと転換して以降、学生運動は再軍備反対、全面講和、安保条約反対など政治課題を掲げて激しく闘う政治の季節に入っていった。これは「反戦・平和」を精神的基盤として出発した戦後学生運動にとって、やむにやまれぬものであった。

そのなかで、学園闘争も、学生セツルメント・帰郷運動・全国学科別学生会議など地道な地域活動・学問運動が見られたものの、大学におけるレッドパージ反対闘争、学内で学生の活動を内偵中の警察官を摘発した東大ポポロ事件など政治がらみのものが多かった。特にポポロ事件裁判の判決は、その後の大学の自治と学生の自治に大きな影響を及ぼした。

学生の行為は、官憲による公益侵害に対し座視せずにこれを摘発した正当な行為だったが、最高裁は、次のような理由で有罪判決を下した。すなわち、学生の自治は学問の自由とそれを保障するための大学の自治の「効果」として、あくまでその範囲で認められるものであって、実社会の政治的・社会的活動に当たる行為はその範囲に含まれないというのだ。僕らの学生自治運動は、このあと、この判決を判例として、この論理で抑圧されてきた。

ところが、その一方で、この判決以前の一審で学生を無罪とした地裁判決は、そうではなく、学生の自治活動は「学生自らの自由な自治的・実証的訓練による学問的精神の体得」のために必要だという理由で認められているという判断を下している。ここには教授会自治とは異なる学生自治固有の存在理由が示されている。大学の自治の「効果」ではなく「構成部分」という判断だ。一審判決はまた、官憲の違法行為を目前に見て徒らに座視し、これに対する適切な反抗と抗議の手段をなさないことは、自ら自由を放棄することになるという判断も示している。僕らは、これら一審の論理こそ学生自治の意義と行動原理が法律の言葉で語られたものとして重視してきた。

ポポロ事件は、その両面の論理において、その後の学生自治運動にとって重要なものとなった。

五　高度成長下の学園闘争

政治の季節のなかで、革命路線をめぐる共産党の分裂——大きくは一九五〇年の所感派・国際派の分裂、五八年の反スターリニズム派の分裂など——の余波で学生運動も全学連主流派・反主流派に分裂した。そして、六〇年安保闘争後、全学連は、反日共新左翼の革共同（革命的共産主義者同盟）系・ブント（共産主義者同盟）系、そして日共（日本共産党）系の三つ巴の対立が激化し、分裂状態が固定された。

一方で、安保条約改定後、岸信介首相に代わって登場した池田勇人首相は、国民所得倍増計画を打ち出し、経済成長を加速させることで国内安定を図っていた。その池田内閣は、一九六二年五月に大学管理の新しい立法を提案した。ここに戦後学園闘争第二の山場が訪れる。

この大学管理法（略称・大管法）には二つの特徴を見ることができた。

官僚統制され産業の要請に応える大学へ

特徴の一つは、大学の自治、学生の自治に対し官僚統制をおこなおうとする意図である。

池田首相は、「教育が革命の手段に使われておる」と言って、法案に次のような措置を盛り込もうとした。
○文部大臣に学長の任命権ないし拒否権をあたえること
○学長・評議会の権限を強めて事実上の決定権をもたせること
○教授会の構成を教授だけに限り、決定機関ではなく諮問機関に変えること
これらは、大学の管理運営を文部省と直結した寡頭制にゆだねることを意味していた。

もう一つの特徴は、すでに始まっていた高度経済成長に即応して、産業経済の要請に応える大学教育に改変していこうとする意図である。

法案では、企業・産業界からの要請を大学に導入していくための機関として文部省の下に大学運営の中間機関（かつての大学理事会にあたるもの）を設け、各大学には産業経済との連携を強めるために設ける学外者を含む学長の諮問機関を設置するとしていた。

これらの機関を通じて、産業経済の要請を大学に恒常的に注入しようとしていたのだ。

これに対して、国立大学当局は、待遇改善の名のもとに官僚統制を基本的に受け入れるとともに、任命権だけはゆずらずに教授会自治は守ろうとした。同時に、大学運営の中間機関として自ら「国立大学運営協議会」を設けることにし、同調の姿勢を示したのだった。

学生運動は分裂状態にあり、法案が出た一九六二年は「戦後自治会活動が最も低調な年」といわれたが、それでも学生たちは反対運動に起ち上がった。

この反対運動は、初めは主に地方の各大学の、それもクラス、学科、サークル、学生寮という下の方の基礎単位から討論・決議がおこなわれ、全体に広まっていくというかたちで進んでいったのが特徴だった。

日共系の学生運動活動家たちが、安保闘争後の状況の変化に対応して、そうした活動方式を採ったのだ。そして、この運動を通じて、「クラスを基礎に、サークルを推進力に、寮を拠点に」という下からの運動スタイルができていったのである。これは新しいかたちの学園闘争の芽生えであった。

また、これとは別に、全学連執行部も数次の全国統一行動を提起して、対立していた各派連合の集会・デモをおこなって、反対をアッピールした。その結果、世論も動き、六三年一月、政府は法案見送りを決定した。

こうして、大管法の企ては挫折したが、この過程で、政府・文部省は、大学と学生をみずから直接管理するのではなく、間接管理する方式を編み出したのだ。それが、僕らが「国大協＝自主規制路線」と呼んでいたものだが、それを語る前に、その背景ともなっていた大学と学生の変化についてのべておくことにする。

高度成長による大学と学生の変貌

池田内閣は高度経済成長を着々と実現していった。この経済成長路線は大学の役割を変えていくものであり、それにともなって学生という存在も変貌していかざるをえなかった。

まず目に見えることとしては、理工系を中心に大学の新設、学部の新設が相次ぎ、それとともに、大学進学率が上がり、学生の数が大きく増えていった。学生数は、一九五〇年五〇万→六〇年一〇〇万→六六年一五〇万→七〇年二〇〇万超と倍々に増えていったのだ。

これは、大学が少数のエリートの象牙の塔ではなく大衆の学ぶ所、当時の言葉で言えば「マスプロ大学」

になったことを意味していた。大学は全体としては、もはや「エリート養成機関」ではなく「ホワイトカラー労働者養成機関」になっていたのである。実際、授業内容がそういうものになっていった。[24]

それにともなって、学生の意識もエリート意識から大衆意識へと変化していった。

大管法を制定しようとしたとき、「産業経済の成長に役立つ大学」がめざされていたのだが、大管法は挫折しても、大学の実態はその方向に進んでいったのだ。

必要なのは少数の精鋭ではなくて、大量の中間テクノクラートである。だから、たくさん入学させて、標準化された教育をおこなって、標準的な人材を大量生産して産業界に送り込むことが中心になった。これが当時言われた「マスプロ大学」である。いまや大学は、「学問」より「技術」を身につけさせ、生産過程・行政過程における標準化された知識労働者を大量に生み出すための教育機関になっていたのである。

それが顕著に出ていたのが私学で、実際に、たとえば早稲田では、六〇年代から理工系拡充、技術革新に見合った学科の新設、技術者養成コースの大幅拡充がおこなわれていた。その一方で、たとえば政経学部の新聞学科、自治行政学科など就職率の低い学科は廃止されていった。

それにともなって、学生の目標もエリート志向からサラリーマン志向へ、勉強の目的も「学問を身につける」ための教養と学識から「よい就職口を得る」ための技能と学歴へと変わっていったし、それに規定されて、学生運動、学生自治運動のありかたも変わっていったのである。

こうした高度成長にともなう変化のなかで、戦後復興期には生き生きとして切実なものであった「反戦・平和」「自由・真理」のパトスとエトスは変質してゆかざるをえず、「平和と民主主義、よりよき学園生活のために」というスローガンでは、学生の活力を充分に引き出せなくなりつつあった。

多元的・重層的な学生自治組織

四分五裂していた全学連は、一九六四年に、日共＝民青系学生が中心になった全国学生自治会代表者会議（略称・全自代）の呼びかけで、七二大学一二九自治会の参加で再建された。

ここには新左翼系の自治会は加わらなかったので、「民青（民主青年同盟）系全学連」と呼ばれた。そして、これに対抗して、新左翼系学生は、このあと、自派が中心になった少数の自治会を集めて「三派系全学連」（社会主義学生同盟・マルクス主義学生同盟中核派・社会主義青年同盟解放派系）や「革マル系全学連」（マルクス主義学生同盟革命的マルクス主義派系）などを結成し、党派別全学連が並立することになっていった。

このなかで、多数の自治会を集めた「民青系全学連」は、それまでの学生運動のありかたに対する反省のなかから、学園に根ざした学生自治活動を運動の基盤にし、自治運動・学園闘争を基礎にして、その上に社会運動・政治闘争を展開するという運動論を採った。この運動論による学生の運動は多元的で重層的なものになっていった。

ここで「多元的」というのは、僕が学んだ東大教養学部でいえば、学生自治会、学友会（文化サークル・運動部の連合体）、寮委員会、生協学生委員会、学生会館運営委員会、カリキュラム委員会、オリエンテーション委員会（新入生ガイダンスのための自治組織）、駒場祭委員会（学園祭企画運営）、学生図書委員会（図書館運営）など学生が自主的にみずからの学園生活を自己統治しようとするさまざまな組織が展開されていたことを指す[25]。

また、ここで「重層的」というのは、これらのさまざまな学生自治組織を「クラスを基礎に、サークルを推進力に、寮を拠点に」というふうに立体的に組み合わせたうえで、クラス―自治委員会―代議員大会

―都学連―全学連というふうに重層的な連合組織をつくっていったということである。サークルでいえば、教育ゼミナールや農学ゼミナールのようなゼミナール・サークル連合、寮でいえば東大寮連―都道府県寮連―全寮連という具合だ。

これは、六〇年安保闘争を頂点とするそのときどきの先鋭な政治闘争に「一元化」され、政治党派の指導によって「単層化」された学生運動ではなく、「大衆化した大学」において、「多様化した学生」のありかたに応じて、学生生活の座と場に立脚した学生自治活動を追求するものだった。

それは、これまでのべてきたように、戦前の学生運動の初期にすでに生まれ、戦後もずっと伏在した学生運動の立脚点をめぐる対立――「学問から」か「社会から」か、「研究」か「実践」か、政治闘争か学園闘争か――に、それなりの回答をあたえようとするもので、学生運動の二つの面――社会運動・政治闘争と自治運動・学園闘争――に統一をもたらそうとするものだと思われた。

そして、この新しい自治活動は、大管法流産後の大学の新しい管理運営方式と具体的な場面で直面し、これに対抗する運動を展開していったのだった。

国大協＝自主規制路線と学生自治運動

一九六二年の大学管理法の企てが挫折した後、政府・文部省は、その企てを迂回的に実現する方向に向かい、その迂回経路に設定されたのが、国立大学協会（略称・国大協）だった。

国大協は一九五〇年に発足した各国立大学の学長からなる協議機関であった。一九六二年の大管法策定のときには、文部省の諮問を受け答申をするなど深く関わっていたが、その過程で文部省の直接統制の強化に反対しながら、直接統制を防ぐためとして、国大協が各大学の利害を調整しながら大学全体を自主的に管理していく方向を打ち出していった。ここに政府・文部省の直接管理に代わる国大協による間接管理が成立していくことになったのだ。

これが国大協＝自主規制路線と呼ばれたものであった。この路線の基本は「大学の自治は教授会の自治である」という原則にあった。これは、政府をはじめとする外からの自治侵害を教授会みずからが排するという意味をもってはいるものの、反面において学生の自治を大学の自治の構成要素として認めず、「教授会自治」の枠内の活動として教授会の管理運営権によって自主的に規制するという意味のほうが大きかったのである。

この自主規制路線を基礎づけた文書が東京大学の名前で一九六五年一一月に出された「大学の自治と学生の自治」である。国大協は事務局が東大に置かれ、東大が実質的に牛耳っていた。この通称「東大パンフ」のなかで、教授会自治と学生自治の関係は、次のように規定されていた。

○学生の活動は「大学の機能の遂行に妨げのない限り」で認められる。

○大学の機能にとり何が不可欠な条件であるか定めるのは「教授会・評議会」である。

○以上の点こそが「大学の自治の本旨」である。

これは、文部省の諮問機関である中央教育審議会（略称・中教審）が、それに先立つ一九六三年一月に出した答申「大学教育の改善について」でのべていた原則を追認するものであった。その答申では、「大学の自治」とは「大学の管理運営の自主性」を確保することであって、それを確保することは「大学の管理機関の責任」によっておこなわれる、としていたのだ。そして、「学生は大学において教育をうけるものであるから、学生の自治活動は「教育的な意味で認められるものであって」大学の自治とは異なるものである」として、大学の自治と学生の自治を切り離していた。

このように、文部省と国大協は一体となって、「大学の自治＝教授会の自治」イデオロギーのもとに、国大協＝自主規制路線によって大学を管理しようとしてきたのだ。

一九六五年から起こった学園闘争の波

このような路線と対決するかたちで、一九六五年以降、各大学で大きな学園闘争が起こっていった。一九六八―六九年全国学園闘争といわれるが、それは全共闘（全学共闘会議）のバリケード封鎖闘争に焦点を当てているからで、全国学園闘争は、大管法闘争後の多元的重層的学生自治運動の上に立って各大学で起こされた学園闘争の波からとらえるなら、全国的に開始されたのは一九六五年からと見るべきである。

全国的な爆発になったきっかけは、一九六五年から翌年にかけての早稲田大学闘争にあった。この年、早稲田では新しい学生会館の管理運営権をめぐって紛争が起こり、警官隊が学内に導入された。翌六六年には、これに学費値上げが加わって、学生は無期限ストライキに突入、ふたたび警官隊が導入されて、「早稲田の杜を揺るがした一五〇日」といわれる学園闘争に発展した。

これと相前後して、全国の大学で、さまざまな要因で紛争が多発した。その争点としては次のような点が挙げられる。

○学生寮・学生会館の管理運営（早稲田、中央、明治、国立大学の多くの寮など）
○私立大学の授業料値上げ（早稲田、慶應など多数）

○大学財政の不正処理（日大、拓大など）
○大学移転とそれにともなう機構改革（東京教育大など）
○学部・学科の統廃合や縮小（東北大の教育養成学部の分離など多数）
○学内紛争に対する警察力の導入（早稲田、法政、東大など多数）

これは、学生寮・学生会館管理運営の問題が、自主規制にもとづく学生自治の縮減にからんでおり、大学財政の不正処理が大学の営利企業化、学費値上げ・大学移転や学部・学科統廃合の問題が産学協同にもとづく大学教育の再編にからんでいたことを考えるなら、これらはすべて大管法見送り以降の大学当局による産学協同・自主規制に対決するものだったといえる。

学生と教授会の対決

紛争のきっかけはさまざまだが、当時の学生の感情は、全体として見ると、産学協同・自主規制のもとで、自分たちが企業社会の要請に従順で自主性のない、技術・技能を身につけただけの「人的資源」に養成されていくことに対する反撥が強かったことが見て取れる。そして、その反撥は、文部行政に対してよりは、自主規制を強める大学当局に向かったのだ。

そうした大学当局に対する学生の強い反撥から、「大学は労働力商品再生産工場になっている」とする「大学＝教育工場」論、「教授会は国家権力の末端機構であり学生の敵である」とする「教授会＝権力の末端機構」論への共感が一定程度広がるようになっていった。

また、このような論理にもとづいて権力の末端機構である教授会と対決するためには、ポツダム宣言にもとづく占領下改革によってつくられた全員加盟制学生自治会は闘う機関にはなりえないとする「ポツダム自治会否定」論も前面に出てきた。

このような大学と教授会の全面的否定、学生自治会否定は、帝国主義大学解体、大学コミューンといった闘争方針に発展していったのである。

固有の権利にもとづく全構成員自治へ

こうした大学解体へ向かう闘争方針に反対した学生たちは、大学の教育研究の自主的民主的発展、大学内の各階層が固有の権利をもって構成する全構成員による自治を掲げて闘った。

この方針はすでにのべたように、戦後大学制度の形成期に、大学理事会法案に対して全学連が掲げた教授会・職員代表・学生自治会代表による大学管理案を継承するものだった。

全国学園闘争が大学の自治と学生の自治の面で上げた大きな成果といえるのは、東大闘争のなかで一九六九年一月に東大七学部学生代表団と大学当局との間で結ばれた確認書の内容であった。これは、国大協の中心だった東大当局が自主規制と産学協同を否定し、全構成員自治という理念にもとづいて、学生の自治を不可分の構成要素とする新しい大学の自治への方向性を示したものとして、大きな意義をもっていた。[26]

僕らとしては、一貫して克服をめざしていたポポロ事件最高裁判決を事実上覆したものであり、警察力を導入せず捜査にも協力しないという確認とあわせるなら、僕らが支持してきた一審判決の論理を認めたものとして評価したのであった。

大学の自治形骸化、学生自治の崩壊へ

だが、新しい自治に関わる課題については、理念や原則の提示にとどまっており、これを具体化して制度としてどう確立していくかという実践的課題が残されていた。そして、それは充分に具体化されないままに事実上空文化していくこととなってしまったのである。

実際、確認書批准のあと、僕も加わっていた東大の学生運動は、新左翼系も日共＝民青系も、この新しい大学の自治への萌芽を活かす学園闘争・自治運動を展開していくのではなく、差し迫っていた七〇年安保闘争という政治闘争・社会運動に一点集中することになっていった。そして、やがて、大学改革が政府・文部省、企業・業界団体の主導権で進められるようになっていってしまったのである。これについては、本書他稿の考察に譲るが、闘争当事者として深刻な反省が必要だと考えている。[27]

六　日本学生運動史における東大闘争の位置

一九六五―六九年全国学園闘争の歴史的位置

以上見てきたような日本学生運動史において東大闘争はどんな位置を占めていたのかを見定めようとするなら、まず一九六五―六九年全国学園闘争の位置を測ることから始めなければならないであろう。

そのときに気がつくのは、この時期の全国学園闘争と一九二八―三一年「学校騒動期」の全国学園闘争との共通性である。

第一に、両方ともそれぞれ戦前・戦後の高度経済成長期末期に全国的に起こった大きな闘争であった点

で共通している。

そのことが意味していたのは、一面では、この大きな学園闘争が経済成長による社会の活性化を反映した学生層の積極的な動きの現れだったということである。その積極性は、どちらの場合も、政府・文部省・大学当局の官僚統制や自主規制に対して反撥し、自由を求める運動であった。同時に、他面では、いずれの場合も高度成長を導いた経済優先の政策による、戦前で言えば「大学の企業化」、戦後で言えば「産学協同」に対する反対となって燃え上がったのである。

第二に、こうした社会と学生の変化に直面して、学生運動を領導していた革命党派の路線が変化し、それを通じて学生運動のありかたが転換したことも共通していた。

戦前の全国学園闘争で言えば、すでにのべたように、共産党が二七年テーゼで民主主義革命を打ち出し、学生自治運動や自由擁護運動を革命の課題と結びつけて展開するようになったことが、この学園闘争の高揚に大きなインパクトをあたえた。

戦後の全国学園闘争においては、共産党が一九六一年の第八回党大会で「新しい・人民の民主主義革命」を打ち出し、各層人民の即自的要求にもとづく闘争を大衆組織を媒介にして、革命の推進力であり権力基礎である「民族民主統一戦線」に結集するという路線を確定したことが、学生運動において多元的重層的な自治活動の形成を領導したことが認められる。これによって、日共＝民青系の学生運動は地方大学を中心に多くの学生を多様に結集するようになっていったのである。

一方、日本帝国主義の自立を唱え、プロレタリア革命を呼号した新左翼系諸党派は、学生運動をそのまま政治闘争を中心とした革命的大衆運動として展開してきたが、先に見たように、急進化した学生の疎外感と憤懣を「大学＝教育工場」論・「教授会＝権力の末端機構」論で結集して、全共闘運動という学生自治会に限定されない新しい運動形態を創り出し、学園闘争を高揚させたのである。

第三に、こうした革命党派の路線変化にも規定されながら、無党派の一般学生が広汎に起ち上がり、指導者と大衆との関係が変化したことも共通していた。

戦前の「学校騒動期」の学生運動でもある程度そうであったが、特に戦後の全国学園闘争においては、大学の大衆教育機関化、学生の大衆化による学生運動の質的変化は大きかった。「反体制エリートの上からの指導による学生運動」から「学生大衆の下からの自発による学生運動」へと転換してゆくにつれ、日共＝民青系においても新左翼系においても、しばしば下からの学生大衆の動きが上からの反体制エリートの指導をのりこえる場面が見られるようになったのだ。

だが、学園闘争を闘っているにもかかわらず、日共＝民青系も新左翼系も革命党派指導部が政治優先・反権力優先の姿勢を改めなかったり、そこにもどってしまったりしたことが、結局下からの自発性を充分に活かせないことにつながっていったと考えられる。

東大闘争が占めていた位置

東大闘争は、全国学園闘争の一環として闘われたのだから、以上にのべたような特徴を共有していた。だが、そのなかで東大における闘争ならではの特殊な性格をも帯びていた。

それは東大が全国の大学のなかで占めていた特権的な地位と、東大生全体のエリート性から来ていた。東大闘争は、その特権的な大学のなかで、エリート的であった学生たちが叛逆を起こしたものであった。

その叛逆は、当時の国大協＝自主規制路線の下で、政府・文部省に直接向かうのではなく、学生・院生・職員などに対して特権的に君臨する教授会に向かったのである。

ここから全共闘の自己否定論・東大解体論が出てきたのだ。それは必ずしも恣意的な暴論ではなく、それなりの根拠ももっていたのだ。日共＝民青系は、その根拠をふまえながら、自己否定ではなく自治主体の確立を、解体ではなく制度改革を訴え、それを通じて特権とエリート性からの解放をめざしたのである。どちらも東大の特権的性格を看過していたとは思われない。だが、全共闘の場合はみずからの意識は問題にしたが、それを社会的な広がりのなかで追求していくことが弱く、日共＝民青系の場合は社会的責任は問うたものの、みずからの実存の問題として考えることは弱かったように思われる。

教授たちは、全体として見ると、学内秩序における教授の特権的地位、日本の大学における東大の特権的地位に安住している部分が多く、学生の告発に対しても真摯な反応を示さなかった。大河内一男総長の八・一〇告示は、それを如実に示すものだった。それが全学無期限ストライキを呼んだ最大の要因である。

そして、そのように大学の理念、学生の主体性のありかたへの問いから始めることは、闘争そのものを理念的な性格の闘いにしてゆくことにつながっていた。だから、全国学園闘争のなかで学生運動が全体としては、かつての反体制エリートが領導する運動から多様で大衆的な運動に転換しつつあったのにもかかわらず、東大闘争においては、闘争主体自体のエリート性を反映して、きわめて理念性の高い、その意味ではエリート性の濃い闘争となっていったのである。

一九六五―六六年早大闘争を闘い、日共系ゲバルト隊長として東大闘争にも関わった宮崎学は、二つの闘争を比較して「大きな違いは早大闘争は『馬鹿者たち』の闘争であり、東大闘争は『賢い連中』の闘争だったことである」と皮肉をこめて述懐しており、「東大ともなると頭のいいエリートたちのこんな理念的な闘争になるんだな、と辟易した」と回想している[28]。

そして、そうであるが故に、日共＝民青系も新左翼系も対立をしながらも同じ早大全共闘に結集して闘った早稲田大学とは対照的に、両系統が理念とイデオロギーの上での対立のままに分裂し、激しく抗争してゆくこととなったのである。

そうして闘争が煮詰まってゆくなかで、全共闘はエリート型革命党派と大衆型ノンセクトの対立が深まり、「ノンセクト・ラディカルの強硬な『大学解体』論と新左翼諸党派の『全国闘争化』『政治闘争化』に分裂しつつ競合し合うようになって[29]、自爆へと向かっていったのである。

また日共＝民青系は、一九六〇年半ばに大衆的な「多元的・重層的」学生自治運動に転換していたのに、東大闘争においては全共闘に対抗した行動委員会形式の活動家集団に一元化して闘うことになり、闘争終結後にも民青・全学連も共産党もそれぞれ別のかたちで政治優先に一元化してゆくなかで[30]、多元的重層的自治運動にもどることができずに、結果としてエリート型党派的学生運動を大衆型自治的学生運動に転換することに失敗したのである。

このようにして、東大闘争は、またそれにリードされていた全国学園闘争は、日本学生運動の原形質をひきずったまま、ある意味ではそうした性格をもった日本学生運動の最後の華として、別の意味ではその体質故に招いた崩壊の挽歌として、栄光と失墜に彩られたものであったのだ。その後、革命党派の「内ゲバ」と「分派狩り」、ノンセクトの「分散」と「内向」のなかで、学生運動は衰退していき、特に学園での自治運動は空洞化していったのだった。

そこから見るなら、東大闘争を一つの頂点とする一九六五―六九年全国学園闘争は、日本学生運動の終わりの始まりであったのだ。

注

1　ヨーロッパの大学の起源についてはクリストフ・シャルル／ジャック・ヴェルジュ『大学の歴史』（岡山茂・谷口清彦訳、白水社、二〇〇九年）17～25頁参照。そのなかで「学生自身が必要としている教育を彼ら自身が組織した」のが大学なのだとのべられている。

2　ただし近代に入って再編成された大学は、ヨーロッパにおいても教育研究機能の国家目的・産業目的への収斂が進められた。そして「年を追うごとに強化されていった政治権力による管理」を通じて「あらゆる主権者が大学の営みに対して厳格な規則を課すようになっていった」という事実が指摘されている（前掲・『大学の歴史』57～59頁）。しかし、ヨーロッパにおいては古くからある大学を中心に自治・自律の対抗力が働いていたが、戦前日本においてはその対抗力が大学制度導入当初には無きに等しかったのである。

3　伊藤孝夫『滝川幸辰―汝の道を歩め』（ミネルヴァ書房、二〇〇三年）28頁。

4　新人会は一九二一年に改組され、それ以後は、構成員を在学生のみに限り、研究会活動を基礎に学内問題に取り組む学生運動団体らしいものに変化していった。ただ、これ以降にも普選問題のような政治問題、労働問題のような社会問題にも積極的に取り組む政治・社会運動団体の性格を失わなかった。

5　竹内洋『「左翼学生」の群像』、稲垣恭子・竹内洋編『不良・ヒーロー・左傾』（人文書院、二〇〇二年）35～37頁。

6　これらは、文部省学生部がマル秘文書として作成した『左傾学生生徒の手記』全三巻（原本・一九三四年　覆刻版・新興出版社、一九九一年）所収の多数の手記の「思想遍歴」の項などの記述に拠っている。

7　前掲・「『左翼学生』の群像」43頁。

8　前傾・『左傾学生生徒の手記』第一輯2頁。

9　一九一九年三月一日、ソウルで知識人と学生が独立宣言を発したのがきっかけで朝鮮全土で独立運動が起こった（三・一独立運動）。同年五月四日、北京大学を中心とする学生数千人のデモがきっかけになって、日本帝国主義反対の運動が中国全土に拡大した（五・四運動）。

10　高桑末秀『日本学生社会運動史』（青木書店、一九五五年）68頁。

11　「リベツ化」論争全体については、前掲・高桑末秀『日本学生社会運動史』93～１００頁、菊川忠雄『学生社会運動史』（中央公論社、一九三一年）３００～３２０頁を参照。

12　前掲・高桑末秀『日本学生社会運動史』98～99頁。

13　大山郁夫「大学生運動の新展開及びその社会的意義」、『改造』一九二四年九月号掲載、『大山郁夫著作集』第六巻（岩波書店、一九八八年）１４２～１７２頁に収録。引用した部分は１６７頁。

14　このような認識の変化の背景には、のちにのべるように、彼らを指導していた日本共産党が、一九二七年に定立した二七年テーゼにおいて当面する革命を民主主義革命と規定して諸階層の要求闘争を重視する路線に転換したことがあった。ただし、二七年テーゼが発表されるまでは、学生運動指導者には福本イズムの影響がまだ強く、この闘争を主としてプロレタリアートの自己解放の一環としてのみ闘おうとする傾向が見られた。

15　前掲・高桑末秀『日本学生社会運動史』１５５頁。

16　前掲・『大学の歴史』153〜154頁。

17　前掲・菊川忠雄『学生社会運動史』438〜439頁。

18　『時事新報』一九二七年五月八日。

19　この方針転換は、当時学連中央委員長だった竪山利忠の論文「革命的学生青年の任務に就いて」（『無産青年』一九二九年四月四日掲載、『近代日本思想大系35　昭和思想集Ⅰ』〔筑摩書房、一九七四年〕215〜217頁に収録）に如実に表れている。これはコミンテルンの指令を受けた佐野博が同年二月に提起した「日本共産青年同盟の任務に関するテーゼ」に基づいたものとされている。

20　日本共産党の革命路線に関するこれらのテーゼは、すべて石堂清倫・山辺健太郎編『コミンテルン　日本に関するテーゼ集』（青木書店、一九六一年）に収録されている。

21　滝川事件は、京都帝大の滝川幸辰教授の著作『刑法読本』『刑法講義』が発禁処分に付され休職処分に付された事件。天皇機関説事件は、天皇は国家の機関であるという美濃部達吉の学説は「不敬」であるとして大学で教えることが禁止された事件。矢内原忠雄事件は、東京帝大の矢内原忠雄教授が論文「国家の理想」が反戦的だとして辞表提出を余儀なくされた事件。労農派学者グループ事件は、大内兵衛・有沢広巳・脇村義太郎など労農派（日本マルクシズム反主流の原理派）教授が大学から追放された事件。河合栄治郎事件は、東京帝大の河合栄治郎教授が、大内兵衛休職処分・総長官選に反対したのに対し著書を発禁処分にされ辞職を迫られた事件。

22　日本共産党東大細胞「『真理』発行の辞」（『真理』一九四六年九月七日）、『資料　戦後学生運動』第一巻（三一書房、一九六八年）87頁。

23　全学連中央執行委員会「大学法学生案要綱」、前掲・『資料　戦後学生運動』第一巻356〜358頁。

この②の「大学自治評議会」とその構成が、のちに東大闘争で提起された「全学協議機関」の原型だと思われる。ただし、この評議会は協議機関ではなく決定機関である。

24　一九六五年に早稲田大学法学部に入学した僕の友人は、入学早々の法社会学の授業で、教授から「君たち勘違いをしてはいかんぞ。早稲田法学部の学生のほとんどは労働者となって労働者で終わるんだ。だから自分自身の問題として労働法をしっかり学んでおけ」と言われて、学生たちはみんながっかりしたという話をしていた。

25　これについては、本書所収の大野博「東大教養学部における学生自治の構造と活動の特徴」において詳しくのべられているので、参照されたい。

26　これについては本書所収の諸論文において詳しく論じられているので、参照されたい。

27　東大闘争後の大学の自治形骸化の過程については、本書所収の伊藤谷生「東大闘争後五〇年、大学の変貌過程と再生の課題」を参照されたい。

僕の反省の一端は、座談会「東大闘争50年」（『季論21』二〇一八年秋季号、本の泉社）で申し述べた。また、その反省にもとづいて、ＩＴ・ＡＩ時代の大学における学問のありかたと学生に求められるものについて「学生諸君へのメッセージ」を書いたので、参照されたい。　http://neuemittelalter.blog.fc2.com/blog-entry-185.html

28　宮崎学『突破者』（南風社、一九九六年）１５３頁。

29　富田武『歴史としての東大闘争』（筑摩書房、二〇一九年）37頁。

30　東大闘争中の一九六八年七月の民青系全学連第一九回大会で「戦闘的民主的学生運動」の呼称のもと、「自治会執行部のもとに闘いの先頭に立つ部隊として行動委員会をつくる」ことが決定された。それにもとづいて東大闘争勝利行動委員会がつくられ、のちに全国の大学で行動委員会が組織されていった。東大確認書批准後、民青中央・民青系全学連の指導方針は主として安保・沖縄闘争への集中であり、一方で共産党中央は一九七〇年七月の第一一回党大会で決定した「人民的議会主義」路線にもとづき、選挙・議会活動に集中していった。

第二章　東大教養学部における学生自治の構造と活動の特徴
――東大闘争への道――

大野　博

一　本稿の目的と意義

本稿の目的は、東大教養学部を対象に、東大闘争に至るまでに形成された学生の自治の構造と活動の特徴を明らかにし、東大闘争が如何に準備されたのかを考察することである。この研究は同時に、東大闘争自体の研究に進むための予備作業としての意味を持っている。ここでいう東大闘争とは、一九六八年から六九年を中心に、東京大学のあり方をめぐって学生・大学院生・教員・職員等が、大学執行部に対して抗議の意思を表明し、要求を提出してその実現を迫った運動である。[1] 東大の執行部や学外の人々からは東大紛争とも言われる事態は、医学部教授会による不当な学生処分と東大当局による大学構内への機動隊導入、全学無期限ストライキ、全学封鎖、「確認書[2]」の締結、機動隊による封鎖解除の実力行使等を経て一応の収束を見た。しかしその後も、入試中止、正常化をめぐる学生・院生内部での対立、東大改革をめぐる取り組み、大学の運営に関する臨時措置法の制定、逮捕者らによる裁判闘争と救援活動等々、続編とも言うべき状況が継続し、前史も含めれば、東大のあり方をめぐる闘争の期間は、数年間にも及ぶものである。

これまでも東大闘争に関する様々な論点が提起されてきたが、筆者が特に注目するのは、期間の長さと共に、闘争参加者の量的な広がりと闘争が参加者に及ぼした影響の深さである。学生・院生を対象に当時実施された意識調査では、東大闘争で参加した行動（複数選択）への回答は、デモ七〇・九％、討論八四・六％、ビラまき等四〇・二％、泊り込み四〇・五％、ヘルメット着用三四・二％である（『世界』編集部一九六九、64頁）。また、今度の闘争であなたの人生観は変ったかとの問いに対して、何らかの程度で変ったと答えたものは約七〇％にのぼっている（同）。数字そのままではないだろうが、学部だけでも約一二、〇〇〇人の学生の中に大きな影響を及ぼした闘争だったということである。それ故に、東大闘争は今なお色褪せることのない、回想、記録、そして研究の対象なのであり、大学のあり方と教育はもちろん、大学運営における多様な構成員の役割、学生自治と学生参加、様々な闘争主体と相互の関係、大衆運動のダイナミズム等への多くの示唆を内包していると筆者は考える。

二　研究の対象と方法

本稿は、東大闘争以前の東大教養学部における学生自治活動を研究の対象としているが、その意味は次のとおりである。第一に、東大闘争収束のきっかけとなった「確認書」で明確にされた、東大の過去の清算である。「確認書」の第Ⅻ項には「矢内原三原則」を廃止する方向で停止すること、また、第XV項には「東大パンフ」の廃棄が記されている。「東大パンフ」とは「大学の自治と学生の自治」と題する冊子で、大学の自治の主体は教授会の自治であり、学生自治は大学の教育方針の一環として認められることを、大学の方針として改めて明確にしたもので、一九六五年に発表されたものである。「矢内原三原則」は、学生ストライキの提案者や実行責任者を処分する原則を定めたものであり、矢内原忠雄氏が総長であった一九五八年に定められたものである。そしてこれらに関連して、東大闘争の際には、東大の最高意思決定機関である評議会は「われわれは、大学の自治は教授会の自治であるという従来の考え方が、もはや不適当であり、学生・院生、職員も固有の権利をもち、それぞれの役割において大学の自治を形成するものと考える」と表明している（加藤一郎　一九六九、9頁）。こうしてみると東大闘争以前にその遠因を求めることも決して的外れなことではないことは明らかであろう。

第二には、長期にわたる闘争の継続をオーソライズし、多くの学生の参加を可能にした背景には、学生自治活動の経験とエネルギーの蓄積があったということである。「安保以後四分五裂し、俗に五流十三派と称されるほどに混乱をきわめた学生運動は、今やそのフェニックスたるを証明しつつある。すなわち、激しい離合集散、再編成の過程を経て、ようやく、後世の学生運動史家によって学生運動昂揚期とでも名付けられるであろう時期に入りつつある」（宇野弘治　一九六五、34頁）。これは、一九六五年時点での教養学部の状況でもある。東大闘争は全東大人を巻き込んだ空前の規模の運動であったが、このような規模の運動が長期にわたって継続し得た力は一朝一夕に形成されるものではない。前記で引用した「学生運動昂揚期」の延長線上に東大闘争は闘われたのであり、東大闘争から今日的な示唆を得るには、この時期の分析は必須である。

筆者が言う学生自治とは、大学の構成員である学生が、自ら直面する問題を自分たち自身で討議し、行動を決定し、場合によっては大学当局などにも要求する活動であり、そこにはそれを可能にする自治組織が必要である。教養学部においては、それは多様で重層的な制度として確立していた。一九六〇年代の学生の政治活動、いわゆる学生運動も自治会を舞台にしたものであったし、東大闘争も自治会を舞台に展開されたのである。

そもそも東大闘争時の学生の無期限ストライキは、各学部の学生大会や学生投票など、自治会規約に沿った手続きによって開始されたし、「確認書」の締結とストライキの解除もそうであった。だから無期限ストライキの実施時期は学部ごとに異なっているわけである。東大全共闘[3]は「ポツダム自治会ナンセンス」を呼号し、自治会決定を無視して全学封鎖・東大解体へと突き進んだと言われるが、それは一面でしかない。教養学部では、フロント[4]系の自治会委員長は、民青[5]系等による代表団選出運動に学生の多くの支持が集まり、学生有志によって教養学部学生自治会の最高議決機関であった代議員大会が代議員によって自主開催されても、自治委員長である自分が招集していない以上無効であると主張し、六九年二月には自ら代議員大会を招集し、あくまで自治会レベルでの復権を果たそうとした。

第三には、東大教養学部の特別な位置である。東大教養学部は、東大の一〇学部の中でも特異な存在であった。それは専門学部の前期課程ではなく独立した学部であり、全ての東大生は、法学部、理学部、医学部等の専門学部（本郷[6]）への進学（進級ではなく）先を異にしていても、一旦は同じ教養学部の学生として二年間を目黒区駒場のキャンパスで過ごしていた。学生自治会はもちろん教授会も教養学部の組織であり、旧制高校の伝統も引き継ぐ自由な雰囲気があり、東大全学生の半数（約六、〇〇〇人）が所属していた。進学を予定する専門学部に対応して六種類の科類（文科Ⅰ類、理科Ⅲ類等）に分かれ、更に、科類別のクラスに所属していた。クラスには担任教官まで配置され、学生の基礎的な所属単位であった。後述するように、クラスの存在は学生自治にとっても重要な意味を持っていた。『東京大学百年史』でも「東京大学の場合、一般教育を施す機関が教養『学部』である点に大きな特色があった」（東京大学　一九八六、１２６頁）とし、更に、教養学部設立の経過が「教養学部に旧制高等学校の連合体という性格を与え、東京大学内における自立性を強める要因ともなった」（東京大学　一九八六、１６４頁）とも記している。

このような背景のもとに、東大闘争時には、全体の推移に解消できない駒場独自の状況が生まれていた。詳細は次稿での検討課題だが、例えば駒場共闘会議の結成時期である。東大全共闘は一九六八年七月五日に結成されたが、駒場共闘会議は同年一一月五日まで結成されなかった。そこには駒場ならではの闘争主体間の対立があったのである（東大全共闘・駒場共闘会議　一九七〇、１５６―１６１頁）。また、民青系の東大闘争勝利全学連行動委員会は、全学的に全共闘への支持がひろがった時期にも駒場では一定の存在感を示していた。

「東大全共闘というのが、一九六〇年代の末にあったのだが、ほとんどの人が本郷についての話ばかりするわけだ」「ああいう人たちは本郷なんで、その本にも駒場の話はほとんど出てこない」（土谷邦秋ほか　二〇一〇、57―58頁）「駒場の教養学部にいた者、とりわけ一年生、二年生は情報の面で本郷からダブルスタンダードの扱いを受けた」（梶原徹ほか　二〇一二、81頁）等の回想も的外れではないのである。

東大闘争は多様な闘争主体の登場、学部ごとに異なる展開などによって彩られており、これらは通史的なあるいは回想的な叙述によって一書にまとめきれるものではない。五〇年を経た時点であるからこそ、細部にこだわることによって、全体を見つめ直すことも必要であろう。その際に、学部の中では最多数の学生を擁し、相対的に独自の闘争展開をたどった教養学部を取り上げることは特に重要であると筆者は考える。

このような問題意識のもと、以下では当時の文書、ビラ等の第一次的な資料を用いて当時の学生自治活動の構造と変化を整理し、可能な限り数量化および可視化をはかるとともに、傍証として当時の関係者へのインタビュー記録[7]を用い、本稿の目的ふさわしい考察を深めることとする。

三　教養学部における学生自治の構造

教養学部では一九六四年から、学生の自治組織の代表からなる学生オリエンテーション委員会による新入生へのオリエンテーション活動が行われており、その際に発行された資料によって、教養学部の学生自治の構造、それを担った自治組織を知ることができる。最初のまとまった冊子である一九六六年の『新入生に贈る』に登場する組織は、東京大学教養学部学生自治会（以下「学生自治会」または「自治会」）、東京大学教養学部学友会（以下「学友会」）、学生会館、東京大学消費生活協同組合（以下「生協」）、東大寮連（駒場寮、三鷹寮等）である。以下にそれぞれの特徴を述べる。

（一）学生自治組織の代表的存在、自治会

自治会は、他の自治組織と比較して、その構成員が教養学部の学生のみであること、学生のあらゆる関心事を取り上げることが可能であること、その代表者は全構成員の直接選挙によって選ばれること等によって、学生自治組織の代表的存在であった。当時の「自治会規約」（学友会理事会　一九六四、3―8頁）によれば、その目的は学生生活全般の充実向上・学問の自由の擁護等であり、構成員は教養学部の学生全員とされている。当時の学生自治会がもっぱら政治課題を取り上げていたことはよく知られていることである。何故そうなったかであるが、政治党派の活発な活動が重要な理由であることはそのとおりだが、教養学部については、後に述べるように様々な自治組織が役割を分担することによって自治会が政治活動に取り組む「余裕」があったように思える。自治会の政治活動については学生間に批判があったが、同時に多数の学生が容認もしていたと思われる。それは、例えば、自治委員長選挙の投票率の高さ、最高決議機関である代議員大会の議決状況、街頭デモも含む様々な政治活動への多数の参加等によって推測できるのである。

自治会の代表者は自治委員長であり、補佐役として副委員長がおり、機関としてクラス会、代議員大会、自治委員会、常任委員会が設置されていた。自治委員長は半年ごとに全学生の投票によって副委員長とともに選ばれ、クラス会は各二名の自治委員、八名につき一名の代議員を選び、自治委員会は二〇名の常任委員を選ぶと言う仕組みであった。自治会における学生参加や政治党派への支持の状況は後述する。

（二）　自治拡充を指向する学友会

「学友会規約」（学友会理事会　一九六四、13—18頁）によれば、その目的は文化及びスポーツの健全なる発展を図り併せて会員相互の親睦を図ることであり、構成員は教養学部の全教官と全学生とされている。代表者は学部長とされ、内部組織として設置された文化部・運動部の部長も教官である。執行機関として理事会が、最高議決機関として評議員会が設置され、評議員は教官、各クラス会、文化部・運動部の三分野の代表によって構成され、分野ごとの評議員の互選によって理事が選出される仕組みである。

このように、学友会は、目的と構成員が自治会と重なる部分があるとともに、明らかにヒエラルキー型の組織であり、自治会と比較すると学生の直接参加に欠けるようにも見えるが、サークル活動の統括、学生会館内のサークル室の割り当て、雑誌『学園』の発行、新聞『東大駒場新聞』の発行などによって、独自の存在感を維持していたのである。

更に、注目すべきは「学生理事会」と「学友会議長」の存在である。いずれも規約のどこにも規定されていないが、ここには当時の学生の自治拡充指向が表れている。その事情は以下のとおりである。「学友会の性格そのものさえも現行規約にはおさまりきれなくなり、目的が「親睦」だけではなくなってきたように、規約と現実にはへだたりが生まれてきている。その食い違いが大きくなり、二年ほど前から現行規約の改正が検討されるようになった。つまり、学友会のあるべき姿を、『自治組織への明確なる志向』であるとする基本的な方向を持ったものに明文化しよう、という動きが生まれてきた」（学友会理事会　一九六四、22—23頁）。「教官理事はその性格上理事会活動に専念するのは不可能なので、日常の活動は学生理事が中心となって行っている」（太田実　一九六五、7頁）。要するに学生の独自性を確保するために、学生だけの理事会を持ち、その代表者を学友会議長と称したわけであるが、こうした事態には教官側からの違和感の表明もなされていた。そしてこのような学生自治の拡充指向は、後述するサークル継続届問題や教養学部の学園祭である駒場祭をめぐって、学部当局との対立の先鋭化を招くのである。

(三) 完全自治の学寮（寄宿寮）

数ある東大の学寮のうち、専ら教養学部の学生を対象としたものは、駒場寮（定員八〇〇名）と三鷹寮（定員三〇〇名）であった。その運営上の特徴は「完全自治」である。これは決して大袈裟な表現ではない。当時の寄宿寮案内誌（東大教養学部四寮協議会　一九六二）には「われわれの寄宿寮の最大の特色は、寮生の自主的に運営している完全自治体であると言うことである」（同、1頁）と記されている。中でも駒場寮は寮生の数からも、教養学部のキャンパス内に立地していたことからも、自治活動全体への影響は大きかった。上記案内誌によれば、完全自治とは具体的には、入寮選考、部屋割り、生活規律の維持等はもちろん、暖房用スチーム、風呂、食堂、売店、寮生健康保険等の生活インフラの自主運営にまで及ぶものであった。駒場寮の寮規約（駒場寮寮委員会　一九八六）の前文には「本寮は、常に自らの代表によって自らの意思を独立に表明するという権利を持ち、又その代表によって自らの行動を規律するという義務を負う自治体である」と記され、最小単位（総代選出単位）としての室、最高決議機関である総代会、執行機関である寮委員会と寮委員長、寮委員長の寮生による直接選挙等が定められ、更には、監査委員会及び懲罰委員会まで設置されている。東大当局も、教養学部所管の駒場・三鷹の二学寮については旧制一高以来の伝統である「完全自治の体制」を認め、管理者の寮内居住を実施しなかった（東京大学　一九八六、451頁）。六〇年安保闘争時には、警視庁が逮捕しようとした当時の全学連書記長が駒場寮にろう城する事件が起こったが、結局警察の学内立入は実施されなかった。これに関して、前記寄宿寮案内誌には「マスコミから、厳しく非難せられた。寮委員会も総辞職した。しかし、駒場の寮生はその寮規約前文にある『自らの代表によって自らの意思を独立に表明する』権利にもとづいて行動したので」あるとの一文が掲載されているほど、寮自治は確固たるものであり、また、寮生の誇りでもあった。

駒場寮の居住室（部屋）はサークル単位に割り当てられ、寮生が教養学部の同名サークルの活動の中心になることもあったし、クラス活動においても同様であった。後述するように、学内で活動する政治党派もそれぞれのサークルを設立し、部屋を確保して活動拠点とする状況も生まれた。駒場寮は、寮生の自治体にとどまらず、教養学部の学生自治活動の拠点ともなったのである。

（四）　学生生活を支える生協

生協は消費生活協同組合法（生協法）に基づく任意加入の組合員の組織である。その目的は組合員のための生活物資の供給や協同施設の利用等の事業であり、東大生協の組合員は学生、教職員等であった。教養学部の生協組織は、定款上は東大生協の一部だったが、旧制一高の雑貨部を引き継いだこともあって、発足時から事実上独立した運営をしていた。一九六〇年前後に管理運営をめぐって紛争状態に陥ったが、六一年半ば以降は安定的な運営を確立した（東大生協　一九七三、１０１―１０６頁）。

生協は任意加入の組織であるが、教養学部では入学手続き時に自治会、学友会と机を並べて、加入手続きを行っていたので、学生はほぼ全員が組合員となっていた。定款に定められた総代会（最高議決機関）や理事会（日常業務の議決と執行）以外に、学生の生協活動への参加形態として、学生委員会が設けられ、学生理事と一体となって、宣伝活動や運動の組織にあたっていた。学生委員会との連携で、各クラスで選出した一名の生協委員が、クラスでの生協活動の中心となる体制もとられていた。生協の主な事業は、食堂部、書籍部、購買部などで、学生会館には学生理事と学生委員会の部屋が設けられ、生協は単なる廉売機関ではないこと、組合員の要求を組織化し、より豊かな生活を獲得しようとする運動が必要であることを主張し（学友会理事会　一九六四、42頁）、様々な課題に取り組んでいた。

自治会のような派手さはないが、学生生活に欠かすことのできない自治組織であった。

(五)　自治活動の施設的拠点　学生会館

学生会館（学館）は、教養学部キャンパス内に設置された厚生施設である。文化サークル室、運動サークル室、会議室、自治団体室、プリントセンター、生協食堂、ラウンジ等が設置され多くの学生で賑わっていた。その設置については、教養学部当局も積極的であり、学生側も自治会、学友会、生協の代表による「学生会館設立学生委員会」を組織して何年にもわたる設立運動を繰り広げ、一九六三年に開館することとなったが、その管理運営をめぐって教官側と学生側との議論が繰り広げられた。「学生会館規約の解説」

（学友会理事会　一九六四、49頁）には、「全人教育の場」を強調する教官側と「自治活動の場」を主張する学生側が対立したが、ねばり強く討議を重ね、規約を成立させたと記されている。

学生投票を経て成立した、「学生会館規約」（学友会理事会　一九六四、43―44頁）には「学生会館は平和と民主主義とよりよき学生生活を追求する学生のさまざまな自治活動を発展させる場である」こと、この目的を達成するために「学生会館の運営は学生の自治によって行なう」こと、自治会、学友会、生協の学生代表によって構成する「学生会館委員会」を設置することが定められている。「駒場の入口は正門ではありません、授業でもないのです。学生会館こそ本当の駒場の入口なのです」（学生オリエンテーション委員会一九六六、65頁）と新入生に紹介された学生会館は、駒場寮とは違った意味での学生自治活動の施設的拠点となったし、また、それ故に、サークル室の手狭さや生協食堂の混雑は直ちに問題化し、第二学館建設運動や生協食堂拡充運動が展開されることになるのである。

また、開設準備運動や運営形態から学生会館をめぐる課題は、食堂拡大運動のように自治組織間の共同行動として取り組まれる例も見られた（学生会館運営委員会　一九六七）。

四　学生自治と自治活動の特徴

図1は、上記の学生自治の構造を一部簡略化して図示したものである。前項で記述した点と**図1**によって、この時期の学生自治の特徴として以下のような点が認められる。

図１　学生自治の構造

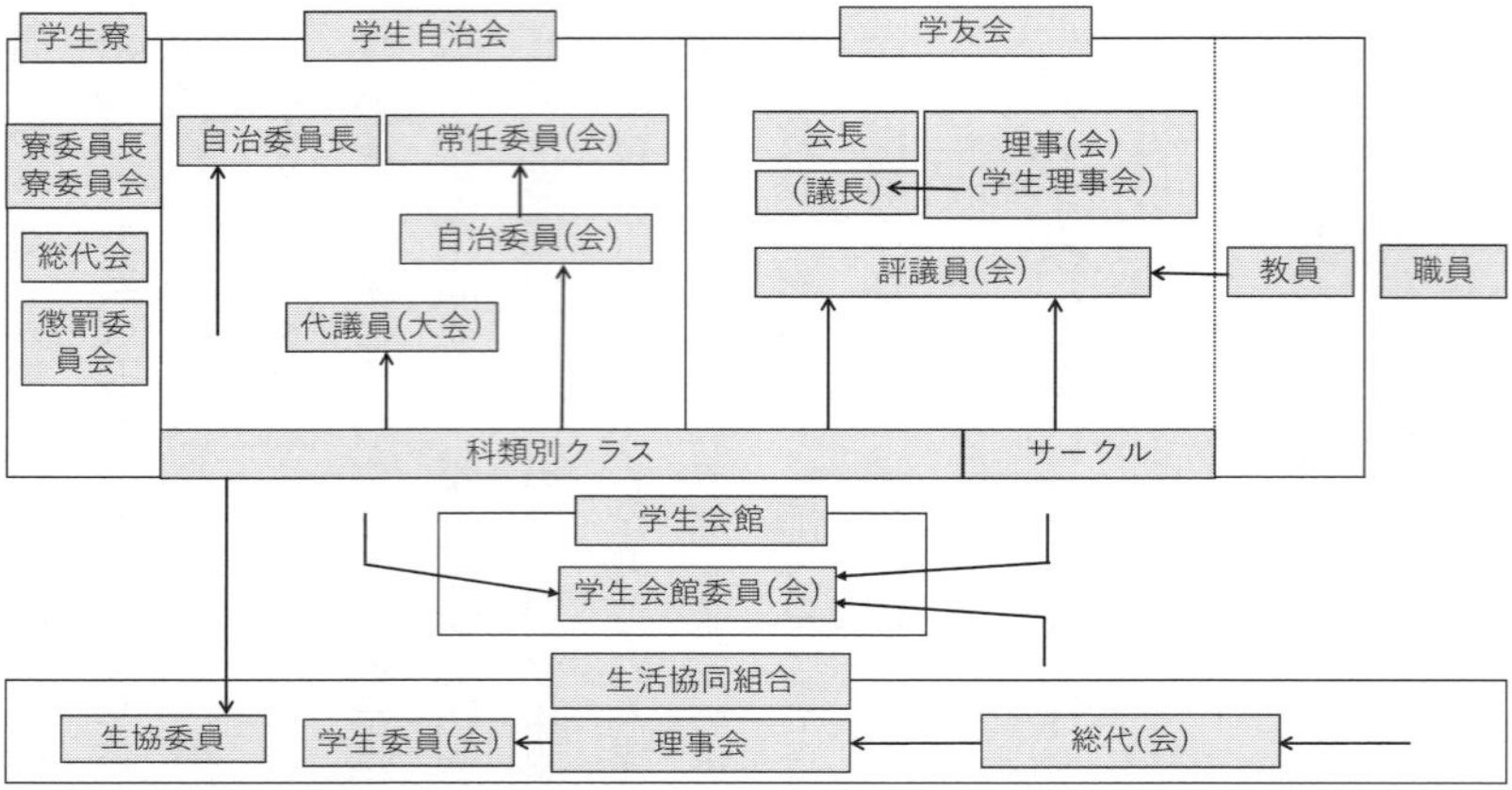

注（本図は、各団体の規約等をもとに筆者が作成した）

（一）自治共和国と多様なガバナンス

僅か二年間の教養学部での学生生活のあらゆる分野に、自治による問題解決の仕組みが張り巡らされている。政治的な意見表明と行動、学問研究の環境整備、文化スポーツ活動等の学業以外の学生生活の充実、基礎的な生活条件の整備等々である。疑似的ではあるが、さながら自治共和国の様相である。この共和国のガバナンスは、権力の分散、直接参加と間接参加の組み合わせ等の多様な仕組みを備えていた。自治会が典型的であるが、自治委員長の直接選挙、自治委員と代議員の別々の選出などがそうであるし、学生寮でも「完全自治」のもと三権分立のガバナンスが行われていた。後述するが、このような仕組みは、自治組織全体の一定の方向への暴走や部分的な機能障害による全体の崩壊を阻止する、安定化機能を持っていたと考えられる。東大闘争においてもこの機能は発揮されたし、今日的にも示唆に富むものである。

そしてこの自治共和国は常に自治活動の拡充を指向していた。結果として、国有財産である大学の施設を管理する責任者は当然学部長であり、学生寮への入寮選考権が寮委員会にあるとか、学生会館は学生自治によって管理すべきとかの主張は認められないとする学部当局の考えや、大学の使命に照らして学生は教育を受ける立場にあり、その自主性は尊重するが、大学の教育方針の範囲内にとどまるとする、大学の自治＝教授会の自治論との隔たりは大きく、激しい確執が生じるのである。

（二）全学生による構成

次の大きな特徴は、全学的な自治組織の全員加盟制である。自治会と学友会は、規約において全学生が会員であると規定し、生協も定款上は自発的な加入が建前であるが前述のとおり事実上の全員加入であった。このように、選択の自由がなく強制加入であることは、組織としては特異なものである。今日では、町内会、ＰＴＡ、労働組合はもちろん医師会でさえ強制加入ではなく、加入しないという選択肢も認められている。形式に堕した「ポツダム自治会」との新左翼系組織からの批判は当時もあったが、彼らも自治会を否定していたわけではなくむしろ積極的に関わり[8]自治委員長選挙には必ず立候補していたし、学部当局もこれを肯定的に紹介していたのである（東大教養学部　一九六一、31―34頁）。

ここではその是非はさて置くとして、全員加盟制が自治活動にもたらす現実的な影響については考えておく必要がある。それは、なんといっても自治会の決定は、即ち学生の総意と見なせるということであろう。ある組織が自ら定めた方法で組織の意思を決定したとしても、その効力は組織の構成員のみに及び、構成員以外を拘束することはできないのは当然であろう。労働組合がストライキの決定をして就労を拒否する場合も、その決定は組合員のみを拘束するのである。だからこそ経営者は非組合員を動員して業務の継続を図ろうとするし、労働組合がそれを阻止することはできないはずである。ところが全員加盟制の自治会のもとでは、自治会の決定が全学生を拘束することになり、学生の基本的な権利や大学の機能そのものにも絶大な影響を及ぼすことができたのである。その典型は学生のストライキであった。ひとたび自治会でストライキが決定されれば、授業を受けようとする学生（自治会員）を実力（ピケットライン）で阻止し、結果として大学の教育機能の停止に至ったし、場合によっては、授業を実施しようとする教官を制止したり、教室を封鎖したりすることも行われた。もちろん大学当局は学生のストライキを厳禁していたし責任者を必ず処分していた（矢内原三原則）。にもかかわらず六〇年安保闘争から東大闘争までに三回のストライキが決行されているのである。筆者は、学生ストライキという闘争形態を否定するものではないし、東大闘争時の無期限ストライキも必要なことであったと考えている。加藤一郎（一九六九）も「ストライキには、その性格によってただちに処分の対象とすべきでないものもあることが十分に考えられよう」としている（同、47頁）。

一方で、全員強制加入でありかつ高度な自治が認められた組織にとって、自主的に決定しさえすれば何でもできるという自治の論理と、強制加入であるが故の限界とはどこかで自ら線引きをしなければならないことであるが、当時は何でもできる方へと傾斜していたように思える。このような問題意識で見直す時に、全員加盟制自治会は、組織と組織、あるいは、組織と個人の関係について、現代的な論点を提起しているのではないだろうか。

（三）　自治の基層としてのクラス

教養学部の制度として科類別・履修外国語学別に一〇〇余りのクラスが編成され、学生はいずれかのクラスに所属していた。学部当局によっても、クラスは必須科目の授業を受ける単位、担任教官が置かれ学生の個人相談を受ける、学生の自治活動の基盤、学生の個人的接触の場である等と位置付けられ（東大教養学部　一九六五、９頁）、「クラスの仲間には、同じ家族の一員のような親しさがうまれる。専門学部に進んで、解散してしまった後でも卒業してそれぞれの職場に分れてからもクラス会が行なわれる」（同）のであった。

そして全員加盟制の自治組織は、自治会、学友会、生協のいずれもクラスを基礎組織として位置付けていた。クラスは自治会の自治委員・代議員、学友会の評議員及び生協委員を選び、クラス会を開いたり、クラス決議をあげたり、学園祭（駒場祭）にクラス企画を発表したりと、活発な活動を行っていた。このようなクラスは、名実ともに自治の基層であり、その上に築かれた様々な仕組みが機能を停止したり、崩壊したりしても基層は残り、新たな仕組みを再生するエネルギーの源泉であった。東大闘争においてもその機能は遺憾なく発揮されたのである。

（四）　整然たるガバナンス故の限界

一方において、筆者の私見であるが、あまりにも整然たるガバナンス故の限界も生まれざるを得ないのではないか。組織として意思決定するためには既定の手続きが必要であり、素早い意思決定と迅速な行動にとっての桎梏となることは十分にあり得る。また、運動が急進化した局面では　学生の総意が平均主義的で微温的なものにならざるを得ない事態に対する反発と抵抗も生むことになるであろう。このような課題は、今日でも、企業、政府、大学、その他あらゆる組織のガバナンスにとっても共通の研究テーマであることは周知のことであり、当時の自治の構造をこのような視点でも見ることによって今日的な示唆を得ることも可能であろう。

一例をあげれば、東大闘争の初期、教養学部学生自治会は一九六八年七月五日から無期限ストライキに突入し、代議員大会の決定によって、闘争執行機関としてクラス一名の代表による「全学闘争委員会[9]」が設置された。これに対して社青同解放派、社学同派、革マル派などによって既に結成されていた「ストライキ実行委員会（スト実）」は、クラス代表の集合体である「全学闘争委員会」は闘争の司令塔としてはふさわしくない、同闘争委員会は民青・フロントによる官僚組織であり全く機能しないと非難した。そして、ストライキを担おうとする者の集合体であり、科類別・寮・サークルの闘争委員会が結集するスト実こそが執行部であるべきだと主張し、一定の支持を得たのである（全学闘争委員会《野村》一九六八、東大全共闘・駒場共闘会議　一九七〇、153―154頁）。

（五）サークル活動に見る学生の問題意識

紙幅の関係でサークルについて詳論することは割愛するが、**図1**で示したようにサークルもまた、自治活動の基礎的組織であった。ここでは、サークルの名称等から推測できる学生の意識について記しておきたい。東大闘争直前の一九六八年四月の文科系サークル数は九六であった。それらの名称から、社会的な問題意識を持って活動していたと思われるサークルを二〇以上数えることができた（学生オリエンテーション委員会　一九六八、157―160頁）。例えば、川崎セツルメント、教育研究会、自然弁証法研究会、婦人問題研究会、部落問題研究会、山谷地区学習会、亀有セツルメント等である。四九年後の二〇一七年の時点では、文化部の正式加盟サークル数は一三九であり、前記のサークル名に類するものは全くなく、ひいき目に見て社会的な問題意識を持っているかと思われるのは、模擬国連駒場研究会、戦史研究会、法と社会と人権だけであった（学友会『学園』第一〇五号編集部　二〇一七、15―16頁）。

関連して、毎年一一月に開催される教養学部の学園祭「駒場祭」の案内パンフレット（駒場図書館所蔵）で、一九六〇年代の委員会アピールや統一テーマに頻繁に登場するキーワードとして目立つのは、大学管理、大学の自治、憲法問題、平和運動、日韓会談、改革、認識、科学、反戦、民主主義、社会変革、学問、平和、民主主義、告発などである。唯一の例外は一九六八年の「とめてくれるなおっかさん　背中の銀杏が泣いている　男東大どこへ行く」である。七〇年代を経て、八〇年代になると一九八三年の「ヒト　ヒト　コマバサイ　ヒト」、一九八四年の「パラレルワールド　橋架けて」と抽象的でムード的な表現が続くことになる。

以上、六〇年代の学生自治の構造と学生の意識を見てきた。学生が社会全体の意識や価値観の影響を免れないことは当然だが、二年間で全ての学生が入れ替わるという宿命のもとでも自由な自治空間の創出と絶えざる拡充指向が続いていたことは、当時の学生たちの努力もあってのことに違いなく、東大闘争における長期にわたる闘争と多様な闘争主体の登場を予想させるものである。

五　学生自治会における学生参加と意思決定の特徴

（一）自治会と学生運動

学生の自治活動と学生運動は同じではない。学生運動とは、社会変革を指向する政治党派（セクト）の学生組織が、学生の中での影響力の拡大と政治活動への動員を図る運動であり、この時期には学生自治会を舞台に、主導権争いが行われた。大学管理法制定反対、ベトナム反戦、日韓条約締結反対等の闘争もそうであった。自治活動は、より広範囲で多様なものであることは既に述べたとおりである。前述の自由な自治空間と学生の政治意識の高まりが結びついた結果、政治党派による支持獲得と組織拡大、運動のヘゲモニー争いという学生運動が可能になったのであり、自治組織の執行部を影響下に置くことが重要な目標であった。

「昂揚期」の一九六五年前後から東大闘争にかけて、駒場キャンパスでまかれたビラ等によって筆者が確認した政治党派を例示すると、日本共産党東京大学学生細胞（共産党）、日本民主青年同盟東大全学委員会（民青）[10]、東C[11]社会主義学生戦線（フロント）、日本社会主義青年同盟全国学協解放派東大C細胞（社青同解放派）、社会主義学生同盟東大教養支部（社学同）、共産主義者同盟東京大学学生細胞（共産同あるいはブント）、革命的共産主義者同盟全国委員会（中核派）、日本革命的共産主義者同盟革マル派（革マル派）などである。かっこ内は母体組織の通称であり、他にも筆者の記憶によれば、第四インター、ＭＥＬＴ、社学同ＭＬ派なども活動していた。それぞれの党派は「活動家」と呼ばれる熱心なコアメンバーを擁し、統一派、反帝学生評議会、学生会議、ストライキ実行委員会、全学学生共闘会議等の独自の闘争主体を組織していた。[12] 党派間の対立は当然あったが、同時に、党派間の共同行動や連携も行われた。[13]

各党派は駒場寮内に拠点となる部屋を確保し、ガリ版刷りのビラ、手作りの立て看板、拡声器とアジ演説等を駆使して、影響力の拡大に鎬を削っていた。学生運動の激しさは、マスコミでも報道されていたし、学生の自治活動にも微妙な影響を及ぼしていた。例えば、学生オリエンテーション用の冊子『新入生に贈る』の学生図書委員会の頁には、「このパンフレットが、実質的に各党派の宣伝につかわれアジビラ化されていて、オリエンテーション本来の目的を破壊するおそれがある」として、紹介記事を掲載しないとの同委員会の見解が掲載されている（学生オリエンテーション委員会　一九六六、48頁）。自治委員会が長時間の演説、野次と怒号に終始して一般学生の参加できる雰囲気ではないという学生の意見や、教官側からの自治活動の範囲を逸脱しているのではないかとの疑義も、東大新聞などにしばしば掲載されていた。

それぞれの党派は政治的課題に限らず、後述する学園内の様々な課題にも熱心に取り組んだ。特に、「学生のあらゆる要求を取り上げる」とした共産党・民青や「大学革新」を掲げたフロントは熱心であった。しかし、筆者はそれぞれの善意を疑うものではないが、政治党派である以上、その政治戦略（当時の用語でいえば革命戦略）の一環として取り組まれたものであることも見ておかねばならない。

最大の組織勢力であった共産党・民青を指導した共産党中央の方針は次のようなものであった。「（イ）

党細胞が、大衆闘争の計画をたて、自治会グループやサークル内の党員は、それにしたがって活動する。（ロ）当面する重要な政治問題については、党中央の方針をかならず細胞で討議し、これをクラス、寮、サークルのなかへもちこみ、大衆討議をして行動をおこしてゆく。（ハ）学生の外面的な要求のためにたたかう。（ニ）このような活動を基礎に、自治会を民主化し、広はんな学生を自治会活動に参加させ、左右の分裂主義者の本質を、たえずばくろして一掃してしまう。（ホ）国民会議の地域共闘や青学共闘に参加し、労働者階級とともにたたかう。（ヘ）党の独自活動、民青を拡大し、機関紙をふやし、綱領をひろめることと、大衆闘争を結び付けて二本の足ですすむ、一定期間後にはかならず学生戦線の民主的統一を回復することが必要である」（広谷俊二　一九六二、１１２―１１９頁）。他の党派でも同様の方針であったと思われる。学生運動を担う政治党派の学生組織が学外の指導部からの指導や介入に左右されることは避けられないが、このような関係は東大闘争の最中に様々な形で登場するのである。

（二）　自治委員長選挙における対抗関係と運動主体の消長

最も顕著な党派間の対抗関係は、共産党・民青系と反共産党・民青系（いわゆる新左翼系）であったが、後者の間でも対抗関係はあり、いずれも時には暴力的な対応も伴っていた。[14] 東大闘争がそれ以前の学生自治活動や学生運動の続きである以上、党派間の対抗関係もまた継続し、東大闘争の展開に少なからぬ影響を及ぼしたのである。ここでは、半年に一回の自治委員長選挙と最高議決機関である代議員大会を素材に、党派間の対抗関係等の推移を見ることとする。

図２ 東大教養学部学生自治会委員長選挙の投票率及び絶対支持率（1960～1968）

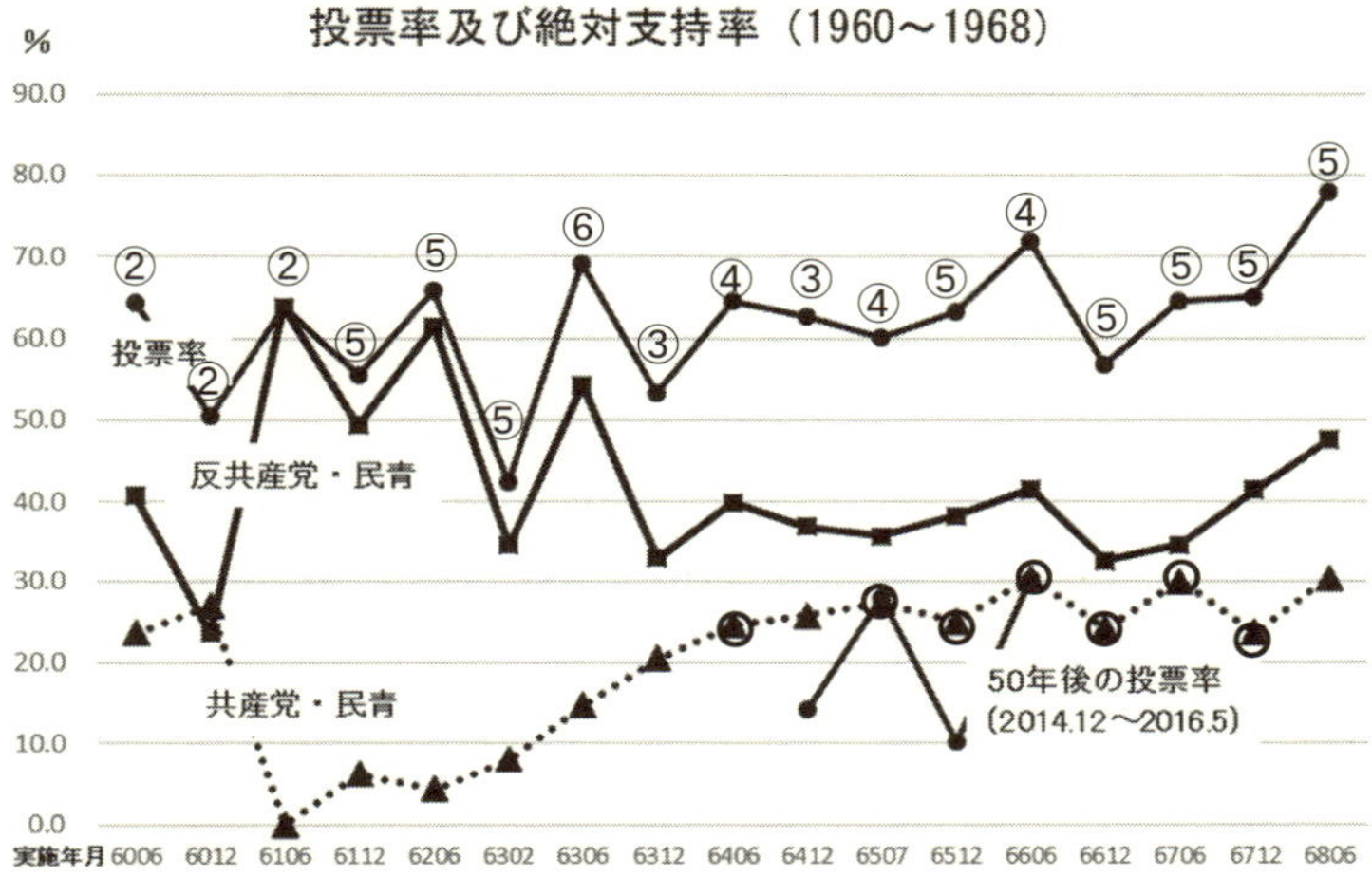

注1：63年2月の選挙は前年12月の選挙が無効となったための再選挙。どの候補も四分の一の有効投票数に達せず、委員長・副委員長とも63年6月まで不在となる。63年6月選挙では各党派の候補者を破って無所属候補が当選。
注2：党派名および投票総数は『東京大学新聞』の該当記事を利用。学生数は東京大学教養学部『教養学部の30年』ある各年の入学者数を利用した。
注3：「50年後の投票数は、自治会長選挙管理委員会の発表による。学生数は東大のホームページによる。
注4：投票率＝投票総数/学生数。絶対得票率＝得票数/学生数。〇中の数字は立候補者数。
注5：共産党・民青の線上の〇は共産党・民青の候補者が当選したことを示している。

図2は、六〇年安保闘争時の一九六〇年六月から東大闘争直前の六八年六月までの一七回の自治委員長選挙の投票率、共産党・民青系と反共産党・民青系の候補者の絶対支持率、立候補者数等をグラフにしたものである。[15]

①特徴の第一は投票率の高さである。一七回のうち四〇％台は一回、五〇％超は一六回、六〇％超は一二回あり、六八年六月即ち東大闘争の直前には約八〇％にまで達している。五〇年後の二〇一四年一二月から二〇一六年六月までの四回が全て三〇％以下であることと較べてみても、学生の参加意欲は相当高かったことは確かである。

②共産党・民青の凋落と再成長

特徴の第二は、共産党・民青への支持の持続的拡大である。共産党からの構造改革派の離脱、その一部の人々の共産党による除名等の影響で、六一年六月の自治委員長選挙に共産党・民青系は候補者を出せない状況となった。しかし、その後の支持の回復は目を見張るものがある。グラフに見るとおり、自治委員長選挙における共産党・民青系への絶対支持率は、年を追って伸び一九六七年六月には約三〇％に達して、単独で反共産党・民青系と対抗できるほどになった。その伸び方は、一時的なものでも急激なものでもない着実なものであり、地力の形成を意味している。六五年七月以降は、六期連続で自治委員長に共産党・民青系が当選することになった。

その要因として、筆者が聞き取りをした共産党・民青系の自治委員長経験者は、異口同音に地道なクラス活動、サークル活動の結果であることを強調していた。この他にも高校時代から民青の活動をしていた者が入学後すぐに活動を開始し、同級生などにも影響を与えたこともしばしば聞かれた。公安サイドと言われる『学生運動の研究』には「日共の方針に忠実な平民学連[16]は、学内外の強力な日共勢力の支援のもとに、一般学生の日常諸要求をとりあげての組織工作に専念し、政治闘争においても必ず学内問題と結びつけ、他階層との統一行動に参加して整然と行動するなど、一般学生の同調しやすい運動形態を採用した。この徹底した大衆化路線は、過激な政治闘争と派閥抗争に終始する他派に比し、一般学生に一種の新鮮感と安定感を与え、平民学連の著しい進出の道を開いた」（日本学生運動研究会　一九六六、１４１頁）と指摘している。前記構造改革派の一人である安東仁兵衛氏は、『学園』編集部のインタビューで「民青が一定程度伸びている」ことへの感想として、民青は全国的な闘争ぬきの組織拡大しかやらない、民青が全国的統一組織を造ったとしても真の運動主体とはなり得ない等の批判をしつつ「彼等は運動の各地域、大学への細分化状況の中でサークル主義的に伸びているのであって、現在の状況は民青伸長の条件によくマッチしている」(『学園』編集部　一九六四、36―37頁）と述べ、民青が大学の現状にマッチして伸びていることは認めている。

一九六五年一二月の自治委員長選挙で当選した共産党・民青系の候補者のスローガンは「手を結べ働く者と学ぶ者！」「打ち砕け硝煙のにおいを！」「築こう豊かな学園生活を！」（河内・林　一九六五）であった。推薦者には、前正副自治委員長、駒場寮寮委員長、生協学生委員会委員長、学生会館委員会議長、学友会副議長等が名を連ね、自治組織での影響力の広がりを示している（同）。いろいろな批判や警戒の目に曝されつつも、共産党中央の方針を受けた教養学部の共産党組織の戦略が功を奏したとみるべきだろう。むろん共産党・民青系の優位は相対的なもので、反共産党・民青系が大同団結すれば勝てる状況にあったし、そのような状況は東大闘争の全共闘において実現するわけである。

③共産党・民青支持率の低下・停滞とフロントによる自治委員長の奪取

図2で分かるように、一九六七年一二月の自治委員長選挙で大きな変化がおきた。支持率を着実に伸ばしてきた共産党・民青系が支持率を減らし、同時に、反共産党・民青系が支持率を大きく伸ばした。この変化は六七年六月の自治委員長選挙から一二月の自治委員長選挙の間に起きた「羽田闘争」の影響によるものと考えられる。「羽田闘争」とはベトナム反戦運動の高まりの中で、当時の佐藤首相の南ベトナム訪問を実力阻止するとして、新左翼系数千名が羽田空港で機動隊と衝突した事件である。一〇月八日の衝突で学生が死亡したこと、一一月一一日には羽田に向かう三派系の学生集団約二千人が駒場の教室を占拠したことなどもあって、教養学部でも学生の間に大きな衝撃を与えた。後年の一九九三年秋から九四年三月

までに行われた、全共闘運動に参加した人々へのアンケートでは、「最も印象的な事件・闘争（複数回答）」に対して最も多いのは「学園闘争」の三五・二％で、第二位は「一〇・八羽田闘争」の二三・二％であった（全共闘白書編集委員会　一九九四、412頁）。これにも表れているように、「羽田闘争」は教養学部の学生の中にも新左翼系への心情的な支持を広げることになった。心情的というのは、六七年一二月の自治委員長選挙での反共産党・民青系への支持増大の実体は、三派系ではなくフロント系への支持の急伸だったからである。

フロント系の候補者は、フロントも羽田空港で闘ったが民青は共産党が主催する「赤旗まつり」に参加し闘争を放棄したと批判し（下郡達夫・今村俊一　一九六七）、民青系の自治会執行部は自治委員会等で、暴力的分裂主義者集団による事件だと反撃して対決姿勢を明確にした。フロント系の候補者は前回の六月と同じであったが、その得票数は五八九から一二三六へと倍増し、当選した共産党・民青系候補者との差は僅かに一六六票であった。しかも、共産党・民青が予定していた正副委員長候補者がクラスの自治委員選挙で落選し、自治会規約では正副自治委員長は自治委員の中から選出するとされていたために、急遽別の候補者を擁立しての結果であった。東大新聞は、この結果を、直前の駒場祭でサークル継続届問題等をめぐってフロントが主導する駒場祭委員会が奮闘したことが評価され、民青系の自治会執行部が、佐藤首相のベトナム訪問を前に自治委員会や代議員大会を開かなかったこと、激しい〝反トロキャンペーン〟[17]をはったことなどが学生の反感を買ったと報じている（『東京大学新聞』一九六七年一二月一八日）。続く六八年六月の自治委員長選挙でもフロント系の急伸は続き、フロント系候補者が一九二五票、共産党・民青系候補者が一八四三票という僅差でフロント系候補者が当選した。激しい選挙戦[18]もあって投票率は実に七七・九％に達した。

六七年一二月の自治委員長選挙でのフロント系候補者のスローガンは「我々は拒絶する侵略とその加担を」「大学革新のスクラムに君も加われ」「諦らめと逃避から訣別し生き生きしたクラス活動を」（下郡・今村　一九六七）等であり、六八年六月も「何よりも原則的自治会民主主義と学生運動の統一のために」「平和と民主主義よりよき学園生活のために」（今村・高木　一九六八）を掲げていた。共産党・民青系と見まがうばかりのスローガンだが、一方でフロントは「羽田闘争」を支持することをいち早く表明していた（フロント　一九六七）。

共産党・民青の着実な地力の形成も、先鋭化する学生の意識に適確に対応しきれなかったと言えるのではないか。根強い共産党・民青への支持、一方での批判の増加と新左翼系への心情的支持の拡大、妥協点としてのフロントの自治委員長当選であった。当時のフロントで活動していた人も、羽田闘争を機に民青への批判が高まったが、過激な三派系ではなく比較的穏健と思われていた我々に支持が寄せられたと振り返っている。

以上のような経過と結果は、東大闘争の初期の展開を方向付けた。教養学部では、共産党・民青系、三派系、フロント系の三者鼎立状況が生まれ、やがて共産党・民青系自身も「極左化」するという経過をたどり、全共闘への暴力集団批判やトロツキスト批判、政治党派の指導部の介入等もまた、より鮮明に再現されるのである。

(三)　代議員大会の成立と議決

前項で政治党派の力関係の推移を見てきたが、次に学生全体の意識状況や意思表明はどのような特徴があったのかを見ておきたい。自治会の最高決議機関は代議員大会であったことは既に述べた。規約によれば自治委員長の任期中に最低二回の開催が義務付けられており、クラスごとに選ばれる代議員の総数は八二〇名程度であった。**表1**は、安保闘争後の一九六一年一月から東大闘争直前の一九六八年六月までの代議員大会のうち成立したものの議題[19]と議決状況である。

①政治党派の思惑との乖離

期間中に開催された代議員大会は三〇回で、そのうち成立したのは九回のみである。成立した九回のうち三回(No.2、No.4、No.7)の議題は自治会の運営に関するものであり、一回(No.8)は可決保留[20]である。従って自治会が最高決議機関である代議員大会の決議をもって対外的にその意思を明示したのは七年余りの間に五回しかないということになる。代議員大会開催の都度、各政治党派は代議員の参加確認や委任状の獲得に注力していたが、それでも成立することは稀であり、自治委員長選挙の投票率の高さと比べると代議員大会への参加意欲は相対的に低かった。代議員は、あらかじめ設定された議題に軽重を付けて出席を考えていたのではないかと思われ、そこには政治党派の時々の思惑との乖離または微妙な距離感が感じられる。

表１　代議員大会の成立状況と決議結果（1961年1月～1968年6月、開催回数30回）

No.	開催年月日	議　　題	決議結果	ストライキ投票結果（%）		
				投票率	賛成率	絶対賛成率
1	1961.05.29	政暴法反対・学生部次長制反対のストライキ	可決	81.7	57.8	47.2
2	1962.01.23	自治委員長選挙の承認	可決	−	−	−
3	1962.10.30	大管法反対11.1ストライキ	可決	70.8	59.7	42.3
4	1963.06.24	守屋委員長非難決議	可決	−	−	−
5	1965.05.19	日韓条約本調印阻止、ベトナム侵略反対5.21ストライキ	可決	79.5	56.9	45.2
6	1965.06.07	「文化人5氏の呼びかけ」支持決議	可決	−	−	−
7	1965.07.05	投票無効・常任委員会弾劾	可決	−	−	−
8	1967.05.23	砂川基地拡張5.28阻止行動	可決保留	−	−	−
9	1968.01.16	エンタープライズ寄港阻止闘争	可決	−	−	−

注：ストライキの投票率及び絶対賛成率については図２の注に準じる。

②いざという時の決議の重み

政治課題での意思表示が議決された五回のうち三回はストライキを伴うものであった。代議員大会のストライキの決議内容は必ず学生投票にかけられ、**表1**にあるとおり、投票率は、約七〇%～約八〇%と自治委員長選挙を超えるほどに高く、しかも、すべてのケースでストライキが可決されている。投票者数の中でのストライキ賛成率は五六・九%～八一・七%であり、毎回かなりの高い賛成率といえよう。もっとも全学生に対するストライキ賛成率は三回とも五〇%を下回っており、ここでも微妙なバランスが見られるが、だからと言って積極的なスト破り行為は見られなかった。

以上のような特徴にも表れているように、自治活動の中で代議員大会の機能は学生の総意を集約する点で極めて重要な意味を持っていた。代議員大会決定は最高の大義名分を学生に示せたし、自治活動の蓄積のなかでそれだけの重みを持っていた。招集権者である自治委員長に対して反対党派による開催署名活動もしばしば行われたし、自治委員長が開催を拒否することもあった。代議員大会の開催自体が駆け引きの対象でもあったわけである。

東大闘争時にもその機能は最大限に発揮された。代議員大会の開催をめぐる駆け引き、決議の正統性や開催の有効性をめぐる争い、代議員大会の議決によって行なわれる学生投票自体等が、自治の構造として無視しがたく築かれていたのである。

六　通奏低音としての「より良き学園生活」

「平和と民主主義より良き学園生活のために」は戦後の学生運動で一貫して用いられた共通のキャッチコピーである。語感から民青系のスローガンと見られることもあるが、フロント系や社学同系も用いていた（成島・浜下　一九六四、下郡・今村　一九六七）。教養学部の学生数の増加やマスプロ授業、貧弱な学内施設等を背景に「より良き学園生活」を求める多様な課題が存在し、政治課題に加えてこうした学内の課題もそれぞれの自治組織で間断なく取り上げられていた。

駒場寮では、寮の維持に関わる費用に関して、適正な国庫負担や寮食堂従業員の公務員化を求める運動が続けられていた。また、一九六五年に女子寮である白金寮が新築され、その管理が教養学部から大学本部へと移管された。これを機に大学側は「本郷方式」による管理（寮務主任の常駐等）を企図したが、寮生側は完全自治を主張して長期にわたる「白金寮闘争」が闘われた（学生オリエンテーション委員会　一九六七、128―129頁、東京大学　一九八六、802―804頁）。

生協も、書籍部の拡充運動を提起し、多数のクラスアピールが出される（東大生協　一九六三、4頁）状況が生まれ、一九六六年には第二学生会館の設立運動が学生会館委員会と生協との共闘で進められようとしていた。食堂拡大運動のように自治組織間の共同行動として取り組まれる例も見られた（学生会館運営委員会　一九六七）。

学友会では、サークル継続届問題がねばり強く取り組まれていた。「学部共通細則」という規則を根拠にサークル構成員全員の名簿を提出するよう迫り、提出しないサークルは継続を認めないとする学生部に対して、学友会学生理事会は、学生自治に対する干渉であるとして、責任者三名の届出のみで済まそうとして紛糾していた。（学生オリエンテーション委員会　一九六七、64―66頁）。この対立は一九六七年の駒場祭（教養学部の学園祭）の際に、駒場祭委員会の名簿提出も含めて先鋭化し、同委員会と教養学部当局との交渉は駒場祭直前まで続けられた（東大教養学部　一九六七b、一―二頁、学生オリエンテーション委員会　一九六八、13―14頁）。

以上のように、自治拡充指向というのは単に形式上の自治権を拡充することだけではなく、自らの直面する課題を自ら検討し実現のための運動を進めるという内実を伴ったものであり、すべての自治組織がなんらかの課題を掲げて取り組んでいたのである。既に見てきたように、大学側が大学の規則をたてに、あるいは、教育的観点から学生の要求に消極的であればあるほど、学生の矛先は教養学部当局へと向かざるを得なかったのである。次に述べるように、教養学部当局のフラストレーションを亢進させたのは自治会の活動に限ったことではなかったのである。

七　学部当局による学生自治の庇護と規制

（一）　学部当局のパターナリズム

教養学部当局は、当初学生の自治活動の庇護者であった。新入生に毎年配られる冊子『駒場の学生生活一九六一』に、自治活動について次のように記されている。「ちかごろ［中略］自治会の全員加入制を廃止して自由加入制にしたらどうかという声がきかれる［中略］この議論にはもちろん一理ありとして肯ける点もあるが、他面において大きな危険をはらんでいることも認めざるを得ない」「大学は何故学生自治を認め、全学生に自治会への加入を強制しているのだろうか。第一に学生の自主性を充分に尊重することが大学教育の正しいあり方であるという考え方がある［中略］第二は一般教養の重要な要素として、学生の自主的能力の発達を期待しているということがある」「第三に大学の自治に学生の意思を反映する道が開かれているということがある」「大学の自治の主体は教授会の自治であるが大学共同体の構成要素として学生の意見も充分に尊重されねばならない」「以上を要約すれば学生自治は、大学がその使命を自治的に遂行してゆくために、特に学生の教育が理想にかなうように行われるために認められているのである［中略］即ち学生自治は大学の教育方針として認められているのである」（東大教養学部　一九六一、31―32頁）この記述は基本的に同じ内容で一九六四年まで続くが、一九六五年からは大きく異なるものとなった。

『駒場の学生生活』は毎年発行されていたが、自治活動に関する前記のような記述は一九六四年までである。一九六五年からは自治活動の意義や擁護に関する記述はなく、「大学が学生の自治活動に要求することとは、大学の方針、規則に従うことと、運営が規約に従って民主的に学生の権利が不当に侵害されないように行なわれることである」とされ、更に、学友会の紹介にあたって「学外の政治問題に力を消耗しつくしている自治会では、学内問題についての学生の要求は充たされない」とも言っている（東大教養学部　一九六五a、19—20頁）。また、学生自治会が行うストライキについては厳禁し必ず責任者を処分してきた。そして、この年一一月に東京大学名で「大学の自治と学生の自治」（いわゆる「東大パンフ」）が公表されるのである。この時期は、前述のように「学生運動昂揚期」と評された時期であり、学生の自治活動をめぐっての教養学部当局と学生側との緊張関係が高まった時期であった。「東大パンフ」は全東大に関するものであるが、「とくに新しい方針をうちだしたり、考え方を変えようとしているわけではない」（国立大学協会　一九六七、17頁）とあるように、教養学部も含む大学側の従来の考えの延長線上に作成されたものである。

教養学部当局の態度は、大学の自治論との関係で論じられることが多いが、社会学の範疇であるパターナリズムの一種とする捉え方も可能であろう。パターナリズムとは、優越的な地位を得た支配者による思慮ある判断、寛容、恩情によって人間関係や組織が律されることであるが、筆者が関わってきた医療の分野では医師・患者関係がその典型例として取り上げられてきた。その過程で、専門的な知識と技能を身に付けた医師が、医学的な判断と職業倫理によって患者に治療を施すのが医療であって、患者はその客体であるとする一般的な考え方に対して、患者が自己に関する情報を取得し、自分が受ける医療について自己決定することは患者の権利であり、医師による配慮の結果ではないとの考えが、一九七〇年代から八〇年代にかけて全世界的に定着していったのである。この時期には、社会全体の様々な分野でもパターナリズムへの批判と克服の潮流が見られたし、また、数十年を経た今日では、その限界の認識と新たな対応も見られるのである。

不当な学生処分と強権的な大学当局への怒りが東大闘争を支えたことはその通りであるが、更に、大学当局のパターナリスティックな考えと、最大限の自治・自立を指向する学生との緊張関係の高まりを、東大闘争をあれほど長期にわたるエネルギッシュな闘争とし得た背景として把握することも必要ではないか。パターナリズムをめぐる問題はどのような時代にも起こり得ることでもあり、今日的な論点として東大闘争から示唆を得ることも無駄ではないと思う。

既存の規則と慣行を前提とする限り、大学当局の言い分には妥当な点もあり、学生の要求や活動は理不尽な側面も持っていたかも知れないが、学生の運動は既存の秩序そのものへのチャレンジであったこと、また、自治活動の容認、促進、規制、否定のいずれも庇護者である大学の判断によって変化するのであり、意向次第であるかのような状況、すなわちパターナリズムへの鋭い問いかけであったとも言えるのではないか。事実、大学側の主張は、東大闘争の「確認書」において明確に否定されることになるわけである。

（二）　学生自治組織との軋轢

前述した学生運動の「昂揚」に直面した教養学部当局は、従来どおりの方針で対応しようとした。これによる学生側との軋轢は、学生自治会との間だけではなく、自治組織が関わる様々な分野に及んでいた。ここでは、学部側からの見方を確認しておく。

教養学部学生部にあって学生指導にあたっていた西村秀夫氏は、一九六五年の時点で、駒場に暴力と虚偽が傍若無人のふるまいをはじめているとして、乱立する立看板と学生内部の対立、五月に実施された学生ストライキに関する学生処分をめぐる学生側の対応等をあげている。続けて「五号館問題」「駒場祭仮装行列問題」「オリエンテーション問題」「学寮研究合宿のボイコット」「寄宿料値上反対運動」「経費国庫負担要求」「学内団体の名簿問題」「入寮許可証の問題」を列挙して、これらの学内紛争も本質的には同じ問題を含んでいる、すなわち、文部省の手先である学生部が学生の自治を奪おうとしているという前提に立ち学生部と闘おうとする運動という性格を持っていると論じ、更には、六〇年安保闘争時には、学生側も規則違反を率直に認め、教官に対する敬意も表していたのに、そのような信頼関係が失われていると嘆いている（東大教養学部　一九六五b、３頁）。同じく西村氏は、学生寮についても、学生寮の寮委員会との協力関係は、一九五八年から安保闘争をはさみ六二年の「大管法」にいたる過渡期を経て、六三年には決定的に壊れたと述懐している（東京大学　一九八六、８００頁）。

学友会も例外ではなく、「学生理事会」による方針の決定などの規約違反を問題視したり（東大教養学部　一九六七a、３頁）、教官理事からは「学友会の刷新、学友会の真の民主的運営」のためのパンフレットが発行されたりもした（玉木英彦　一九六八）。学生理事会側も「第六委員会という、駒場の学生の意見を教授会に伝達する機関があります。しかし、それはあたかも糸のたるんだ糸電話のようなもので、学生の意見が伝わらないし、教官の意見もよく聞こえません」（学生オリエンテーション委員会　一九六七、46頁）と応じていた。

このように、東大闘争で問われた大学の自治と学生の自治をめぐる軋轢は、既にこの時期に顕在化していたのであり、教養学部に限らず、五月祭（本郷キャンパスの学園祭）での警官パトロール問題、ベトナム代表団歓迎集会の学内開催などをめぐっても紛糾していたのである。

八　東大闘争へ

かくして、東大闘争は準備された。東大闘争時に教養学部の教授であり、後に学部長を務めた小出昭一郎氏は、東大闘争直前の教養学部について「教養学部には、直接原因となるようなことは何もなく、殆んどの原因は本郷にあったといってもよいであろう。学生数が非常に多く（七〇〇〇人）、マンモス化してマスプロ授業になっている事が最大の問題点であろうが、これも本郷各学部の学科増設・講座新設に伴う『被害』である」「発端となった医学部、特に医局のピラミッド型封建体制に比較すると、ごく一部を除き講座制でもなく、助手や事務職員の定員が極度に少い教養学部はむしろ逆ピラミッドであって、『東大』という名から連想される古めかしい権威主義からは程遠い新開地である」（小出昭一郎　一九六九、１４５頁）と回想している。

後半は当たっているが、前半は認識不足だろう。ストライキ、実力闘争、政治党派間の対立と連携、政治党派の上部組織による介入等々の、東大闘争を語るうえで欠かすことのできないキーワードは既に出揃っていた。学生自治組織と学部当局との軋轢という導火線は学内のいたるところに認められ、この導火線への着火剤こそ六八年六月一七日の安田講堂への機動隊導入であった。教養学部における東大闘争は、学生自治活動の構造化とそこにおける自治エネルギーの蓄積のうえに展開された。それ故に、爆発的なエネルギーの解放がもたらされ、また、それ故に筆者が記した限界も露呈し、そして再度それ故に、学生自治の底力も発揮されることになるのである。

九　おわりに

本稿の対象である東大教養学部の学生自治活動は、何らかの母集団を代表するものではなく、むしろ特殊な事例と言える。東大内に限っても本郷キャンパスの専門学部とは全く異なる現状があった。東大以外の大学とも学生自治の構造や大学の体質等は異なるものであったし、東大生はいわゆるエリート予備群であった。しかし、真実は細部に宿るとすると、これもまた六〇年代学生運動の真実の一部と言うことができるのではないだろうか。

一方では、東大闘争は誰もが想像できなかった劇的な展開をたどることにもなる。直前に行われた自治委員長選挙では、競り合ったフロント系と共産党・民青系の候補者の公報を見ると、共産党・民青系は「東大闘争」というカテゴリーは設けているものの医学部不当処分の撤回の明確な要求はなく、フロント系も処分撤回は小さく掲げ、反戦平和や自治会民主主義の回復が主な主張であった。そしていずれも従来の主張に沿った多様な課題を掲げていたのである（今村・高木　一九六八、柴田・吉川　一九六八）。しかし東大闘争が激発すると、それまでの様々な課題や多様な運動は一挙にシングルイシュー化され、想像もしなかったエネルギーの解放がもたらされるのである。それはまた、伝統的な、あるいは、営々と築き上げた自治の力の発揮であるとともに、それへの破壊的な影響を伴うものでもあった。こうした東大闘争の様相と今日的な示唆は、本稿での考察を踏まえて、次稿において論じることとしたい。末尾に、忙しい中、しかも、五〇年以上も前のことについてインタビューに応じて頂いた歴代自治委員長や関係者の皆様への謝意を表して本稿を終わることとする。

注

1　東大闘争は、単なる要求実現の運動ではなく、大学のあり方を根底から問い直すことによって東大の解体をめざす闘争であると主張した東大闘争全学共闘会議も、要求の貫徹自体を放棄したわけではない。従って、詳細な究明は次稿に譲るとして、ここでは東大闘争をこのように位置付けておく。

2　「確認書」とは、学生・院生の要求事項をめぐって大学執行部との間で締結された文書である。学生・院生側の当事者は七学部、五系大学院及び医学部医学科・同保健学科の代表である。これを契機に全学ストライキは相次いで解除へと向かった。

3　「東大闘争全学共闘会議」の略称。全学的な単一組織ではなく、学部、大学院、助手等の全学の各階層・分野ごとの闘争委員会や共闘会議等の個別の闘争主体の結集体である。

4　「フロント」は「社会主義学生戦線」という政治党派の別称である。

5　「民青」は「日本民主青年同盟」の略称である。

6　専門学部は文京区本郷にあったため、専門学部全体あるいはそのキャンパスを「本郷」と言いならわしていた。

教養学部とそのキャンパスは「駒場」であった。

7　直接の引用はしないとの約束で、学生自治会や学生運動で指導的役割を担った人々十数人とのインタビューを実施した。本稿をまとめるうえで極めて有益であった。

8　例えば、社青同解放派系の反帝学生評議会も彼らなりに自治会の強化を主張していた（白形允&反帝学生評議会一九六七）。

9　この場合の「全学」は教養学部全体を意味しており、東大全体のことではない。また、教養学部の専門課程である教養学科・基礎科学科も含まれていない。しかし教養学部の一・二年生全体を指す用語として「全学」はよく用いられていた。

10　共産党と民青とは指導・被指導の関係にあり、民青の使命を記した「よびかけ」には「労働者階級の前衛、日本共産党のみちびきをうけ、その綱領を学び、ともにたたかう」とあった。しかし規約にはそのような規定はなく、共産党の指導は言わば超規約的なものであった。ちなみに現在の民青の規約には「日本共産党を相談相手に、援助を受けて活動する」（第一条）とある。東大闘争が収束に向かった一九六九年前半には民青東大全学委員会のもとに約一〇〇〇名の民青同盟員がいたと言われている。

11　東Cあるいは東大Cは東大教養学部の略語である。当時は学生間でよく用いられた。

12　そのような組織が実態として確立していたかの確証はない。看板だけだった可能性が強いが、党派のメンバーだけではなく、支持者や同調者（シンパ）を結集しやすくする旗印としての効果はあった。

13　共同行動としては社学同、社青同解放派、中核派の三派系がよく知られている。また、64年12月の正副自治委員長選挙では、社学同が自治委員長に、フロントが副委員長に、両派が連携して立候補し正副自治委員長の座を共産党・

民青系から奪い返した。

14　例えば、一九六五年一二月から六六年二月にかけて、共産党・民青系の自治会執行部は、学生自治会の連合会（全学連）への加盟を議題とする自治委員会や代議員大会を招集したが、社学同や社青同解放派等は、民青系自治委員長の監禁や会場の封鎖等で開催を実力阻止した。対抗する自治会執行部は、二月二六日に学内の教室を会場として自治委員会を招集したが、実力阻止に会い、学外の神社に会場を変更して自治委員会を開催し、全学連加盟を「議決」した（『東京大学新聞』一九六六年一月一〇日・三一日・二月七日・二八日、学生オリエンテーション委員会　一九六六、30―32頁、同33―34頁）。同年五月の代議員大会は不成立ながらこの「議決」を無効とし、以後教養学部学生自治会と全学連との組織的な関係は不正常な状態が続いた（学生オリエンテーション委員会 一九六八、33頁）。

15　反共産党・民青系については複数の候補者の合計得票数を用いてある。図の投票率の上に候補者数を示したが、これが⑤ならばここから共産党・民青系の一を引いた四名の合計である。

16　平民学連は「安保反対、平和と民主主義を守る全国学生連絡会議」の略称。学生自治会活動の全国センターとして共産党の指導のもと一九六二年八月に結成された。

17　「反トロキャンペーン」は、共産党・民青が社学同や社青同解放派等に対して行った批判・非難の宣伝活動のことである。共産党・民青は彼らを、ロシア革命の指導者の一人であり当時は裏切り者とされていたトロツキーの信奉者すなわち「トロツキスト」と規定し、極左的暴力集団として激しい批判を繰りひろげていた。

18　当時のあるフロント関係者は勝てるとの判断のもと本郷から応援が入ったと回想している。共産党・民青系についても、終盤には共産党東京都委員会の学生対策の責任者が駒場に来て直接指揮をとっていたとのことである。

19　自治会執行部に加えて各政治党派が提案するので議題は三～四件あるのが通例であったがここでは可決された議

題のみを表示してある。No.6は個人提案であるが、他はすべて自治会執行部の提案である。

20　可決保留とは、賛成票が過半数に達しないが保留票と合わせると過半数に達する、つまり否決ではないということだが、一定の支持が集まったということを強調する意味で使われていた。

参考文献・資料一覧（編著者名五十音順）

＊団体名に付く「東京大学」は「東大」、「生活協同組合」は「生協」と略記し、「東京大学教養学部」は省略した。

伊藤谷生ほか「【座談会】東大闘争50年」二〇一八、『季論21』、No.42：30―62頁。

今村・高木『広報No.1』、（一九六八年六月）

宇野弘治「統一の問題」一九六五、『学園』No.38、一九六五年一一月、34―41頁。

太田実「学友会とは何か」一九六五、『学園』No.36、一九六五年四月、4―9頁。

『学園』編集部「学生運動の生成と発展」一九六四、『学園』No.33、一九六四年一月、27―54頁。

学生オリエンテーション委員会『新入生に贈る』（一九六六）：伊藤資料

学生オリエンテーション委員会『槌音1』（一九六七）：伊藤資料

学生オリエンテーション委員会『槌音2』（一九六八）：伊藤資料

学生会館運営委員会『討論資料　食堂拡大の実現のために』、（一九六七年一二月一二日）：伊藤資料

学友会理事会『東京大学教養学部学生自治団体規約集』（一九六四）

梶原徹ほか『東大全共闘から精神科クリニックへ』（二〇一二、明文書房）

加藤一郎「『七学部代表団との確認書』の解説」（一九六九）、『東大問題資料Ⅰ』、東大出版会

河内・林『選挙公報No.１』（一九六五）
小出昭一郎（一九六九）「東大紛争のなかの教養学部」『物性研究』12（2）、一九六九年五月二〇日、１４５―１４９頁。
国立大学協会（一九六七）『学生問題に関する資料』
駒場寮委員会（一九八六）『駒場寄宿寮規約』：駒場寮委員会資料
柴田・吉川『選挙公報No.１』（一九六八）
下郡・今村『広報No.１』、一九六七年一二月
白形允＆反帝学生評議会「東大C自治会強化のために《自治会活動方針》」（一九六七）、一九六七年四月
『世界』編集部「東大闘争と学生の意識」（『世界』一九六九年九月）
全学闘争委員会（野村）「無期限ストを貫徹し、勝利するために、私達はいかなる組織を持つのか?!」（一九六八年）：伊藤資料
全共闘白書編集委員会『全共闘白書』（一九九四年、新潮社）
玉木英彦『学友会にもっと関心を　No.６』（一九六八年三月二六日）：伊藤資料
土谷邦秋ほか『東大全共闘から神経病理学へ』（二〇一〇年、明文書房）
東京大学『東京大学百年史　通史　三』（一九八六年）
東大教養学部『駒場の学生生活　１９６１』（一九六一年）
東大教養学部（一九六五ａ）『駒場の学生生活　１９６５』
東大教養学部（一九六五ｂ）『教養学部報』No.１３２、（一九六五年七月九日）

東大教養学部（一九六七ａ）『教養学部報』№１５１、（一九六七年九月一八日）
東大教養学部（一九六七ｂ）『教養学部報』号外、（一九六七年九月二五日）
東大教養学部四寮協議会『寮生活』（一九六一）：駒場寮寮委員会資料
東大生協『せいきょうにゅうす』№２６４、（一九六三年一二月一一日）：駒場寮寮委員会資料
東大生協（一九七三）『東大生協二十五年運動史』
東大生協ほか（一九六五）『生協のしおり』：伊藤資料
東大全共闘・駒場共闘会議『屈辱の埋葬』一九七〇、亜紀書房
成島道官・浜下武志『選挙公報』（一九六三年一二月）：駒場寮寮委員会資料
日本学生運動研究会『学生運動の研究』一九六六、日刊労働通信社
広谷俊二（一九六二）「学生運動の当面の問題点」（『前衛』一九六二年一月）
フロント（一九六七）『羽田闘争の意義を鮮明にし、山崎君の死を追悼抗議する』：伊藤資料

文献注記

「駒場寮寮委員会資料」は、教養学部キャンパス内にあった駒場寮の寮委員会が作成あるいは収集した資料群で、公式記録である「中央記録」をはじめ当時のビラ類が多数含まれている。現在も駒場寮同窓会によって管理されている。「伊藤資料」は、教養学部学生自治会常任委員会の書記長等を経験した伊藤谷生氏が収集した、当時のビラ、パンフレット等の資料群である。いずれも閲覧・引用の許可を得て本稿でも活用した。記して謝意を表したい。

第Ⅱ部 東大闘争の検証

学生たちはクラスで討議し、学生大会でストライキを決め、たたかいに参加した

（1968.11.15　本郷、『嵐の中に育つわれら』より）

第一章　東大闘争の概観

柴田　章

一九六八年から六九年の東大闘争といえば、圧倒的に「安田講堂攻防戦」――六九年一月一八日・一九日、安田講堂に立てこもっている学生たちとこれを排除しようとする警察機動隊との間の激しい攻防戦――のイメージが強い。だが、この国民的記憶と、当時、東大闘争にかかわった学生、院生、教職員の大多数の共通の思いとは、ずいぶん隔たりがある。立てこもったものの多くは他大学生で、この「攻防戦」は、東大の学生にとってはほとんどよそ事であった。それがマスコミの威力で東大闘争の核心にすり替わってしまった。

東大闘争とは、なによりも、圧倒的多数の学生が担った運動であった。一九六八年六月一七日の、東大当局による機動隊導入に抗議して、六月二〇日の全学総決起集会には、一万人の学生・院生が安田講堂前の広場を埋め尽くした。この集会で掲げられた要求は、「機動隊導入自己批判、医学部闘争勝利、医学部不当処分撤回、そのための東大総長との大衆団交実現」であった。

その後、長く複雑な経過をたどることになったが、最終的に、翌年六九年一月一〇日、秩父宮ラグビー場で全学大衆団交が実現し、当初の要求、すなわち医学部処分撤回、機動隊導入自己批判について、基本的にこれをすべて認める「十項目の確認書」が結ばれた。

あわせて確認書は、学生の自治活動、学生運動のきびしい規制を撤廃し、学生ストライキの試みに対しては責任者の退学処分をもって抑え込むという矢内原三原則を廃棄し、大学の自治＝教授会の自治という旧来の考え方を改めて、全構成員による新しい大学自治のあり方という理念にまで踏み込んだ。大学の運営は、一人教授会にまかされることではなく、学生・院生をふくめた全構成員の総意によって進められるべきだという考え方である。さらには、産学協同、軍学共同についても、学問・研究の自由をゆがめてはならないという観点から、これを否定することが盛り込まれていた。

この確認書の成果をふまえて、各学部では学生が主体的に無期限ストライキを解除し、大学の再建へと向かった。そうした実相が等閑視され、いまだ安田講堂攻防と全共闘運動にスポットがあたっていること自体、検討を要することではある。

私は、たまたま東大闘争前年の一九六七年一二月から半年間、教養学部学生自治会委員長をつとめ、六八年六月に自治委員長選挙に再度立候補して、接戦の末に落選。その翌日に警察機動隊が本郷キャンパスに導入され、東大闘争が巻き起こった。東大闘争のなかでは、私は、秋に立ち上げた駒場の民青系運動組織である東大闘争勝利全学連行動委員会の代表として行動し、東大確認書締結に向けての七学部代表団では、教養学部代表団の一員であった。東大闘争の主戦場はクラス、学科での議論にあったと考えるので、私自身は、やや特殊な持ち場を分担した訳だが、終始、渦中にあったことになる。

本稿では、当時の体験者たちにとっては当たり前の、しかし社会的には注目されない東大闘争の実像を概観し、確認書という歴史的成果と、その副作用とも言うべき安田講堂攻防戦・入試中止という二つの側面がなぜ生まれたのかを考え、半世紀後の現時点にたっての反省点に触れたい。その際、六〇年代を通じて日本の学生運動が、今では些末にも見える、いわゆる民青系（全学連系）とこれに対抗する新左翼系のきびしい対決構図の中にあり、当事者にとって、それを離れて運動を語れないことを、あらかじめ断っておく。

なお本稿は、二〇一九年一月一〇日に開催された「〈討論集会〉東大闘争・確認書五〇年――社会と大学のあり方を問う」における開会挨拶、ならびに当日配布資料のうちの「資料3　東大闘争の概要」をもとに、修正・加筆したものである。内容の骨格は、同討論集会にむけて行われた一年余におよぶ討論によるところが大きいが、見解自体は、すべて私個人のものである。

一　東大闘争の前史

大衆運動、市民運動の高揚の中で

東大闘争は一九六八年（昭和四三年）から六九年（昭和四四年）にかけて展開されたが、その前後の一九六〇年代後半は、日本では、社会運動、労働組合運動、市民運動が、大きく盛り上がった時期であった。一九六七年四月、時の佐藤自民党政権に対して、「ストップ・ザ・サトウ」を掲げて、革新系の美濃部亮吉が保守系候補を破って東京都知事に当選し、革新自治体が全国にひろがっていった。世界的なベトナム反戦運動も頂点に達していた。

目黒区駒場にキャンパスをかまえる東大教養学部は、六〇〇〇名をこえる学生数を擁し、東大教養学部学生自治会（東C自治会）は、日本で最大の学生自治会でもあった。新入生をむかえた六八年四月二五日、私が委員長を務めていた全学連系自治会執行部が、米軍の爆撃下にあった北ベトナム（当時）を取材してきたＴＢＳの田英夫記者の講演会を開催したところ、九〇〇〇人の学生が大講義室を埋め、これには主催者の私たち自身が仰天した。

さらに六八年の五月祭（大学祭）にベトナム代表団（アメリカの爆撃下にあった北ベトナムからの代表団）歓迎集会が開かれ、内外の六五〇〇人の人々が安田講堂前広場から銀杏並木を埋めた。ベトナム反戦への関心はもとより、学生の気持ちの中にマグマが渦巻いていることを感じさせた。

五月祭の緊張

六八年五月祭は、直後に勃発する東大闘争のアジェンダを先取りするものであった。まず本部企画を「東京大学」とし、東大の歴史的功罪を全面的に俎上にのせた。医学部自治会は「不当処分撤回——研修闘争の中から」を企画したが、東大当局（学生委員会）は題名変更を要求。また一〇学部の学生自治会で構成される学生自治会中央委員会の企画について、当局学生委員会は、学生中央委員会が届出団体ではないとして企画を認めようとしなかった。さらには当初、ベトナム代表団歓迎集会が安田講堂内で予定されていたものを、講堂使用を不許可とし、集会が予定されていた時刻、安田講堂の電源を切断するという暴挙に出た。結果として、集会禁止とされてきた安田講堂前の大集会として実現してしまった。

また、五月祭には多数の一般市民も多数来場するとの口実で、大学当局と本富士警察署とが、五月祭期間中の警官パトロールを強行しようとし、これに抗議する学生が逮捕された。

医学部の研修医闘争

今日も五〇年前も、東大医学部は受験の最難関コースであるが、その医学部の学生と教授会との間では長年、闘争状態が続いていた。背景には、「白い巨塔」と称されるように、一部の教授に絶大な権限が集中していることへの広範な怨嗟があり、長年にわたって、卒業直後の研修医にただ働きを強制するインターン制度に対して、これを抜本的に改善しようとする運動が、全国の研修医を結集して続けられてきた。

他方、敗戦直後から、若月俊一医師ひきいる佐久病院のように、地域・民衆に奉仕する医療運動が全国的に進められていた。医師の資格があれば仕事には困らないという自由業の面もあり、全国の医学部には、民衆に奉仕する医師をめざして勉強しながら、社会活動にも熱意を燃やす学生が少なくなく、学生運動の独特な核を形成していたのである。

医学部自治会は東大闘争前年の一九六七年一月から、ブント系執行部の下、研修医の研修条件の改善を求めて六一日間のストをうち、研修医の自主カリキュラムと対病院交渉を実現した。六七年一二月に、一旦廃案となった登録医法案が再び国会に上程され、研修医の待遇改善とはほど遠いものとして、再び医学部学生自治会の闘争課題となった。学生・研修医は、東大病院が登録医制度をどう取り扱うかが全国的焦点だととらえ、医学部教授会に登録医法案反対表明をせまった。豊川医学部長は元厚生省官僚で、登録医法案の推進者と目されていた。

医学部教授会が交渉を拒否する中で、研修医が組織する青年医師連合（青医連）と学生自治会が合同して、医学部全学大会を開催し、六八年一月末から無期限ストに突入した。二月には、病院長に対して交渉をせまる学生・研修医と、これを阻もうとする病院長医局員のトラブルが発生すると（春見事件）、三月に、医学部教授会は一七名という医学部学生・研修医の大量処分を一方的に下した。それまで研修医問題は、医学部独自の運動課題だったが、この大量処分が東大の決定機関である評議会の承認を得ていたことから、医学部の無期限ストライキ闘争は、東大全体の問題へと拡大した。処分された学生の中には、トラブルの場にいなかった学生もふくまれ、医学部教授会の横暴さが際立った。直後の卒業式は、医学部学生の抗議行動のおそれを理由に取りやめとなった。

一九六八年に入学した新一年生は、前年、ベトナム戦争反対にかかわって一〇月の羽田闘争で京大生の山崎君が死亡したというニュースが記憶に新しいなか、医学部が無期限ストライキ中という現実にぶつかったのである。

六八年五月に国会で登録医法案が通過してしまい、新たな運動方向が模索される中、六月一五日（この日は一九六〇年六月一五日、安保条約反対行動で国会構内で樺美智子さんが死んだ日にあたり、市民集会も予定されていた）、医学部のブント系執行部の学生が独断で、大学本部のある安田講堂を占拠するという事態がおきた。この占拠方針をめぐっては、医学部の各クラスでは、医学部教授会との交渉要求をかえって妨害するとして占拠反対の決議を出していた。学生・院生・教職員の連絡組織である七者協議会も占拠を口実とした警察力導入を警戒して、医学部闘争支援、安田講堂占拠反対、機動隊導入阻止の集会・行動をくりひろげていた。ブント系執行部がクラス会に拒否された占拠を強行したことで、医学部は東大闘争の震源地でありながら、以後、一二月まで自治会機能を停止してしまう。

二　東大闘争の勃発

機動隊導入の衝撃と六月二〇日一万人集会

この六月一五日の安田講堂占拠に間髪を入れず、東大当局は秘密裏に警察力の導入を警視庁に要請、六月一七日早朝、一二〇〇人の警察機動隊が本郷キャンパスに入った。東大への機動隊導入は大々的に報道された。機動隊導入の前日の一六日、教養学部では自治委員長選挙でまれにみる激戦を制して、フロント派の今村君が勝利、再選をめざした全学連系の私は落選した。私たちは、この自治委員長選敗北が機動隊導入阻止の圧力を弱め、東大当局をして導入に踏み切らせたと信じて疑わなかった。

この東大当局による警察機動隊の本郷キャンパス導入は、学生・院生・教員・職員に衝撃を与えた。教養学部ではクラス討論が一斉に始まり、「機動隊導入抗議」「医学部処分撤回」のクラス決議を伝える一枚立て看（ベニヤ一枚の小さい立て看板）が銀杏並木に林立した。『東大新聞』は、クラス決議を集約して、「機動隊導入抗議」に反対の学生はほとんど皆無であると報じている。各学部で学生大会が開かれ、ストライキをもって六月二〇日に全学総決起集会に参加することが次々に可決された。駒場の教養学部では、機動隊導入の翌日一八日に代議員大会でストライキ決議、翌一九日に全学投票でストライキ提案が可決された。ストという戦術に関しては反対票も相当数あったが、「機動隊導入抗議」「医学部処分撤回」では大多数の学生に意思は一致していた。

こうして、六月二〇日には、法学部、薬学部をのぞく八学部がストライキを決行し、東大史上空前の、一万人の学生・院生が参加する総決起集会が開かれ、「機動隊導入抗議、医学部処分白紙撤回、医学部闘争勝利、総長団交要求」のもとに、東大闘争が開始されたのである。東大の歴史上、対総長大衆団交も退学処分撤回も前例がほとんどなく、要求が実現するかどうかは未知数であったが、広範な学生の間に、自分たちが根こそぎ立ち上がったからには、大学当局も反省するのではないかという希望も生まれた。

一方、従来、東大の教員は他学部には口を出さないものであったが、学生の当たり前の要求に全く耳をかさない医学部教授会に対しては、他学部の教員の間で公然と批判が起き、東大当局による機動隊導入についても、全学の検討にかけず、総長、事務局長以下ごく少数のメンバーで秘密裏に事を運んだことや、そもそも必要なかったと、多数の教員から批判の声があがった。東大は、教員の大多数が卒業生という特異な学校でもある。学生・院生と教育環境を共有してきた教員の多くが、学生・院生が根こそぎ抗議に立ち上がる中で、教官対学生という立場のちがいはあるとしても、学生と似た感覚をもったであろうことも想像された。『東大新聞』は、教官・職員・院生・学生全員参加の下、総長・医学部長宛の質問状を作成し送付した学科のあったことを報じている。

全共闘の結成

ところが、大河内総長はじめ東大当局は、機動隊導入はやむをえなかった、大衆団交は大学になじまないので拒否する、といった態度に終始した。医学部教授会は、「医学部処分はすべて正当である」という長文の報告をだした。こうした大学側の対応に対して、医学部につづいて、独自の学生処分問題のあった文学部が六月二六日に無期限スト突入。続いて、全学の半数、六〇〇〇人強の学生が属する教養学部が七月五日に無期限ストに突入した。これを機に、東大闘争全学共闘会議（東大全共闘）が結成され、六・二〇全学総決起集会スローガンをもとに、七項目要求を提起した。七項目要求は、「医学部不当処分撤回／機動隊導入自己批判・導入声明撤回／青医連を協約団体として公認せよ／文学部不当処分撤回／一切の捜査協力をやめよ／一月二九日以来の一切の事態に関して処分するな／以上を大衆団交の場で文書をもって確認し、責任者は引責辞任せよ」である。

全共闘は、七項目要求実現までの全学無期限ストライキをかかげる一方で、「自治会決定に拘束されずに闘うものが闘争を貫徹する」とも主張し、自治会決議によらずに七月二日から再び占拠していた安田講堂を全共闘の根拠地に定めた。大学当局はなぜか、占拠された安田講堂のライフライン、電気、ガス、水道、さらには電話回線を止めなかった。

ふりかえれば、ブント系が影響力を持つ医学部自治会をのぞき、六七年春の時点で、各学部執行部はすべて全学連系であった。それが、六七年六月に文学部が革マル系に交代したこと、六八年六月一七日機動隊導入の前日に大所帯の教養学部でフロント派が大接戦で全学連系を制して自治委員長選に勝利したことが、その後の東大闘争のかたちを大きく左右することとなる。全共闘の結成は、東大の学生運動において自治会中央委員会に結集する与党・全学連系に対抗する、野党共闘の成立とも言うべき出来事だった。夏休み前に学生の半分が所属する教養学部が無期限ストライキに突入したことにより、夏休み明けの一・三学期の定期試験実施に疑問符がつき、のちに「全員留年→入試中止」の可能性を浮上させることになる。

三　八・一〇告示から全学無期限ストライキへ

八・一〇告示と七項目・四項目

夏休み中にある八月一〇日、東大当局は学生との交渉を一切拒否したまま、最終決定として、八・一〇告示を発し、全学生に郵送した。告示は、医学部長、病院長の辞任は認めたものの、処分は再審査、機動隊導入を正当化し、ストを起こした全学学生の自省を求めた。当局自身は大胆に譲歩したつもりだったかもしれないが、全学大衆団交ぬきに一方的に最終決定とされた一点で、大多数の学生が告示を認められないと判断した。

学生、院生、教職員の連絡組織である七者協は、八・一〇告示を受けて、夏休み明けの九月はじめに四項目要求を提起した。「①不当な処分を直ちに撤回せよ。②機動隊導入の経緯と責任を明らかにし、二度と警官導入をしないことを約束せよ、その後、総長は辞任せよ。③自主的諸団体を公認し、対等な交渉権を認めよ。④全学運営協議会、学部運営協議会、研究室・教室会議を設置せよ。重要事項はその機関を経ること。以上のことを大衆団交で確認せよ。」である。東大パンフに示された「大学の自治＝教授会の自治」に対抗する全構成員自治の考え方を示したものであった。

院生、職員組合を含む七者協は民青系と目され、全共闘の七項目要求、民青系（全学連系）の四項目要求がそれぞれの旗印となり、どちらが戦闘的かがその後の争点となっていく。ただし、七項目が六・二〇全学総決起集会のスローガンをいわば即自的に表現したのに対して、四項目は、東大闘争に先立つ東大当局と学生組織の長年の争点ならびに八・一〇告示批判の視点を加えたもので、七項目と四項目との間で論理的な食い違いがあった訳ではない。四項目要求の「自主的諸団体の公認」は、全共闘の一翼である青医連の年来の要求とも重なり、民青系の専売特許というものでもない。

無期限ストライキへ

こうして、無期限ストライキでたたかう以外に要求を実現する道はないと、夏休み明けの九月から一〇月にかけて、本郷の各学部の学生大会でつぎつぎと無期限スト提案が可決され、一〇月一一日、唯一残った法学部の学生大会で、一四時間の討論の末、無期限ストを可決、全学部無期限ストライキという、東大始まって以来の出来事となった。

各学部学生大会での無期限ストライキ可決は、当初から長期波状ストを提起していた中央委員会に結集する全学連系（民青系）の各自治会執行部の更迭、全共闘支持の執行部（その多くはスト実）成立と連動した。ただし教育学部では、全学連系執行部自ら無期限ストライキを提案し可決。また、理学部でも全共闘系とともに全学連系執行部も無期限ストライキを提起し、四項目要求提案は否決されたが、執行部リコールにはいたらなかった。さらにとかく権力中枢予備軍と目され、無期限ストライキに慎重だった法学部でも、全学連系執行部である緑会委員会と全共闘系学生（法闘委）が合意の上、有志の無期限ストライキ提案が可決されたのである。

無期限ストライキは、学生の意思を示す強力な手段である。と同時に、大学に登校するしばりのなくなった学生が、運動からの離散（ネトライキ）に陥らずに、どのように闘争に結集させるか、さまざまな模索が試みられた。なによりも、どう運動を進めるかについて、クラス、学科、教室レベルで連日、議論がたたかわされた。こうしたクラス討論、学科討論にはクラス担任の教員も多数参加している。「これほど学生と真剣に話し合ったという経験は、後にも先にも東大闘争の時だけだった」という教員は少なくない。また、東大当局の学生処分、機動隊導入に対する批判は、一方的に与えられるだけの授業への不満、研究教育内容への批判にもつながっていき、学生独自の自主カリキュラムの試みが多様に展開された。新しい大学教育の芽生えが、この闘争の中で生まれたと言えよう。

一方、運動に積極的な学生の中にも、ネトライキ状況の蔓延が闘争敗北につながるとして、無期限ストライキを解除した上での運動再構築という主張が常に生まれるのである。

四　加藤執行部の登場と確認書

加藤執行部の選択と全学封鎖

九月、一〇月と大河内総長を中心とする大学執行部がかたくなな態度を続ける中で、学生以外の院生・助手・職員・教員層も強力に運動を進めていった。理系院生自治会が全国でも例のない院生ストライキに入り、各学部の助手層も執行部批判の声明を出し、一〇月には、八・一〇告示への批判が経済学部教授会、教官有志一〇一名の共同声明などで出され、大河内総長は一〇月三一日をもって辞任するにいたる。一方、政府文部省サイドは、大学での学生運動を鎮圧するための大学法の準備を急ぎ、東大に対しては、来年度の入試中止強要を背景に、学生の要求に譲歩する東大の自主的解決は許さないと、強力に圧力をかけるようになる。

こうしたなかで、政府文部省の圧力に屈して、日大同様、徹底して学生の闘争を鎮圧して事態の終結を強行するのか、あるいは大多数の学生との交渉の場につき、事態解決の道を追求するのか、東大当局は、きびしい選択がせまられた。一一月に新たに選任された加藤一郎総長代行は、旧来の東大執行部に対する多数の教職員たちの批判の声を受けて、学生との交渉によって事態を打開するという道を選択し、全共闘、統一代表団準備会（民青系）などと個別に公開予備折衝を行った。これに呼応して、各学部レベルでも学部集会／学部団交が頻繁に開かれ、学部固有の論点・問題が洗い出され、それが東大闘争全局に反映されていく。

一二月二日には、加藤一郎「学生諸君への提案」で、学生との全学集会（大衆団交）開催、八・一〇告示見直し、機動隊導入反省、医学部処分撤回、新たな大学ビジョンの検討など、事態の解決につながる基本姿勢が示された。

全共闘は一連の経過に反発を強め、自己否定、大学解体の論理を組み込んで、さらに封鎖拡大を強行しようとしたが、これに反対する学生多数に度重ねて阻まれた。そうした対決の天王山として、一一月一二日には総合図書館封鎖、一一月二二日には東大・日大全共闘総決起集会の勢いで全学封鎖が企図され、いずれも、これを許さない圧倒的多数の学生・教職員によって阻止された。全共闘の名の下に、同じ学生にかまわず暴力をふるうという事態に、これ以降、全共闘は、急速に支持を失っていった。

代表団の結成と確認書

学生側は、一一月から一二月にかけて、各学部で全共闘の妨害をはねのけて学生大会を開催し、学部の要求の確定ならびに全学大衆団交への代表の選出を進めていった。その頂点ともいうべき駒場の代議員大会が、一二月一三日、二〇〇〇名をこえる防衛部隊が守るなか開催され、一〇名の代表団を選出。ここに全学の九割以上の学生を代表する、七学部代表団が成立した。

年末年始、連日連夜、加藤執行部、七学部代表団の折衝が続き、一九六九年一月一〇日、秩父宮ラグビー場での七学部代表団と加藤総長代行との全学大衆団交が開かれ、本郷、駒場の防衛にあたった学生を別にして、七五〇〇人の学生・院生が参加するなかで、冒頭に述べた歴史的な確認書が取り交わされた。

五　入試中止と安田講堂攻防戦

入学試験を実施して新入生をむかえることは、大学の枢要な機能をなす。確認書を成立させた学生、教員は、無期限ストライキを解除して、研究教育活動を再開するために懸命の努力をつくし、あわせて入試実現を訴えた。他方、政府自民党は、学生の言い分を正面から受け止めるような確認書はあってはならず、東大が確認書を撤回しないならば、入試中止にして、成果を骨抜きにしようとした。

そこに起きたのが、一九六九年一月一八日、一九日の、いわゆる安田講堂攻防戦であった。この攻防戦は一一時間にわたってテレビで実況中継され、この年の大ニュースになった。しかし、安田講堂に立てこもった者のかなりが東大以外の学生であったことは歴然としていて、この「攻防戦」は、半年間、東大闘争にかかわった大多数の学生、教職員には、東大闘争とはほとんど無関係の出来事に見えた。一月二〇日には、催涙弾の異臭が立ちこめる中、佐藤首相が本郷キャンパスに立ち、「これはひどい、入試ができる状態ではない」と発言。入試中止は決定的となり、確認書締結による無期限ストライキの解決という成果は、報道から消え失せ、全共闘は勝利宣言をした。この東大入試中止プランが佐藤首相周辺で構想されたのは、安田講堂攻防戦のはるか以前だったことは、今日では明らかである。

哲学者の古在由重は、一九六九年一月二七日付の『東大新聞』に「政府は東大革新を圧殺」という一文を寄せている。一九二三年九月一日の関東大震災の際、東大学生だった古在は、東大総長であった父、由直とともに、保養地の千葉から東京にかけつけ、ほとんど壊滅状態の東大キャンパスに入った。やがて応急のバラックが建てられ、研究・教育・入試の活動が続けられたと古在は指摘した上で、ひるがえって六九年一月現在の東大を見れば、学生・教員・職員が東大革新に意欲を燃やしており、東大入試の障害は、大学ではなく、確認書に敵意を燃やす政府・自民党にこそある、と糾弾。そして「はげしい爆撃下のベトナムの戦火のなかにおいてさえ小学校から大学まで『正常な』活動が展開されている厳粛な事実」を見よと訴えた。ちなみに安田講堂（東京大学大講堂）は古在由直総長時代の一九二一年に着工、関東大震災で工事が一時中断し、一九二五年に竣工したものである。

東大、大学のその後

無期限ストライキを解除し、授業を再開するにあたって、スト中に自主ゼミを試み、頻繁に教員との話し合いを経験した学生たちは、主体的な学びをめざした取り組みに着手していた。医学部での教授会と学生との合意書をはじめ、各学部で、教育内容についての意見交換が教員と学生との間で盛んに行われ、教養学部では、学生が提案するカリキュラム（テーマと講師）の単位認定が学部との間で合意され、定着をみた。これは高等教育の将来につながる重要な一歩だった。しかし、大学のその後の歩み総体は、経済成長の条件を生かすというよりも、圧倒的な力量をつけた資本への従属を深めていく。

六　半世紀たって考えること

(1) 処分制度の裏表

東大闘争では、多数の学生が、医学部大量処分を人権問題ととらえ、無期限ストに訴えてでも、処分を撤回させようと決意した。他方、一九四九年に新制東京大学が発足して以降、学生ストライキ指導を理由に毎年のように退学処分、停学処分が出されてきたが（河内謙策『東大闘争の天王山』未定稿）、その根拠となる矢内原三原則の廃止なり個別処分の撤回闘争が闘われた例は意外に少ない。それは、かたくなな処分規定の反面、ほとぼりが冷め、総長・学部長に非を認めて一札を入れれば復学もかなうという暗黙の慣行があったことによる（田中智子「岡田裕之氏に聞く」『東京大学史紀要』二九号）。師弟関係を前提とした「教育的処分」と言われる所以で、学生処分の垣根を低くしていたとも言える。また、学生運動の課題の中には、一九四九年大学法闘争、一九五〇年の大学人レッドパージ反対・反イールズ闘争、一九六〇年日米安保条約改定反対闘争など、多数の教員が学生の運動目標には共感し、その志はよいが、ストライキはよくないからという形式的処分も多く、その場合、処分者の復学は当然視された。なかには謝罪を快しとせずに中退したものもいたが。

ところが六八年の医学部闘争は大学内部の教授会に対する学生の全面的な異議申し立てであり、闘争の過程で派生した一方的大量処分も、教授会と学生側とで事実認識が真っ向から対立するという、「師弟関係にもとづく教育的処分」の埒外の事態であった。医学部大量処分によって「教育的処分」の意味は宙にうき、最終的に大学当局の側が謝罪の上に処分を撤回するとともに、自治活動を理由とする学生処分制度そのものの停止に至った。

なお、処分撤回闘争の先例として、一九四九年四月の東大病院芙蓉寮事件がある。看護学校生徒が寄宿舎の人権無視に抗議して、一三名が正看護婦不採用という「処分」を受けたが、全学あげての運動で、病院長辞任、全員の正看護婦採用を実現している。

(2) 世界的流行としての大学占拠

東大闘争に先立つ六八年四月末、ニューヨークのコロンビア大学で学生数百人が大学本部などを占拠し、パリのソルボンヌ大学でも五月にマスプロ教育抗議とベトナム反戦で学生が大学占拠した。六月一五日の東大安田講堂占拠の直後の六月一九日、六学部で無期限スト状態にあった日大で大学本部が封鎖された。大学施設の占拠・封鎖は当時の世界的流行とも見える。だが東大において、東大全共闘による封鎖戦術は、終始、学生多数の強い批判にさらされた。

第一に、自治会の決定抜きに突然封鎖が強行されることに対する批判と反感である。ストライキが長時間の議論の末に決定されているのと対照的である。全員加盟制自治会ゆえに生ずる亀裂と言える。しかも、

「封鎖」という意思表示が、大学当局、警察権力のみならず、封鎖に同意しない学生に対する対決であることを鮮明にしたことから、自治会民主主義とはあい入れない原理をもつものと受け止められた。第二に、封鎖行為が警察の介入をまねき、それも占拠した建物のみならず、キャンパス全体が警察力の支配下に入る恐れが強かった。東京教育大では一年間、警察機動隊の管理下におかれた。この点で街中に散在する海外の大学とは事情を異にする。新左翼（三派・革マル系）はむしろ警察力の介入と衝突を待ち望んでいるようにさえ見えた。全学連系は、警察にとって占拠学生の排除は口実で、大学自治・学生自治あるいは自分たち自身が警察介入のターゲットだと理解していた。第三に、大学内で学生の活動が完全に禁止されていた日大などとはちがい、東大には構内に学生の活動する空間はそれなりに確保されており、占拠の必要性は乏しかった。

こうして、大学封鎖が本来の要求実現に背を向ける乱行であることは、全学連系にとって自明のことと思われたが、それは全共闘に加わる学生の耳に届くことはなかった。全学連系も新左翼系も、レーニン流の論破術を競ったが、決定的に対話の心構えに欠けていた。そうして、占拠した瞬間のニュース性は別にして、新左翼・全共闘にとって長期にわたる全学バリケード封鎖をささえる根拠は、一年後の七〇年安保闘争までの闘争拠点の継続的確保、日常的研究・教育活動自体の否定、さらには「東大解体」など、大多数の学生の結集軸とはなりえない主張に舞い上がり、封鎖に反対する学生・職員に対する日常的暴力を発生させた。

(3) 代表団運動

東大の各学部には学部自治会があり、その連合体として学生自治会中央委員会があった。しかし、東大闘争における東大当局との全学大衆団交においては、中央委員会ではなく、臨時に構成された七学部代表団が交渉にあたった。代表団運動である。

代表団運動には二つの契機がある。第一に、全学の大衆団交の代表をどう構成するかという課題である。東大においては各学部の独立性が高く、学部当局が学生自治会との交渉窓口であった。しかし、東大闘争突入後、学生・院生・職員を包括して、対大学当局・対総長の全学大衆団交の代表をどう構成するかの問題に直面した。加えて、あいつぐ自治会執行部の更迭で全学連系と目された中央委員会の影響力が低下する中で、六八年九月の東大院生協議会のよびかけを嚆矢として、新たに全学大衆団交を担う代表団を構築する構想が出されていった。

第二に、六八年一〇月以降、それぞれの学部で学生の総意をどうまとめるかの課題が大きく浮上するなかで、学部代表の選出が追求された。じつは東大闘争を通じて、各学部の学生大会（教養学部では代議員大会）では、全提案否決が頻発していた。学部によって事情はさまざまだが、学生大会には、おおよそ、①全学連系提案（全階層の統一した力で四項目要求の実現）、②全共闘系提案（七項目要求をかかげ、無期スト・全学封鎖貫徹）、③ノンセクトやクラス・学科有志提案、そして④無期限ストライキ解除提案の四パターンが出され、全提案否決を繰り返し、審議時間も一〇時間をこえることもしばしばであった。全学連系（民青系）、全共闘系のいずれの提案も否決されるのは、学生一般が大学当局への怒りでは共感しつつも、「全共闘VS民青系」という、お互いを敵視する対決構図の中で、自分としてはいずれの側にもくみしたくないという判断が働いていたからだと思う。

そうした中で、学生大会の議論の流れの中で共通点を探り、複数の提案者同士や有志が相談して緊急提案をつくり、これが学部の総意として決議されるという経験が各学部で蓄積されていった。その延長線上に各学部代表団の結成がある。学部の代表団は、多くの場合、路線の異なる複数提案者で構成され、全員一致が追求された。ただし全共闘は、みずからが主導する大衆団交以外を敵視し、各学部代表団選出阻止の行動に走ってしまった。

全学生の半数を擁する教養学部は、代議員大会が最高議決機関だが、東大闘争中の半年間に代議員大会一〇回以上を数える中で、各クラス会が並行して開かれ、学生のだれもがクラス討議・決議・代議員リコールなどを通じて、代議員大会の議論・議決に関与する回路が開かれていた。こうして、東大闘争は直接民主主義への萌芽を持っていたと言えよう。ただし、それが可能であったのは、学生大会・代議員大会が、全提案否決を繰り返しながらも、常に成立するという学生の関心の強さ、エネルギーの集中があったからである。一一月から一二月にかけて、各学部で代表団選出・全学大衆団交実現と全学封鎖反対が、同時並行して決議され、全共闘との対決を深めていった。

(4) 七学部代表団にいたる道のり

六九年一月一〇日の七学部代表団と加藤代行との全学大衆団交の場で確認書が交わされ、東大闘争の解決に至るが、七学部代表団成立の経緯は単純ではなかった。六八年一一月に登場した加藤執行部は、一一月から一二月にかけて、三つの団体と全学集会（全学大衆団交）に向けての公開予備折衝を行った。①一一月一八日、全共闘、②一一月一九日、統一代表団準備会（理・教育自治会、五系大学院、東大職員組合）、③一二月二日、工・経・農の三学部代表（有志連合系）、である。ほかに非公開の折衝も数多くなされた。

③の有志連合系は、就職事情からも無期限ストライキの早期収拾を志向しつつ、全共闘の七項目要求を支持し、自分たちが主導権を確保しつつ、望むらくは全共闘を取り込んでの全学大衆団交を追求した。一二月一三日の教養学部代議員大会で教養学部代表団が生まれて代表団に加わることにより、有志連合系と民青系が合流した七学部代表団が成立し、全共闘抜きが決定的になると、有志連合系は、四項目要求を否定し七項目限定にこだわった。また七者協の参加団体として全共闘と対峙してきた東大職員組合や院生組織の排除を強く主張した。

一方、教養学部において、全学連系とともに一二・一三代議員大会実現・代表団選出に力をつくしたクラス連合も、さかのぼって九月発足時から、討論集会に全共闘のリーダーを呼ぶなど全共闘との意見交換につとめていた。こうした全共闘運動とも提携しようという有志連合やクラス連合の動向に、全学連系は強い警戒感をもって臨んでいた。ところが対話・共同をもちかけられた全共闘サイドは、最終盤に、こうした有志連合やクラス連合の動きの総体を収拾策動と断じ、代表団選出のための学生大会・代議員大会を暴力をもって阻止しようとして、全共闘の思潮に共感していた学生層をふくめ、丸ごと「敵」に回して破綻していった。

(5) 加藤執行部の全共闘接近

加藤執行部は六八年一一月に全学集会開催の方針をかかげて登場し、東大闘争の局面を大きく転換させたが、全学連系（民青系）の運動体は、「加藤執行部は全共闘に対して大甘」という印象をもち、終始、違和感をかかえながら交渉にあたっていた。

加藤執行部は、全共闘による封鎖行動や学生大会開催妨害を阻止しようとする全学連系の行動に対しては、喧嘩両成敗のスタンスをとり、全共闘執行部とのコンタクトに執着した。一方、全共闘を批判する統一代表団準備会に対しては、予備折衝の一方的な延期などを繰り返し、教養学部で一二月一三日に選出された代表団について、その代議員大会が自治会委員長が招集していないことを理由に、正規の代表としては認められないと難癖をつけ、教養学部学生の憤激を買った。全学連系の運動体は、七学部代表団の一翼をにない、加藤執行部と十項目確認書を交換して無期限ストライキを解除して、授業再開と大学教育民主化へと乗り出すのだが、加藤執行部に対する警戒感、違和感は解けることなく、その後の「加藤改革」批判へとつながっていく。

一方、加藤執行部にとって全共闘は、必ずしも正規に学生を代表しているわけではないが、各学部での無期限ストライキのスローガンとなった七項目要求の提唱者であり、相当数の学生の支持があり、解除されるべき封鎖の実行者であって、警察力に排除を頼らないとすれば、説得の対象である。ひるがえって、教官団は、七月二日の安田講堂再占拠、林文学部長缶詰団交などの折、学生に対する説得活動を行っているが、学生一般は概して冷淡だった。

それ故、加藤執行部は、七項目要求をベースに全共闘指導部と頻繁に接触して解決策を探り、その過程で、全共闘に共感する層の間で安易な収拾をはかるべきではないという反応が起き、東大パンフ、矢内原三原則の廃棄、産学協同の否定なども意識され、結果、全学連系が提唱してきた四項目要求の枠組みに接近していくという力学が働いた。十項目確認書は一月一〇日の七学部代表団との間の全学大衆団交で交わされたが、その骨格は、全共闘参加者との間でも煮詰められていたのである。

(6)「安田講堂攻防戦さえなければ」

全学連系は、全共闘を孤立させ、排除することこそが闘争勝利への道と信じていたが、全共闘は学内での孤立にもかかわらず社会的注目を浴び、逆に封鎖強化へと舵を切った。大多数の学生が、封鎖反対、大衆団交実現による要求の実現の方向で団結し、全学連系のみならず学生一般に向けられた全共闘の暴力に対する怒りが噴出し、彼らの暴力に対して立ち上がったことで、全学連系はこれを勝利と確信したが、はたしてそうであったのか？

全共闘の暴力に備えを用意して対抗することは、緊急避難として避けがたかったが、その上に、大学の自治、学生の自治が十全に機能するには、異論を認め合う言論空間の成立が不可欠であるという、もう一段の自覚が求められていた。排除は自治にそぐわない。「あの余計な安田講堂攻防戦さえなければ入試は実現できた」と思う一方で、私たちは、安田講堂攻防戦を阻む展望をもたなかった（教養学部では、駒場共闘による第八本館封鎖を、代表団に結集する学生が兵糧攻めにし、結果、孤立を深めた共闘自らが封鎖解除したのだが）。

二日間にわたる安田講堂攻防戦のテレビの実況中継の威力は絶大で、マスコミの報道では、確認書に示された東大闘争の成果は消し去られ、入試中止という大禍根を残した。東大闘争の意味を社会に向けてアピールすることについて、全学連系は稚拙だった。情報戦としては、当時も今日も、運動として破綻した全共闘の側に軍配が上がる。

東大闘争の中で全共闘共感者との対話の余地がなかったのかどうかは、組織的暴力の発生を阻止できなかったことと表裏一体として、半世紀たってなお手つかずの課題としてある。

一九六八年八月のワルシャワ条約軍によるチェコスロヴァキア侵攻は、東大闘争真っ最中の出来事であったが、なぜか東大闘争への直接の影響は感じられなかった。侵攻は、原理的にはアメリカのベトナム侵略と同様の民族自決の否定であった。もしこの機会に私たちが「ソ連社会主義体制」への根底的な批判に向かったならば、日本の運動上の諸事については脇においても、全共闘共感者との共通の土俵ができたのかもしれない。

〔参考とした文献〕

『東京大学新聞』（縮刷版）、各年版、不二出版

河内謙策『東大闘争の天王山――「確認書」をめぐる攻防』上巻（未定稿、二〇一八年）

第二章　自治運動としての東大闘争

大窪一志

一　東大闘争における自治の問題

東大闘争の自治運動としての性格

一九六八年から六九年に闘われた東大闘争は、医学部における研修医制度改革をめぐる研修医ならびに学生の身分をめぐる身分闘争に淵源していた。しかし、その闘争過程で、学生に対する不当な大量処分が下され、不当処分撤回が焦点になり、処分撤回闘争の過程でおこなわれた安田講堂占拠に対して、機動隊が導入されて排除がおこなわれることによって、機動隊導入糾弾の声が全学に起こるなかで、大学の自治をめぐる闘争に発展していったのであった。

そのような経緯のなかで、東大闘争は学生自治ならびに大学自治創造の運動として闘われたのであった。そして、その自治運動としての意義は、今日、あらためてクロースアップされるべきものを含んでいる。現在、日本社会においては、一九八〇年代からのグローバル資本主義がもたらした社会的危機、そのもとにおける大衆民主主義のゆきづまりのなかで、そうした情況を打開するために、ローカルな単位からの自己統治をめざしながら、自律した主体の結合を進めてゆくことが求められているのではないかと僕は考えている。

ローカルとは生活する地域としてのローカルと仕事の現場としてのローカルの二つの意味を含んでいる。東大闘争は、大学コミュニティの自治という点では前者の、学問の自由にもとづいて教育・研究を自己統治するという点では後者のローカルな自治を実現しようとするものであったといえる。

したがって、東大闘争が自治運動としてどのように展開されたのかを見ることは、今日における自治運動の可能性を探るうえで一定の意義をもっていると考えられる。

二つの自己統治運動

東大闘争においては、二つの自治運動がたがいに対立しながら、展開されていた。

一つは、日共＝民青系（東大闘争勝利行動委員会・東大民主化行動委員会）の学生による「全構成員自治」の運動である。

これは、大学コミュニティを構成する各社会集団——学生・大学院生・教職員・学内労働者など——が、それぞれの固有の権利にもとづき、それぞれを代表する団体を通じて連合を形成して、それによって大学の自治をになうという団体統合型自治＝コーポラティズム型自治をめざす運動であった。

この運動におけるキーコンセプトは「固有の権利」と「連合」にあった。

もう一つは、全共闘（東大全学共闘会議）の学生による「大学コミューン」の運動である。

これは、基本的に学生・大学院生・助手などが大学当局と対抗して自己権力を形成しようとする運動であった。この自己権力においては、自己統治の立法機関と執行機関が一致しており、決定する者はその決定にしたがって行動しなければならず、行動する者のみが決定をおこなう。このような自己統治機関を全学で一元的に確立して、それによって自治がになわれる評議会型自治＝コミューン型自治をめざす運動であった。

この運動におけるキーコンセプトは「自己権力」と「占拠」にあった。

これら二つの運動は、たがいに激しく対立しあいながら、ともに全学ストライキ体制をもって大学当局と対決していったが、結局のところ、全共闘の大学コミューン運動は、いっさいの妥結を拒む大学解体へとゆきついていき、機動隊再導入によって自爆していったし、七学部代表団を組織して大学当局と「確認書」を結んで一定の成果を得たかに見えた日共＝民青系の全構成員自治運動も、新しい教授会執行部の「大学近代化」路線に飲み込まれて、新しい自治を実現できないままに終わっていった。これらの結果には、それぞれしかるべき理由があったと考えられる。

なぜそのようなものとして終わってしまったのか。今日において教訓を学ぼうとするなら、結果論としてではなく、東大闘争そのもののなかにその原因を見て取ることが必要であろう。その検討のための若干の考察をおこなってみたい。

二　東大闘争以前の学生運動路線

東大闘争が起こる以前、一九六〇年代後半における東大の学生運動の様相を、その中心であった教養学部（駒場キャンパス　以下駒場と略称）の運動に見ておこう。

当時の学生運動は、日共＝民青系の運動と新左翼系諸党派の運動の二つに大別されていた。

日共＝民青系の学生運動路線

駒場の日共＝民青系学生は、「クラスを基礎に、サークルを推進力に、寮を拠点に」という組織路線で、クラスごとに選出された自治委員を中心とする学生自治会、サークル・運動部の代表等から構成される学友会、学内に置かれていた学生寮の自治機関である駒場寮委員会を学生自治の運営・推進の中心として、それらとともにあった学生会館運営委員会、生協学生委員会、カリキュラム委員会、学生図書委員会、オリエンテーション委員会、駒場祭実行委員会などの各種自治組織を含めて、多様な自治活動を多元的な諸単位に集約して、それが――横断的組織である民青同盟・共産党を媒介にして――連合するという配置で自治運動を展開していた[1]。

そして、こうした学生の自治組織が中心になって、学内諸階層の大衆組織と連合して、学内統一戦線を形成することをめざして、その連合のための協議会として、学生自治会中央委員会・大学院生協議会・東大寮連・東大職員組合・東大生協理事会・生協労働組合・好人会労組からなる通称七者協を全学的に結成して活動していた。

こうした運動の背後には、日本共産党が一九六一年の第八回党大会から六六年の第一〇回党大会の間に確立した革命路線があったと考えられる。その路線は、反帝国主義・反独占資本の新しい民主主義革命をめざす統一戦線の構成として現れていた。すなわち、各階級・各階層ごとに、労働者なら労働組合、農民なら農民組合、学生なら学生自治会というふうに、その階級・階層の構成員全体を結集させるべき「基本的大衆組織」という組織が設定され、さらに階級・階層を横断して「自覚的民主勢力」という集団が設定された。これは青年なら民主青年同盟、女性なら新日本婦人の会といった、前衛党の指導のもとに統一戦線の中軸になるような自覚的イニシアティヴ集団である。このような二種類の組織を基本並びに中軸とする大衆組織を媒介にして、前衛党が大衆を間接的に指導していく革命運動が構想されていたのだ。

このような統一戦線方式の大学版が学生自治運動を中心とした学内構成員の自治連合という構図になっていたと考えられる。しかし、こうした運動路線は、東大闘争後、急速に崩れていく。それはなぜだったのかが、東大闘争のありかたを考えるなかでも明らかにされる必要がある。

新左翼系の学生運動路線

一方で、新左翼諸党派の学生運動は、これとは大きく異なるもので、前衛党が大衆組織を通じて大衆を間接的に指導する方式ではなくて、革命的大衆組織が大衆的革命運動を直接展開するという方式にもとづくものであった。革共同（革命的共産主義者同盟）系は、革マル派も中核派も、それぞれに革共同を前衛党として確立していくことを考えていたし、ブント（共産主義者同盟）系のなかにも前衛党をめざそうという部分はあった。また、フロント（社会主義学生戦線）は、共産党とは違う「機能前衛」論を唱える統社同（統一社会主義同盟）の指導下にあり、色彩を異にしていた。しかし、個々のちがいを別にして全体として見れば、ほぼ学生からなる革命的大衆組織の領導のもとに学生運動を自立した大衆的運動として展開するという点では、共通していたといえよう。そこには、既存の前衛党の組織実態ともはや神話と化した前衛理念とに対する幻滅と不信があり、それに代わる反前衛・自立のエトスが存在していたのだ。

彼らは、以上のような学生運動観から――「層としての学生運動」を継承するフロントを除いては――学生全体が革命の主体になることはできず、したがって学生自治会は革命的に利用していく対象としてとらえており、革命運動の起爆剤になると評価していた学生の先進的部分を決起させることを学生運動の主眼としていた。

だから、東大闘争以前には、新左翼諸党派は、フロントを除いては、早稲田・中大の学費・学館闘争のような学生が一時的に大きく決起する闘争以外には、学園闘争プロパーの課題で日常的に運動することはなかった。また、すでにのべた彼らの革命運動路線から、全員加盟制の学生自治会はそれ自体として闘争組織とはなりえないと考えていた――彼らの多くはブントのように、いわゆる「ポツダム自治会否定」論を唱えていた――し、さらには大学の自治、その根拠たる学問の自由自体をブルジョア的なものとして基本的に否定していたのであった。

三　東大闘争による学生運動の変容

ところが、東大闘争が起こり、学生の全学的な決起が見られ、全学無期限ストライキに突入していくなかで、東大の学生運動のありかたは大きく変容していった。

新左翼とノンセクト・ラディカルの同化

新左翼諸党派は、全共闘に結集したが、そのなかで一般学生の広範な起ち上がりを背景にして、いわゆるノンセクト・ラディカルといわれる部分が発言力を増していくと、みずからの党派性を表に出さず、ノンセクト・ラディカルに同化するようになっていった。それは、そのときの全共闘のなかで、党派を超えた自律した運動への志向がそれだけ強かったということにもよるものであったろう。

このノンセクト・ラディカル自体、新左翼諸党派の革命的大衆運動が招き寄せたものであり、その指導的部分をになったのは、安保ブントから派生したSect No.6と呼ばれるセクトならざるセクトであった。彼らこそ、六〇年安保闘争の総括から生まれた「反権力・反前衛の自律した無定型のエネルギー」による「叛乱」を追求する思想を全共闘に持ち込んだのである[2]。

新左翼諸党派は、ほとんどがもともと正統共産党に対する叛逆として形成されたものであり、党官僚制批判にもとづいて自律した革命運動を追求していたから、Sect No.6やノンセクト・ラディカルの思想に引っぱられやすかった。彼らは、前衛―大衆という二分法を採らず、党派組織と大衆組織のハイブリッドのような革命的大衆運動組織＝活動家集団を日常的闘争主体としていた。駒場では、ブントの全学闘争委員会、解放派の反帝学生評議会、中核派の反戦闘争委員会、革マル派の学生会議などがそうした活動家集団であったが、東大闘争のなかでは、これらに当たるものとして全学共闘会議が党派を超えて一元的にできたのである。だから、それぞれの革命的大衆運動組織が全共闘に事実上解消されてしまったということにもなったのである。それは、党派のノンセクトへの解消ではなかったが、新左翼諸党派とノンセクト・ラディカルがたがいに競合しあいながら、全共闘という「叛乱」の運動に同化していくという過程をたどっていったといえるのではないか。

日共＝民青系が採った行動委員会方式

一方、日共＝民青系の運動も、全共闘に対抗しつつ、無期限ストライキに同調するなど、急進化を示した。そして、それとともに、従来の七者協や多様な学生自治団体を通じた多元的な運動形態から、東大闘争勝利行動委員会を学部単位で結成、それらを全学的に統一していこうとするなど、一元化された闘争形態へと移っていった。

また、全学連は、一九六八年七月の第一九回大会で「戦闘的民主的学生運動」を標榜する新たな方針を確立した。行動委員会方式はその新方針によるものであった[3]。そして、東大闘争支援として都学連行動隊を送り込み、全共闘とのゲバルトに備えた。その後、行動隊の名によるゲバルト部隊は増強され、東大だけではなくて各大学の暴力シーンに投入されるようになる。さらには、活動家集団を行動委員会に結集する方式も全国諸大学でおこなわれるようになっていった。

こうした変容は、東大闘争によって始まったのではなく、一九六〇年代後半に入ってから、ヴェトナム反戦闘争と中央大学・早稲田大学・慶應大学などの私学の学費値上げ反対や学生会館管理運営をめぐる闘争を嚆矢として高まった学園闘争を通じて、全国的に学生の急進化が顕著になってきたことへの対応ということができた。そして、急進化は、多様な活動を多元的に展開していくことよりも、当面の焦点である課題に運動を集中して一元的に展開していくという傾向を強めることになっていったのである。

実際、東大闘争においても、「全構成員自治」を掲げながらも、それまで自治運動が充分に展開されてこなかった教職員や学内労働者などを置き去りにして、学生が突出して闘うかたちになり、また学生の運動のなかでも、学生自治会以外の自治団体が独自の運動を組むことが弱く、学生自治会においても、活動家集団である行動委員会が主体になることになっていってしまったのであった。

党派闘争の質的変化

このような新左翼諸党派、日共＝民青双方における学生運動の転形に関連しながら、そこにおける党派闘争の質も変化していった。

少なくとも東大においては、それまでの学生運動では、おたがい革命路線においては自派を絶対化して他派を批判し「反革命スターリニスト」「反革命トロツキスト」などと悪罵を応酬しあってはいたものの、実際の運動場面では、対立は同じ学生運動の平面での対抗として現象しており、党派間で暴力がふるわれることはあっても、それは基本的に運動内部における自力救済行為としてとりあつかわれていた。党派闘争においてふるわれる暴力は、国家権力によってではなく自力によって自己の権利を守るという発想からなされていた行為なのであった。

ところが、東大闘争の後半において、バリケード封鎖をする側と封鎖阻止ないし封鎖解除をする側が対峙するようになると、大衆的なレヴェルでの暴力をともなう衝突が起こるようになり、大学コミュニティ内部での内戦のような様相を呈するに至った。これは、サルトルのいう「集列態」(serie)の状態にあるコミュニティ内部にそれを根底から揺るがす衝撃があたえられたとき現出する「溶融状態」(fusion)のなかで無定型に集団化が起こるとき、必然的に随伴する現象であった。『弁証法的理性批判』におけるサルトルの論にもとづきながら、竹内芳郎は、次のように論じている。[4]

この融合集団が集合態［上記の集列態のこと］のなかから立ち現れて来るためには、かならず他の敵対的集団の暴力的な外的作用が働かねばならぬのであり、したがってそれは、暴力の季節のなかで、つねにそれ自身一つの暴力として、対抗＝暴力として自己を形成するのである。他者（たとえば国家権力）は、暴力（たとえば警察権）をもって民衆の自由を実践的・惰性的必然のなかに閉じこめておこうとする。この惰性的必然から己れを解放しようとして起ち上った活動的自由こそがすなわち集団であってみれば、集団と暴力とは多少とも不可分の関係にあり（たとい無抵抗主義のかたちをとろうとも）、ここでは自由と暴力、希望とテロルとが、分ちがたく結合している。もちろんこの暴力は、はじめは敵対集団だけに向けられたものであるが、しかし存在そのものにおいて暴力的である集団は、その暴力を内面化し、やがて己の内部にも向けはじめる。

だから、共産党も、六九年一一月の東大闘争方針転換以前には、日共＝民青系学生の暴力を「正当防衛」として自力救済の水準で位置づけ、それを「抵抗権」によって基礎づけていたのである。[5] 当時民青中央学生対策部長だった川上徹は、「民青学生組織が……完全に軍事化した事実の持つ意味は大きい。われわれは自分たちに対峙する新左翼諸党派の〈姿〉に似せて自分たちの〈姿〉を作ったのだ」と書いている。[6] だが、収拾方針に転換してからは、全共闘系学生の暴力を「犯罪」として「告訴」するという路線に転じたのであった。しかし、その路線転換を指導した共産党中央にしても、やがて内部の分派摘発へと暴力を「内面化」し、当時の学生運動をになった先進部分を排除していくことにつながっていったのである。

一方、あくまで竹内のいう「惰性的必然からの解放」として暴力を位置づけていた新左翼諸党派は、東大闘争の過程で、その暴力を「革マル・青解戦争」と呼ばれる新左翼内部の暴力へと「内面化」し、六九年九月に結成された全国全共闘連合も暴力的党派闘争によって分解し、やがて一九七〇年代の「内ゲバ」の季節へと入っていったのである。

東大闘争およびそれを一環とする全国学園闘争は、そのような党派闘争と党派間暴力の変貌の契機になった闘争として特記されなければならないだろう。そして、それが自治運動をいわばその反対物へと転化していく力を運動内部に生み出していったのである。

一九一九年に成立したバイエルン及びミュンヘンのレーテ共和国（Räterepublik 評議会共和国）をクルト・アイスナーやエルンスト・トラーとともに担った社会哲学者グスタフ・ランダウアーは、このような「力」について、次のようにのべている。[7]

革命が、まったく日常的な場面において積極的に働く力を全然もっていないか、あるいは非常に不充分にしかもっていない場合、したがってもっている力は反逆と否定にしか働かないようなものである場合には、……革命が、フランス革命に見るように、内においても外においても、敵に包囲された恐るべき状況に直面するならば、革命の中にいまだ生きている否定と破壊の力は、内側に向かい、みずからに対してふるわれることにならざるをえない。

東大闘争を通じて質的変化を遂げた対権力闘争と党派闘争は、まさにこのような途をたどった末に、「革命戦争」や「爆弾闘争」から「内ゲバ殺人」や「分派狩り」に行き着いていったのではなかったろうか。

四　東大闘争で登場した新たな闘争主体

以上のような学生運動の変容は、東大闘争で登場した新たな闘争主体のありかたに規定されたものであった。

未明に本郷に機動隊が導入された一九六八年六月一七日の駒場キャンパスでは、登校してきた学生が、自治会常任委員会が提起した「機動隊導入糾弾全学ストライキ」の方針をめぐって、クラスごとにまとまって討論に入るなど、自然発生的な授業放棄状態になった。そして、多くの学生が本郷安田講堂前で開かれた糾弾集会に参加し、駒場から学生の姿が消えてしまった。

この急激な盛り上がりは、全学ストライキを提起した僕らのほうが驚くほどだった。駒場の学生自治会は、翌日に代議員大会を開き、六月二〇日のストライキを決定、それまで地道に続けられてきた駒場の学園闘争は、一気に陣地戦から機動戦に移った感じであった。

ヴェトナム反戦闘争との連続性

学園闘争プロパーとしてはそうであったが、学生運動全体としては、高揚はすでに前年の一九六七年から見られるようになっていた。この高揚は、主にヴェトナム反戦闘争の盛り上がりによってもたらされたものだった。

一九六五年の北爆開始以来アメリカ軍の解放人民戦線に対する攻撃がエスカレートを続けていたヴェトナム戦争に対して、特に六七年に入ってから、東大の反戦運動は急速な高まりを見せた。春に民青系の集会・デモに参加したノンポリ（ノンポリティク、非政治的）の学生が、穏健なデモにあきたらず新左翼系のデモに加わるようになったと思ったら、秋には機動隊に石を投げていたというようなことが普通に見られた。彼らは、左翼思想に染まったわけではなく、また政治的というよりは心情的に行動しているのであった。

一九六七年一〇月八日、佐藤首相の東南アジア訪問阻止の羽田デモで京大生・山崎博昭君が死亡した第一次羽田事件以降、反戦運動はさらに急進化するとともに、広範な学生の参加を見るようになっていった。そして、それがそのままに東大闘争につながっていったということができる。その意味では、機動隊導入に対する反撥や全学ストライキへの突入は、大学の自治の問題、学園闘争課題への関心のみによるものではかならずしもなかったといえるだろう。

加担拒否・異議申し立ての意識

左翼思想、政治行動というより、心情的な行動だったといったが、それでは学生たちはどういう心情によってヴェトナム反戦行動に起ち上がったのか。

旧宗主国フランスも世界の憲兵アメリカも、それに対抗して社会主義圏拡張を図るソ連・中国も、どちらも支持しないが、そのはざまで民族独立を求めているヴェトナム人民は支持する。そして、アメリカの側に立って基地の提供や兵員・兵器の輸送、特需物資の供給をおこない、事実上参戦国化しながら儲けている日本のありかたに反対である。黙っていれば、それに加担したことになる。だから、ヴェトナム反戦の集会やデモに参加することによって、その加担を拒否する意思を示し、政府の加担に異議申し立て(contestation)をおこなう。――そういう意識が支配的だったように思われる。

つまり、ヴェトナム戦争のどこがどう問題だから、どういうふうにすべきだという以前に、自分自身が無自覚に加担するのがいやだ、私は反対だという意思表示をしなければ加担したことになるという意識が、学生たちを駆り立てていたのではないか。僕は当時自分が学生の組織化にたずさわってえた感触から、一九六七年になってから広範に起ち上がった学生たちの多くは、そのような意識だったように思われるのだ。

これは、僕の場合、政治的運動に初めて積極的に参加した一九六五年の日韓条約反対運動のときに懐いていた心情がそうであったから、よくわかるのである。この日韓闘争の頃から、それ以前の被害者意識(みずからが権力による被害者であるという民衆意識)に依拠した運動から加害者意識(みずからが被抑圧者に対する抑圧に加担している加害者であるという意識)による運動へと学生運動の意識転換がおこなわれていったように思われる。

そして、これは東大闘争にも引き継がれていた。

社会的責任としての闘争から自己表現としての闘争へ

このような意識転換は、闘争の意味の変化をともなっていた。

僕らが接した六〇年安保世代、それを直接受け継いだ世代の学生運動活動家には、みずからの社会的責任として闘争をとらえる傾向が濃厚に見られた。

それは、また大学生という存在が、多かれ少なかれ、社会のエリートを意味していたことと関連していた。彼らは、社会からエリートとして期待されていることを反映して、みずからが学生として身に着けた学問・知識を通して社会に、あるいは人民に奉仕することがみずからの使命であると感じていたのである。

そして、それが社会的正義を実現するのだという理想主義と結びついたとき、みずからのインテリジェンスをもって闘争に起ち上がることが学生の社会的責任であるという意識が生まれていったのである。それが、彼らの世代の左翼学生運動家に共通する意識であり、それは日共＝民青系、新左翼系の別を問わないものであった。それは、東大闘争において大量に登場してきた新しい闘争主体の意識とは異なるものだったのである。新左翼系革共同の活動家であった小野田襄二（一九三八年生まれ）は、次のようにのべている。[8]

全共闘運動は、「ぼくらは決して、あれもしたい、これもしたい、という自己の欲求を禁欲的に我慢して労働者のために闘っていたのではない」という精神に近かったものと思われる。

私（たちの世代）にとって、政治とは、ブ・ナロードの叫びなしにはありえなかった。貧困、不正に対する正義の念が政治の原型であり、禁欲的生活はその必然的結果であった。ただ私の場合、それを自我主義的に変容させたが、その根底に流れるのは、社会正義（社会主義）である。幼少から育てたこの感受性だけは、今でも変らないようだ。

私たちは、社会正義の実現に殉じることを革命と語ったのである。

全共闘に結集した学生たちの意識は、こうした意識とまったく断絶したものではなかったが、小野田のいう「自我主義」を強めて異質なものに転化したことがうかがわれる。理系大学院生として全共闘に参加した船橋邦子は、次のようにのべている。[9]

羽田闘争以後の学生を中心とした実力闘争はそこに参加した学生が自らの思想＝意志をゲバ棒で語り、自己の存在を権力との対決の中に見出している姿は、私に人間として生きる事を考えさせた。それは日常生活に埋没していた研究者、体制の枠内に組み込まれた研究者として自らを否定し、社会的存在としての人間の立場からいかに情況にアプローチしていくかの問題であった。

このような全共闘世代の闘争観は、自己の加担拒否と異議申し立てを意思表示することを闘争ととらえるものであり、みずからの意思表示すなわち自己表現を闘争の目的とするものであったといえる。

これが東大闘争において集約的な表現をえたのが、「自己否定」という自己表現であり、そして、それにもとづきながら自己が所属する「帝国主義大学」を「解体」するという闘争目標であった。それは窮極的な到着点であったが、そこまでいかなくても、叛逆の意思表示を自己表現することをもって闘争の意味とする心性は広く存在したのであった。

社会的責任と自己表現の混在

東大闘争に起ち上がった学生の意識には、このような新たな特徴が見られたのだが、これらですべてが塗りつぶされていたわけではもちろんない。

ヴェトナム反戦運動との連続性ではなく、大学の自治、学生の自治を擁護し発展させるという問題意識から闘争に取り組んだ学生たちもいた。加担拒否・異議申し立てというよりも、教授会専断に対する具体的な抗議、学生の地位の具体的な承認を求めて運動した学生たちもいた。「帝国主義大学解体・自己否定」といった思想を批判し、学生の社会的役割の発揮をめざして闘った学生たちもいた。これらは日共＝民青系の運動に参加した学生だけでなく、無党派のクラス連合、有志連合に参加した学生たちにも見られたものだった。

これらの志向は、第一次全学連以来の戦後学生運動の本流を継承するものといってもよかった。全学連の機関紙は「祖国と学問のために」という紙名を掲げており、これは学生という存在が、みずからの学問を通じて祖国の課題をにない、戦後民主主義のヘラルドたらんとする意欲をあらわしている。これは、発展途上国の学生運動に色濃く見られる特徴と共通するもので、戦後でもタイの学生運動、東大闘争当時でいえばメキシコの学生運動などにそれが典型的に見られた。

一方で、加担拒否・異議申し立ての意思表示・自己表現をもって特徴とする学生運動は、当時でいえば、フランスのパリ五月革命に典型的に見られたような先進国型の新しい運動であった。こうした特徴は、イギリスやアメリカのニューレフト運動、ドイツの学生運動などにも共通したものであった。

そして、大雑把に区分けすれば、日共＝民青系の運動、つまりコーポラティズム型自治を追求する運動のほうが、戦後学生運動の本流、戦後民主主義のヘラルドを引き継ぐものであり、新左翼系およびノンセクト・ラディカル系の運動、つまりコミューン型自治を追求する運動のほうが、新しいコンテスタシオン運動を体現したものであったといえる。ただし、それは運動の指導理念や組織的アイデンティティにおいてそうであったというにすぎず、個々人の思想や感情においては、新左翼諸党派にも古いタイプの活動家がいたし、日共＝民青にも新しい思想を懐いた者たちがいた。

その意味では、東大闘争の時期は、端境期であって、新旧が混在し、また指導理念と個人の思想とにくいちがいが見られるなど、闘争のとらえかた、闘争主体のありかたが実際にはきわめて多様であったことに注意しなければならない。

五　二つの自治運動のゆくえ

東大闘争における闘争主体のありかたは、多様であり、外側から見て類型化できるものではなかったが、それを自治運動として見たときの指導理念においては、コーポラティズム型自治とコミューン型自治の二つにはっきりと分かれ、両者の大局における認識も明確に異なっていたのである。それでは、それぞれの認識のどちらがより現実的なものだったのだろうか。

一九六〇年代日本の中間組織化に対する対応

一九六〇年代の日本においては、多くの社会領域で中間組織化が著しく進んだ。中間組織というのは、企業、学校、組合というような機能集団のことで、社会の統合が、家族、村落、地域団体というような基礎集団を基軸にするものから、これら機能集団を基軸にするものに変わっていくことを「中間組織化」といったのである。

一九六〇年代を通じて、大家族の崩壊と核家族化、地域共同体の解体といった基礎集団が崩れていく傾向が急速に進む一方で、中間組織が伸びていった。たとえば、企業に雇用されている労働者が占める割合は一九五五年には四一％だったのが、七一年には六六・六％に達している。労働組合員の数も、五五年の六一六万六千から七一年の一一六〇万五千へと大きく増加している。学校・大学のマス化も、この中間組織化の一つの現象で、大学生の数は一九五〇年の五〇万から、僕が大学に入った六六年には一五〇万になっており、やがて七〇年には二〇〇万を超える。

中間組織とは、国家と社会を媒介するものである。これを国家から見れば、中間組織は、相互にぶつかりあい、あるときには国家と衝突しながら社会の諸領域に渦巻く不満や要求を社会レヴェルで調停し、統治秩序に組み込む役割を果たす。逆に社会から見れば、中間組織は、諸階級・諸階層・諸社会集団が、それぞれ固有の要求をそこに糾合し、国家の施策と対抗していく役割を果たすことができる。そのどちらの役割が、もう一つの役割を超えて働くようになるかは、それぞれの中間組織におけるヘゲモニーの問題になる。

このような両義性を孕んだ中間組織化が進んでいくなかにあって、これらの中間組織において労働者階級と人民のヘゲモニーを確立していくことによって社会変革を果たしていこうとしていたのが日共＝民青系の運動であった。大学の「民主化」とか「民主主義的変革」とかいわれていたものは、そのようなものだったのだ。

ただ、一九六〇年代日本の中間組織化は、欧米先進国のそれとは異なる独特な性質をもつものだった。『素描・一九六〇年代』で僕はこう書いた。

日本の場合には、基礎集団から機能集団へと統合の基軸が代わり、物象的依存関係が支配していきながらも、それが人格的依存関係にすっかり取って代わるのではなくて、機能集団の機能性に適合するように再編成された共同性が機能集団内部にいわば埋め込まれていく形で、共同社会的生活様式を生かしていくような統合が生まれていったのである。[10]

日共＝民青系の運動路線は、このような日本社会統合の特質をとらえてはいたのだが、この機能性に適合するように再編成された共同性と機能性との関係をうまくとらえることができず、共同社会的生活・思考様式を「封建的なものの残存」として近代性と切り離してとらえる傾向が支配的だった。そのため、「民主化」とは残存封建制を除去していくことだととらえられがちになり、「徹底的近代化」のようなポジションに陥りがちであった。また、その「民主化」を国家レヴェルの主権としての民主主義政治の分節化ととらえ、それとは区別された部分社会独自の自己統治としては追求しない傾向があった。これがのちに日共＝民青系の自治運動が「大学近代化」に飲み込まれていく伏線になっていたといえよう。

これに対し、全共闘系の運動は、中間組織化を、その当時よく使われたタームでいえば「管理社会」化としてとらえ、したがってそれは、ヘルベルト・マルクーゼのいう「抑圧的寛容」(repressive tolerance) の支配を確立するものであり、こうした組織化に反抗しなければ、むしろより一層の疎外と抑圧のもとに閉じ込められていく、と考えていたように思われる。

そして、そうした認識を通じて、東大闘争においては、医学部大量不当処分や機動隊導入というような支配の側からの暴力行使に対しては、安田講堂再占拠や全学バリケード封鎖といった対抗暴力をもって、マルクーゼのいう「対決の政治」「直接対決」を行使していかなければならない、ということになっていったのである。

こうした見方は、たとえば国立大学教授会のような制度集団的中間組織を、あらかじめ完全に国家のヘゲモニーのもとにあるものと見なし、ブント系諸君の「教授会＝権力の末端機構」論のように一義的に敵にまわしてしまったり、社青同解放派系諸君のように、中間組織としての大学の機能を「労働力商品再生産」としてのみとらえ、「教育工場解体」を唱えたりする運動路線につながっていった。

このような認識と路線によっては大学コミュニティにおけるヘゲモニーという発想自体が生まれにくく、彼らが唱えた「大学コミューン」は実現されようもない。そして、叛逆した学生・院生と助手などのみの「叛逆者コミューン」に終わるしかなかったのである。

資本主義の精神とその批判

いま、この二つの自治運動の違いはどこにあるのか、より大きな視野において明らかにするために、資本主義の精神とその批判という面から考えてみることにしたい。

フランスの社会学者リュック・ボルタンスキーとイヴ・シャペロは、一九九九年に公刊された『資本主義の新しい精神』（Luc Boltanski & Eve Chapello, *Le nouvel esprit du capitalisme*）のなかで、資本主義の精神の歴史的展開を三つに分けて論じている[11]。

第一の資本主義の精神は、マックス・ヴェーバーが『プロテスタンティズムの倫理と資本主義の精神』で分析した召命と禁欲の倫理にもとづく精神で、これは一九世紀から二〇世紀半ばまでの「自由資本主義」に対応していた精神だとされる。

第二の資本主義の精神は、ケインズ経済学に即応した広い意味での社会民主主義的志向にもとづく福祉国家の精神で、これは二〇世紀半ばから後半にかけての「組織資本主義」に対応していた精神だとされる。

第三の資本主義の精神は、二一世紀に入ってから普遍的に広まった新しい精神で、情報化とポスト産業化の精神だとされ、「ネットワーク」「コネクション」をキーコンセプトとする「情報資本主義」あるいは「ポスト・インダストリアル社会」に対応するものだとされる。

この区分に従えば、一九六八―六九年の東大闘争の時期には、「組織資本主義」に対応する「社会民主主義的福祉国家」の精神が支配的だったということになる。だが、同時に、ボルタンスキーらは、一九六八年のフランス五月革命の運動のなかに、すでに「情報化とポスト産業化」の精神を先取りした資本主義批判が含まれていたとしている。

このとき、二種類の資本主義批判がおこなわれていたと彼らはいう。一つは「社会的批判」（critique sociale）で、資本主義が労働者の搾取を通じてもたらしている貧困と不平等をもっぱら批判する態度である。そして、もう一つが「芸術的批判」（critique artistique）で、旧来の資本主義、特に組織資本主義がもたらしている疎外と抑圧的寛容からの解放を求める批判である。そして、このとき、「社会的批判」は、旧来の左翼を中心とする批判であったのに対し、「芸術的批判」をになったのが一九六八年世代とのちに呼ばれた叛逆者たちであったのだ。

これを東大闘争にあてはめれば、日共＝民青系のコーポラティズム型自治運動が、資本主義に対する「社会的批判」に立脚した新しい自己統治を追求する運動であり、全共闘系のコミューン型自治運動が、「芸術的批判」に立脚した新しい自己統治を追求する運動だったということができよう。

東大闘争において、どちらの運動も、最終的に実を結ぶことができなかったが、今日の資本主義批判における二つの形態の範型を示し、今日にいたるまで問題を提起している。

一九八〇年代以降の分岐

一九八〇年代になると、資本と労働のボーダレス化を背景に、フランスなどでは、労働のフレキシビリティ化・非正規雇用化などが進むなかで、いわゆる「ポストフォーディズム」現象[12]が広範に現れるようになり、前にのべた「ネットワーク」「コネクション」が基軸になる方向に社会構造が大きく変容しはじめた。

それにともなって、「組織資本主義」への「芸術的批判」が強まり、それが国家と資本が結びついておこなっている非自由主義的な政策体系に対する反対に発展しながら、全体としてネオリベラリズムに合流していった、とボルタンスキーらはいう。そこには、一九六八年世代の叛逆者たちが建てた「抑圧に抗する自律的個人が自由に結びつきながら行動する」という原則をビジネスの世界で実現しようとする姿が見られた。

確かに、一九八〇年代には組織資本主義から情報資本主義への変移に即応した新しい個人化(individualisation)が見られるようになっていたが、それはウルリッヒ・ベックが指摘したように、近代初期の個人化とは異なって自律性の確立を伴うのではなく、逆に商品市場や労働力市場の強力化のもとでシステムに依存した非自律性を深める方向に進展したのである[13]。

このような現象は、日本でも、遅れて一九九〇年代になってから現れはじめ、フランスほどではないが、一九六八年世代の元全共闘の諸君がポストフォーディズムの担い手になるケースも見られた。ある面においては、全共闘の思想は資本主義の新しい精神と結びつきやすいところをもっていたのである。けれど、それはネオリベラリズムと同化すれば、市場原理主義による社会の解体を促進する役割も果たしていくことになるのだ。

これに対して、「社会的批判」のほうは、貧困の深刻化や格差の拡大に対する批判を強め、その面では、むしろ「組織資本主義」を擁護し、資本主義の新しい精神を否定するかたちで福祉国家の維持あるいは再建を追求してきた。しかし、これは不可避的に進行する情報化、ネットワーク・コネクション化、ボーダレス化による国家と資本主義の分離に対応することができず、リアリティを失いつつある。

新しい自治をめざして

いま、どちらの方向をとっても、よりよい社会を創造することはできないのではないか。その方向性を明らかにするためには、東大闘争における二つの自治運動——コーポラティズム型自治をめざす運動とコミューン型自治をめざす運動——の対立をいかにすれば揚棄できたのかを考えることは有益であろう。資本主義に対する「芸術的批判」と「社会的批判」、あるいはネオリベラリズムと新しい福祉国家、そのどちらかを選ぶのではなく、両者の対立を揚棄した方向性こそが求められているのではないか。その方向性とは、あくまでも自由な個を基盤にしながら、多元的かつ重層的に協同関係が結ばれる多元連合自治の方向なのではないか、と僕は考えている。

それについてはいま詳論の余裕がないので、次の点を指摘するにとどめておく。

東大闘争の頃は、すべての左翼を通じて、「自治」の独自の位置づけができていなかったように思われる。そのころまでは、「革命」か「改良」かの二者択一の発想が支配的で、自治については「革命のための自治」か「自治を通じての改良」かというかたちで考えられていた。いま、そうではなくて、自治そのものの社会的・政治的意義をふまえた新しい自治運動が必要になっているのではないか。

その新たな自治においては、自治というものを——小杉亮子が『東大闘争の語り』のなかで提起している概念を借りれば[14]——「手段的」(instrumental) なものとしてではなく「自己充足的」(consummatory) なものとして追求していくことが求められる。

この「自己充足的」な運動は「予示的」(prefigurative) な運動であり、東大闘争のなかではノンセクト系学生や一部の新左翼系学生に見られたと小杉は指摘している。[15]新しい自治運動は、これを引き継いでいかなければならない。

日共＝民青系の自治運動から引き継ぐべき点もある。それは東大闘争以前の学生自治運動のなかで培われた多元的重層的自治のフォーメーションである。社会の次元で培われていく自己統治は、国家に集約される主権型民主主義（sovereign democracy）とは異質な、社会的次元で構成される結社型民主主義（associative democracy）でなければならない。[16]その点では、日共＝民青系の学生自治運動が推進したような、相対的に自律した各種自治組織が社会的次元で水平的に連合し垂直的に重層化していく組織形態が求められる。

全共闘から受け継ぐべき「自己充足的」「予示的」運動と、日共＝民青系から受け継ぐべき「多元的」「重層的」運動とは矛盾せず、両立しうる。そうした新たな自治運動をふたたび学園の現場から創り出していくことが望まれる。

そして、それが政治革命――新左翼系が唱えたプロレタリア革命であれ、日共＝民青系が唱えた民主主義革命であれ――すなわち全体社会にリンクした国家における全体政治（main politics）の自己統治としてではなく、部分社会――個別大学や個別学問領域での結合――の現場における下位政治（sub politics）の自己統治として自治とその連合が追求されてゆくべきだと考えるのだ。

そして、こうしたローカルな場における自治を創出するには、「責任をとる権利」right for respsibility という新しい質の自由権を確立することが必要だと考えている。[17]それは、自由と権利をめぐる今日の弛緩した関係を逆説的にのりこえるものである。われわれは、東大闘争を通じて、この「責任をとる権利」を獲得しつつあったのであり、確認書はその出発点だった。それなのに、それを実質化できなかったのである。

以上のような考えは、大学に限らずさまざまな場における自治にあてはまる。僕にとっては、これが現在の状況における東大闘争の遺産の継承である。

注

1　これについては、本書所収の大野博「東大教養学部における学生自治の構造と活動の特徴」を参照。

2　『ＳＥＣＴ６＋大正闘争資料集』（蒼氓社、一九七三年）参照。

3　川上徹編著『学生運動』（日本青年出版社、一九六九年）第六章参照。

4　竹内芳郎『サルトルとマルクス主義』（紀伊國屋新書、一九六五年）１３６頁。（　）内は原文。［　］内は引用者の注記。詳しくはジャン＝ポール・サルトル［平井啓之・森本和夫訳］『弁証法的理性批判』２（人文書院、サルトル全集第27巻）参照。

5　例えば共産党中央法規対策部長・青柳盛雄の論文「反党盲従分子の暴力には正当防衛を」（「赤旗」一九六七年二月二一日）では、正当防衛権を強調し、「われわれは、『事なかれ主義』で、対外盲従分子の大した力もない暴力の前に、『隠忍自重』し、かれらの横暴を放置してはならない。かれらはなんの権力ももっていないし、権威もない連中だから、われわれが断固としてこれに対処するならば、敗退しさることはあきらかである」とのべている。

6　川上徹・大窪一志『素描・１９６０年代』（同時代社、二〇〇七年）２３７頁。

7　グスタフ・ランダウアー『レボルツィオーン　再生の歴史哲学』（大窪一志訳、同時代社、二〇〇四年）１５９～１６０頁。

8　田中吉六・他『全共闘・解体と現在』（田畑書店、一九七八年）１８３頁。

9　東大全共闘編『果てしなき進撃』(三一書房、一九六九年) 71、74頁。

10　前掲・『素描・1960年代』361頁。

11　日本語訳／三浦直希・他訳『資本主義の新しい精神』上下二巻（ナカニシヤ出版、二〇一三年)。

12　フォーディズムとは、自動車王ヘンリー・フォードが創始した経営理念で、肉体労働の単純化とマニュアル化・出来高賃金をベルトコンベヤー式の機械化と結びつけることによって、自動車の規格大量生産を実現するとともに、労働者に高賃金を支払うことによって、大量生産した製品の大量消費にも道を開いたものであった。これに対して、ポストフォーディズムとは、多品種少量生産にも対応できるネットワーク型の労働体系・生産体制をつくろうとするもので、労働のフレキシビリティ化、雇用の多様化をともなう。

13　ウルリッヒ・ベック『危険社会—新しい近代への道—』(東廉・伊藤美登里訳、法政大学出版局、一九九八年　原著 *Risikogesellschaft* は一九八六年刊) 138～143頁参照。

14　小杉亮子『東大闘争の語り』(新曜社、二〇一八年) 374～376頁参照。

15　同前376頁。

16　この点についてはPaul Hirst, *Associative Democracy*, University of Massachusetts Press, 1994. を参照されたい。

17　大学における学生の自治に必要とされる「責任をとる権利」については、座談会「東大闘争50年」(『季論21』二〇一八年秋号、本の泉社) 51～53頁で申し述べたし、『単独者通信』上で「責任をとる権利」についての原理的考察をおこなった。http://neuemittelalter.blog.fc2.com/blog-entry-64.html それぞれ参照をお願いしたい。

また、本書所収の乾彰夫「一九六八年と学生参加—欧米の大学闘争と東大確認書」で明らかにされているように、ヨーロッパの大学では、ボローニャ・プランなどに規定されている「学生は大学に対する責任を有している」という認識にもとづいて、学生の自治と参加の権利を認めている。日本でもこのようなかたちで「責任をとる権利にもとづく自治と参加」が認められるべきである。また、こうした方向性を「自己責任論」批判の論理で否定すべきではない。

第三章　東大闘争と日本の大学
――六〇年代の大学と学生運動の視点から

神山正弘

はじめに

一九六八年から一九六九年にわたる東大闘争は、一般に当時の大学・学園闘争の「天王山」と称された。この闘争がその後の大学と学生運動ばかりではなく、日本の社会運動のその後の帰趨を占うものであったからである。東大闘争は当時の無数の大学で起こった大学闘争の象徴であり、他方で日大闘争や教育大闘争などその後の大学の在り方を決定した闘争が展開された。東大闘争はこのような全国の大学の様々な運動の中の一つの頂点と位置付けるほうが分かりやすい。

本稿は、そのような視点から、東大闘争を含む一九六〇年代の大学闘争を当時の大学と学生、学生運動の動向から捉えなおす試みである。

一　一九六〇年代学生運動の全体像

（一）概観

戦後日本の学生運動は全学連の結成（一九四八年九月）を頂点とする第一期の活動（大学の民主的復興、勉学条件の改善、レッド・パージ反対闘争、単独講和反対）、第二期の活動（砂川基地反対、警職法改正反対、安保改訂反対という戦後民主主義体制の帰趨を占う闘争を行った）に続いてベトナム反戦、日韓条約締結反対、七〇年安保条約自動延長に反対する闘い、東大・日大闘争を含む大学闘争を行った第三期の活動に分類できる。この第三期が一九六〇年代の学生運動であった。大学の在り方をめぐる闘争が焦点となったことが最大の特徴である。

これまで、大学（学園）闘争、大学（学園）紛争という用語が使われてきた。運動を担う側がこれを「闘争」と呼び、運動を否定または傍観視する側がこれを「紛争」と呼ぶのは通例には違いないが、この時期の事態はそれに関わった当事者（大学の教職員・院生・学生）の規模やストライキによる授業中止期間の長さ、そして大規模な警察力の導入による沈静化の動き、それが与えた国内的国際的影響、そのプラス・マイナスの遺産を含め、「紛争」と呼んでもよい事象であったことは否定できない。

一般に大学闘争とは、狭義には、大学の管理運営の民主主義（教員・職員・院生・学生の参加による自治の創造と確立）、大学の財政基盤の確立と「受益者負担」強制への反対、福利厚生といわれる学生の生活と権利を守り発展させる運動を指す。総じて、大学の在り方を問い、その理念・制度から運営・活動の改革を目指す闘争をいう。そして、下からの大学改革運動をはじめとして、大学や学問研究、専門職教育の社会的役割の改革と創造を図る取り組みも含まれる。

広義には、これらを含め、七〇年安保再改定やその自動延長を認めず、その廃棄を目指し、また、ベトナム反戦、核つき沖縄返還協定反対、日韓条約締結反対等の平和と民主主義のための闘争を含む学生の社会的政治的活動の総体をさす。

これらの活動は、それが学内で行われようが、学外で行われようが、その性質が変わるものではない。学外であれば政治的・社会的活動は自由だが、学内では不可であるとか、学外であっても学生の政治的・社会的活動は不可であるとはならない。実は、こうした学生観に大きな変化をもたらしたのもこの時期の大学闘争の特徴でもあった。この中で、一九六〇年代後半から一九七〇年代初頭にかけては、運動の規模や社会的関心から見ても、学生運動が大きな社会的・政治的問題となった時期であった。

一九六〇年代後半から一九七〇年に絞って大学闘争の主な動きを略年表で表すと次のようになる（これ以外にも大小無数の動きがあった）。

一九六五年一月　**慶応大学**　学費等三倍引き上げ反対全学ストライキ（一六日間）。それまで慶応大学は学生運動とは無縁の大学と見なされていた。

一九六六年一月　**早稲田大学**　学費引き上げ・学館管理運営権はく奪反対ストライキ（一五〇日間）。大濱信泉総長退陣。

明治大学、中央大学　学費引き上げ反対ストライキ、中央大学は引き上げ撤回。

一九六八年　**東京大学**

一月　医学部学生が登録医制度反対・卒後研修要求で無期限ストライキ突入。三月、医学部教授会、スト中に起きた「春見事件」を理由に学生・研修生を大量処分。六月、安田講堂占拠に対して機動隊導入。これに抗議して全学が一日ストライキ突入。九月以降各学部で学生ストライキ突入、最後まで残っていた法学部も一〇月に参加し、全学がストライキに入る。一一月、大河内一男総長以下退陣、加藤一郎総長代行就任。

日本大学

四月、二〇億円使途不明金発覚。学生の批判運動に対して理事会が警察力導入、これに反発して九月大衆団交（二万人、両国講堂）、古田重二郎会頭退陣表明。

一九六九年

一月、東京大学、七学部代表団との間で確認書締結（一〇日）。これを認めず、安田講堂占拠を続けた学生を機動隊が排除（一月一七日～一八日）いわゆる安田講堂事件。

京都大学管理運営問題でストライキ突入。

東京教育大学で筑波移転に反対して波状的全学ストライキ（六八年七月から続続）、大学当局はこれに対抗して二月にロック・アウトを強行、警察管理のまま七月に筑波移転決定。

三月　東京大学、東京教育大学（体育学部を除く）の入試中止（文部大臣が前年一二月末、一月二〇日正式決定）。

この間、闘争は全国化し、「占拠封鎖・授業放棄」をした大学は一五〇（七月）、一五一（一〇月）に上った。[1]

（二）　大学民主化・改革闘争

学生による下からの大学改革

学生の大学闘争の要求と課題は、大学当局の学生に対する一方的通告・発表（秘密主義・規制主義）、マスプロ授業に典型的な勉学条件の劣悪性、授業料・納付金等の急速な増額、教授会自治（国立大学）、理事会専横（私立大学）による「旧い大学」への固執、学生自治会をはじめとする学生の自主的活動の軽視・敵視、既得権のはく奪をやめさせることであった。

例えば、東京大学には「矢内原三原則」（慣行）があり、それは「ストライキを学生大会に提案してはならない、議題として取り上げてはならない、執行してはならない」というものであった。したがって、駒場の教養学部学生自治会では自治会委員長がストライキの提案者となり、代議員大会の議長となり、これを執行して犠牲者を一人とするという慣行が生まれていた。ほかの大学でもストライキの実施は指導者の処分を覚悟しての実行であった。

しかし、「矢内原三原則」などはまだ微温的なもので、「学生自治会活動禁止」、「全学連加盟禁止」、「政治活動禁止」という私立大学が多数存在していた。国立大学でも団体規制、集会規制の細かな規則が存在していた。

これらの規制の基底にある考え方は、営造物理論に基づく特別権力関係論であった。これは国や地方公共団体の営造物（施設）の利用・勤務関係にある国民（具体的には教職員及び学生）に対しては、特別に強められた権力（支配）関係が作用するという考え方である。大学における学生はもっぱら教育される存在であり、大学は教授会の自治によって運営されるという旧い大学・教育観に基づいていた。その典型が「東大パンフ」と呼ばれた大河内総長告示文書（一九六五・一一・一一）であり、国立大学協会もこれを追認していた。

この「東大パンフ」において、学生の自治は「教育の一環」としてのみ認められるとした。すなわち、「学生は批判的精神を要求されるとしても、なお修学中のものである。したがって、その研究活動については、旺盛な自発性が求められるとはいっても、なお教員の指導と助言に従わなければならない」したがって、「学生が授業なり施設なりについて、大学に対して希望を表明することは自由であるし、大学はそれに耳を傾け、できるかぎりそういう要望にこたえるよう努力すべきであるが、研究・教育についての、最終的意思決定は、大学が教員組織をつうじてその責任においておこなうものであり、それが大学自治の本質なのである」とした[2]。

これが「旧い大学」のあり方を示した文書であるが、その中では最良のものである。しかしこれこそが改革すべき大学問題の根幹であった。大学の自治の原動力は社会の支持であり、その第一次的な表れが学生・職員の要求であることを無視した旧い自治の発想であるからだ。他方、私立大学は「建学の精神」を振りかざし、理事会専横の下で学生の自治の運動に敵対してきた。今日でもそうである。これらの背景には政府・支配層の強い意志が存在した。

新しい大学自治の創造

東大闘争の終盤の一九六八年一二月二六日、全学ストライキという学生の意思を受けて、加藤一郎総長代行は基本見解を発表した。長くなるが引用する。

「大学における学生の権利について、明確に新しい理念をうちたてなければならないということである。これまで学生は、大学において教えられるものとのみ位置づけられ、教授会によって管理されるものと考えられてきた。そういう点から、学生の自治を教育の一環として考えるという思想ならびに制度・慣行が維持されてきたのである。

それは、一方において、学生の自治を大学の自治という傘の下に国家権力から保護するという側面をもっていたが、まさにその反面として、学生の権利を教授会の自治に服するものとして位置づけることになった。しかし、今日の大衆化した大学では、こうした大学像は基本的な変革を求められており、大学のなかにおいて学生が固有の権利をもって、大学自治の一環を形成するものであることを正しく認識することが、大学改革の出発点とならなければならないであろう[3]」

このような考え方に基づいて加藤総長代行は「八・一〇告示」の無効や「東大パンフ」の廃棄を表明した。東大の一〇項目確認書はこの精神を具体化したものである。

これは戦後大学史における重要で決定的な飛躍である。戦前の大学自治への侵害や政府による干渉を排除して、戦後の大学は教授会自治を柱とする大学自治を実現し、それを学生運動も支援してきたのだが、それは民主主義の見地から見れば、さらに発展させるべき性質のものであった。

そもそも学生の権利、そして教職員の権利は、大学が保護する前に国民（市民）や人間の権利として保障された憲法上の権利である。それらを基礎にして初めて大学の自治は機能する。しかし、このような憲法原理を無視して、教育を口実としてこれらを押さえつけてきたのがこれまでの旧い大学自治であった。憲法の基本的人権条項や教育への権利条項も大学の門前で立ち止まっていたのである。これを打ち破り、さらに進んで、大学の教育と研究の発展にとって、学生の権利や自治、教育・研究参加、運営管理への参加をどのように構築し発展させるかが問われ、学生の大衆的闘争を受けてやっと大学当局がこれを認めたのである。

これに対し、自民党政府と文部省はこれを認めないという姿勢を堅持し、東大当局にその廃棄を迫った。自民党文教合同部会中間報告「東大紛争と大学問題について」（一九六九・二・三）と文部省『「確認書」についての見解」（六九・二・八）がそれである。[4]

前者は確認書が「東大の全学部の教授会及び評議会と学生自治会の双方から承認されれば、この確認書は大学に関するあらゆる法令や慣行に優先するところのいわば大学運営の憲法となり、これがやがて全国の国公私立大学の憲法となるようなことにでもなれば、その結果は、日本全国の大学という大学が、ことごとく、共産主義革命の一大城郭となる危機をはらんでいるものである」という虚実織り交ざった見解に立っていた。「共産主義革命」を「民主主義」に置き換えれば論旨が鮮明となるだろう。「教授会の自治」は彼らの大学支配の要石でもあったのだ。そして確認書の問題点として①教官人事に対する学生の不当な介入、②学生懲戒権の放棄、③学園の治外法権化、④学生参加による大学の管理運営の歪曲、をあげた。

後者も同じ立場から、確認書の問題点として、「学生に対する懲戒処分権の制限が大学の教育上・管理上の無責任体制と化すこと」そして、学生自治組織に団体交渉権を認めたり、学生・院生・職員に「固有の権利」を認めたりすることが大学の管理運営への参加を意味するならば、大学制度及び大学の自治の根幹に触れる重大問題であって、矢内原三原則の廃棄も同様の問題である、というものであった。

このような「旧い大学」への固執というのが政府・自民党の対応であった。そのために東京教育大学と合わせて入試中止という暴挙を企て、挙句の果ては「安田講堂攻防戦」まで演出して大学当局を孤立させて、東大確認書に対する社会的支持を失わせた。

だが、全国的には東大確認書の理念に基づいて、横浜国立大学確認書（一九六九・一〇・二）、奈良医科大学管理運営機構改革準備委員会合意事項（一九六九・九・一九）、「島根大学文理・教育学部学生自治会と島根大学当局との大衆団交による確認事項」（一九六九・七・二九）を初めとして、学長選挙への参加規則や学部学科の管理運営規則の改定や新設等の動きが進んだ。浅井健次郎、湯川秀樹等四五名の京都大学教官研究会有志の「大学改革の討議の呼びかけ」もこうした発想に立つ。このような動きの全国的波及の恐れが先ほどの自民党・文部省の攻撃的態度の背後にあった。

大学の進路を問う闘争　筑波移転反対・新構想大学反対闘争

東大闘争を挟んでほぼ七年間にわたって継続された東京教育大学の「筑波移転反対闘争」は、教授会の自治や学生の自治を蹂躪し警察力を導入して粉砕された。文学部教授会は最後まで反対したが、その意思は「学部エゴ」として切り捨てられた。ここでは旧い大学の自治すら乱暴に蹂躙された。その過程の延長上に筑波大学が成立したのである。

したがって、移転とは名ばかりで、実質は「東京教育大学の解体・筑波新構想大学の設置」であった。

事実として筑波大学の開学（一九七三年）、東京教育大学の閉学（一九七八年）という両大学併存の時期があり、教員団も移転したのではなく、筑波大学の新規採用であり、多くの教員が他大学に移行したり、筑波大学の採用を拒否されたりした。

こうした暴挙に反対した教員・職員・学生は多大な犠牲を払った。家永三郎が指摘するように、それは戦前の滝川事件や河合事件をも上回る政府による大学自治侵害事件であった。

一九七三年の筑波大学法案（国立学校設置法の一部改正法）は、国立大学の特例として、学部・学科、教授会のない新構想大学設置法であった。新構想の大学の特徴は、「広く大学と社会ないしコミュニティーの関係における公共性の確認、新鮮な教育課程の立案、伝統的慣習から離脱した新しい意思決定および管理システムの創出」であるとされた[5]。

こうして一九七〇年代半ば以降、日本の国立総合大学には二種類があることになった。一般の国立大学と筑波大学である。後者は新構想の総合大学である。筑波大学には教授会も学生自治会も生協も学生の自治寮もない。筑波大学設置以降、単科の新構想大学が設置されてきたが、独立法人化に伴う統合の中で、従来タイプの国立大学と新構想タイプの国立大学の融合が進んでいるのが今日の実情である。

「学生反乱」の意味するもの

東大闘争の対極にあるのが日大闘争である。東大や国立大学には制限付きながら、学生自治の制度と慣行が存在し、教職員・学生の運動体がそれを担保してきたが、マンモス私学の雄である日大では、自治と権利の極端な抑圧と暴力支配が日常化していた。その学内支配の手先が「体育会」や「応援団」であり、また、そこから採用された職員であった。

日大生にとって頼るべき大学自治はどこにも存在しなかった。あるのは学生会という互助団体であり、それすら大学当局に依存していた。したがって、個人参加の闘争組織しかよるべきものは存在しなかった。「大学封鎖」や「バリケード戦術」というそれまでの学生運動には存在しなかった『戦術』が登場したのも理解できよう。この日大闘争が東大闘争と連携するのは相当に難しい。しかし、これを結びつけたのが「大学解体」のスローガンであった。

東大のようなエリート大学の学生の「大学解体論」（エリートの危機感に支えられたアイデンティティ喪失の予兆）と非エリート大学学生の「大学解体論」（無視や存在の不承認に対する怨念や抗議）とは位相が異なる。東大はエリートの養成大学であり、そこで「自己否定」が出てくるのはある意味では理解できる。それが、このまま生涯にわたってエリート性を維持できるのかという危機感の先取りなのか、あるいは、逆説的にさらなるエリート化の要求なのかは定かではない。

したがって、ある程度の自治の実績を持つ国立・私立の大学で大学封鎖戦術を行うのは自殺行為となるのだが、それにもかかわらずそれをやったのは、運動の手詰まりに焦っていわば無権利の「遅れた大学」の水準で闘ったのである。それは大学闘争を他の政治目的のための手段と考えるかあるいは大学闘争と他の闘争を並列的にとらえる発想の産物であって、その根底には民主主義闘争に関する不理解・蔑視と労働組合・市民の支援に対する不信感があったからだ。

彼らがしきりに宣伝した「内なる大学の粉砕」とか「異議申し立て」「自己否定」などは自己の実存の解放としては理解できるが、現実の運動の主要な目標となるものではない。いわば闘争の展望を見失った

「内向化」の産物に過ぎない。この暗さや内向化の思想的根源は反近代やポスト・モダンでは切り取れない。むしろそれらの発想に後から逃げ込んだというのが実相に近い。

（三）　学生の政治的・社会的活動

大学・学園闘争のすさまじいエネルギーを大学・学園内の矛盾の激しさだけに求めるのは正しくない。その逆の発想も同様に正しくない。大学・学園闘争を社会的政治的運動の基盤づくりと見る見方は一面的である。むしろ社会的政治的矛盾に対する問題意識が大学内の矛盾の克服を目指す運動のエネルギーに転化したことを認めるべきであろう。

ベトナム反戦闘争、日韓条約反対闘争、安保自動改訂反対闘争、沖縄返還協定反対闘争、原水禁運動

ベトナム反戦運動が本格化するのは、一九六四年の米軍による北爆開始以降である。日本におけるベトナム戦争反対運動は、一般的な世界平和擁護運動に留まるわけにはいかなかった。もちろん、アメリカ本国における「良心的兵役拒否」（当時は徴兵制度であった）とは深刻度は異なるが、日本、とりわけ沖縄が米軍のベトナムへの出撃・補給基地となり、横須賀や相模原など日本の港湾や軍需工場がその兵站基地（修理・補給）になっていたからである。

日米安保条約、地位協定の下で、米軍基地や軍属は治外法権状態であった。今日でもそうである。そのうえ、朝鮮戦争がそうであったように、日本はアメリカによる「熱戦」を利用してその経済的基盤を拡大した。したがって、それに抗議する闘争はいきおい原水爆禁止や沖縄の無条件・即時返還、片面的な日韓条約締結反対、日中韓を含む東北アジア諸国との友好促進運動とならざるを得ない。反共・対米従属を国是とする戦後日本の外交・安保政策・経済成長政策との対決であった。

学生の社会活動

学生は大学の所在する地域において、自主的な社会貢献活動を活発に展開した。学生セツルメント活動、学生部落解放運動、学生日中・日朝友好運動は特に活発に展開された。中でも学生セツルメント活動は、最盛期には六〇団体四〇〇〇人の学生セツラーが活動していた。一九五〇年の東大セツルメント設立に始まり、一九五五年には全国セツルメント連合が結成され、それは一九八八年の解散まで四〇年余にわたり、地域社会の生活改善・文化・学習活動の支援を行った。

（四）学問・文化・自己教育活動

全教ゼミ（全国教育系学生ゼミナール）運動は、将来教師になることを目指す学生や教育学研究を目指す学生が全国から集まって、子どもと教育について学ぶ、学校の垣根を超えた一連の自主ゼミ活動であった。一九五四年の第一回大会から一九九九年の第四五回大会まで二〇〇〇名から三〇〇〇名の学生が年に一度の全国的研究交流集会を行っていた。地方圏ごとの大会もあった。

「国民のための大学と教育の創造を―すべての教育系学生の広大な統一の中で―」というテーマが掲げら

れた時期が十数年続いた。単に教育について学ぶだけではなく、子どもたちが豊かに成長できる社会を作るための運動としての場でもあり、そのために自らができることの模索や政府への働きかけが一九八〇年代まで一貫して引き継がれた。これは未来の教師を目指す学生の自己教育運動であった。

アメリカ最大の教職員組合であるＮＥＡ（National Education Association）は二四〇万の教職員を擁する組合であるが、その学生会員は公称一〇〇万人である。専門職組合がその後継者の教育やその訓練（プレ・サービス・エデュケーション）に根本的利害を有することは自明なことである。日本の場合、それらがすべて国家の占有する機能となってきた。クラフトマン的な医・教（教員養成）、農のような専門職（必ずしも一般エリートではない）の教育・養成原則が解明・発展されてよいはずであったが、日本の大学・学部はこれに目を向けなかった。専門職団体や労働組合もこの視点を持たなかった。

このほかにも医ゼミ（全国医学生ゼミナール）、日農ゼミ（日本農学系学生ゼミナール）等が存在した。問題は大学が学生の意欲を喚起し、学習や研究を発展させるような仕組みや刺激を用意できたかどうかであり、その不全を問い、充実改革を求めたのがこれらの自主ゼミナール運動であった。

（五）　生活と権利擁護の取り組み

大学生協や学生寮委員会は学生の生活と権利を守る学生主体の運動であった。法政大学・広島大学にいた社会学者の芝田進午は「学生運動の弁証法」という論文を書いて、学生は「学生であろうとすると学生であるな」という圧力を受け、「学生でなかろうとすると学生であれ」という圧力を受ける矛盾の中に置かれていると表現した。前者は経済的貧困により学生生活に専念できない状態を指し、後者は企業や官公庁の差別により就職できない状態を指していた。

これは大学教育機会の矛盾を指して言っているのだが、学生という地位、つまり大学教育機会は、授業料・納付金等の直接的教育費、自己の生計費の他に「機会費用」である学生の「放棄所得」を家庭や社会が補填できなければ成立しない。

ここで言う「機会費用」とは、「労働等の生産要素を特定の用途に利用することについて、(その特定分野以外の)他の分野に投入したならば得られたであろう最大の貨幣額」をいう。例えば、大学に進学する機会費用とは大学に進学せずに働いた場合の給料などである。大学に原則として四年間通うことは高卒として働くことから得られるはずの所得を失うことを意味する。これを「放棄所得」という。

当時の日本経済は新規労働力の大規模な需要に伴う直接的教育費・生計費・放棄所得というこれらのコストをもっぱら個人やその家庭に負担させた。これらの矛盾を引き受け、その軽減、生活と権利の保障のために闘ったのが、学生生協運動(全国組織は全国大学生活協同組合連合会)であり、学生寮の改善・拡充に取り組んだのが寮運動(全日本学生寮自治会連合)であった。

学生にとって教育機会が真に成り立つためには、上記の経済的コストの他に、教える側と教えられる側の意欲と学習の文化及び平等で民主主義的な学校と社会の制度が必要である。このいずれかで問題(不足や不全)があれば、教育機会は十全に機能しない。学びに値するカリキュラム、学習・研究意欲を喚起する指導体制、学んだ成果を適正に評価し受け入れる企業や公共団体が存在しなければ、教育機会は空洞化する。そうならないために大学の学習文化、内部編成、企業・公共団体の採用方法の改革が必要となる。

総じて言えば、大学教育の質的転換、大げさに言えばそのエリート主義からの転換、個人主義的な利欲的達成動機（D・ドーア）からの離脱、個人競争主義からの脱却を内面から推進する運動であった。大学教育機会を社会移動（多くは上昇移動）の手段と考える伝統的発想から決別して、自己実現と人格の完成、教養と専門性の新たな統合を目指す新しい大学創造の運動であった、と言えよう。

二　学生運動高揚の背景

（一）学生の要求や課題

学生側はいかなる要求や課題を提起して大学闘争（狭義）を闘ったのか。永井憲一「大学紛争原因の分析[6]」や全学連「全国学生の文部省に対する当面の要求[7]」を参照して整理する。永井によれば、学生の要求は大きくは四つに分類できるという。

第一は「大学の管理運営の民主化ないし大学における学生の教育を受ける権利の実質的保障に関する要求」である。具体的には、学生処分制度撤回、学生会館・学生寮の自主的管理・運営、学生の自治活動の承認、大学の経理不正や不正入試の批判、授業料値上げ反対、父兄会費・後援会費の公開要求等である。

第二は、直接的には大学へ要求されるが、それが政府の文教政策や行政への抵抗として出されるものである。具体的には、学芸学部から教育学部への改変反対、大学の移転・統合への反対、医師の登録研修医制度反対、警官立ち入り、機動隊導入反対、学生部の解体等である。

第三には、日米安保体制下の大学における特有の問題に対する要求である。具体的には、米軍の研究費資金導入反対、産・軍・学協同への反対、自衛官入学拒否などである。

第四には学生の教育を受ける権利、あるいは学問の自由についての権利意識に基づく要求である。具体的には、カリキュラム要求、大学の管理運営への参加の要求である。

（二）教育機会拡大の矛盾

第二次世界大戦での敗北・連合国軍による占領の下で、戦後の新学制が発足した。国立大学に関しては、大都市集中を避け、高等教育機会の均等化を図るために、一府県一大学を中心とする一一原則が定められ、旧制の高校や専門学校及び師範学校を統合した総合大学を中心に七〇校が一九四九年度に新発足した。

また公立大学一七校、私立大学八一校も同時に発足した。なお短期大学は暫定措置として一九五〇年度から発足している。敗戦時の主な高等教育機関在学者は旧制大学約八万人、師範学校五万六千の総計一三万余であるが、大半は学徒動員で戦場に駆り出され、教育機会は荒廃していた。その後の復興・大学教育機会の動向を入学者数に限ってみることにしよう。（『文部科学統計要覧』二〇一一年版、千の位を四捨五入）

	大学	短期大学	一八歳人口	進学率（%）男	女	総計
一九五五年	一三万二千	三万八千	一六八万二千	一三・三	二・四	七・九
一九六〇年	一六万三千	四万二千	一九九万八千	一三・七	二・五	八・二
一九六五年	二五万〇千	八万一千	一九四万八千	二〇・七	四・六	一二・八
一九七〇年	三三万〇千	一二万七千	一九四万七千	二七・三	六・五	一七・一

一九八〇年	四一万二千	一七万五千	一五八万〇千	三九・三	一二・三	二六・一
一九九〇年	四九万二千	一七万八千	二〇〇万五千	三三・四	一五・二	二四・六
二〇〇〇年	六〇万〇千	二三万五千	一五一万一千	四七・五	三一・五	三九・七
二〇一〇年	六二万〇千	七万二千	一二一万四千	五六・四	四五・二	五〇・九

（注記）ここで「大学」とは四年制大学の学部を短期大学は本科のみを指す。一八歳人口とは三年前の中学校卒業者数及び中等教育学校前期課程修了者数を指す。

入学者数は一九六〇年から一九七〇年にかけて二倍増、その後も一〇年で一〇万人ずつ増えていることが分かる。表にはないが、団塊の世代（第一次ベビー・ブーマー世代）が一八歳に達した最初の年である一九六六年の一八歳人口は二四九万人でこれが一九六九年まで四年間続く。

一八歳人口に占める当該年度の大学進学者数は大きな男女格差を呈しながら、一九六二年に一割を超え、一九七二年には二割を超えた。このような増加は性や資産・居住地などの属性を反映し、また社会的条件の有利な家庭の出身者から大学教育機会が開放された過程を包み込んでいる。

先にも触れたように、大学の教育機会は、授業料・納付金等の直接的教育費、自己の生計費の他に「機会費用」である学生の「放棄所得」を家庭や社会が補填できなければ成立しない。しかしそれらと同時に、教育の機会が真に成立するためには、学生の意欲と学習の文化そしてそれらを成立させる民主主義がなければならない。

第一の学費等であるが、一九六八年度の数値で示せば、授業料（国立大学は年間一万二千円、私立大学は平均して八万三千円）、入学金等（国立大学は四千円、私立大学は一四万一千円）となっていた。後で示すが、私立大学がその割合を増大させる中で、最も大量に教育機会を提供している私立大学が最も経費の掛かる教育機会となるという結果を招いた。

第二に生活費であるが、その負担は家庭の所得に負わざるを得ない。当時の文部省大学学術局の笠木三郎学生課長の論文[8]によれば、「一応仕送りだけで生活できると考えられるものは、家庭の所得が一五〇万円以上の階層である。それは全学生のうち約二割である。八割の学生は所要の学生生活費の不足をなにかで補うことになるが、年収六六万円未満の家庭の出身者である全学生のうちの約三割が相当無理をして仕送りしていると考えられるのに、仕送り額は学生生活費の七割に達していない。特に、家庭の所得が三〇万円未満の学生においては、家庭からの仕送りは学生生活費の半分に満たない」という状況であった。

当時の国立大学学生の出身階層は「年間所得四二万円までの層で一一・二％、四二〜一〇二万円層で五七・三％、一〇二万円以上三一・六％」（自民党文教制度調査会資料『大学問題を検討するにあたって』（一九六八年九月一八日付）という数値もあるから、国立・私立を問わず、八割程度の学生が仕送りの不足を奨学金やアルバイト（内職と言われた）で補うほかはない。奨学金の受給者は全体の二割にしかならないから、残りのものは内職に頼るしかない。

前掲笠木論文に、学生生活を営むために経常的に内職しなければならない必要度を調べた調査が紹介されている。それによれば、「内職不可欠者」（内職をしなければ学業の継続が困難なもの）は全学生の八％、「内職必要者」（内職をしなければ生活に不自由するもの）は二九％で全学生の三七％を占めていた（一九六五年度の学生生活実態調査による）。この調査では国公私立を含めて全体の六割の学生が何らかの形で内職をしていることが明らかにされ、それを「学生のレジャー志向」と揶揄する向きもあったが、教材費や実習・実験経費・研究費の負担もその中に含まれていたであろう。

要するに、「学費等」と生活費の相当割合を、働きながら自己負担しなければ教育機会を享受できなかったのである。当然ながら二部（夜間部）の学生はそれらをほぼ全額負担していたことは言うまでもない。

第三に放棄所得の問題であるが、これを強引に引き付ければ、「機会費用」となるのだが、日本経済が学齢層を徐々に高度化し、二〇歳前半までその労働力を求めず、全体として補填できるという状況は一挙に訪れたのではない。当時においても同一年齢層の大部分は中卒高卒の若年労働力として、直接的ではないが、大学進学者の教育機会を支えていたことになる。もちろん個別的に見れば、内職をして「実家に逆仕送りする」学生も存在したことも事実であるが、それでもその教育機会は労働階級の生産力に依拠していたのであって、このことに自覚的であるかどうかはその教育機会の質の深化に関わる問題であった。

戦後日本の経済は戦争の遂行と敗戦によって壊滅的打撃を受けたが、対米従属体制の下でおよそ一〇年ごとに二倍増という経済成長を達成した。一九四五年を起点とすれば七五年までの三〇年間に二の三乗倍増（八倍増）、八五年までに二の四乗倍（一六倍増）という驚異的な高度経済成長を達成した。ＧＮＰで国民一人当たり平均一万ドルを超えたのが一九八四年である。

こうした高度経済成長はそれを担う技術・管理の要員を大量に必要とする。その担い手を創り出したのは、戦後改革により民主化・大衆化された学校制度であった。そこで民主化された学校は人材リクルートの主要な水路となった。その結果として、学生数（在学者数）も驚異的な増加を示した。放棄所得補填の経済的基礎はここにあったのだが、それを「機会費用」と矮小化し、もっぱら受益者が負担しなければないとして、これを家庭や個人に背負わせたのが「教育投資」のイデオロギーであった。

教育を「公共財」とみなす思想が薄弱であったのである。豊かに教育された国民が民主主義の国家や社会の共通資本であるという認識と思想が薄弱であった。教育投資の発想に反対し、権利としての教育機会を確立する運動は、大学教育の質的転換、大げさに言えば、そのエリート主義からの転換、個人主義的な利欲的達成動機（ドーア）からの離脱、個人競争主義からの脱却を内面から推進する運動でもあった。そしてまたそれは、大学教育機会を社会移動（多くは上昇）の手段と考える伝統的発想との決別でもあった。

第四には教える側と学ぶ側の双方の意欲と文化の問題である。D・ドーアのいう利欲的達成動機にせよ、利他的達成動機にせよ、学生は学習意欲をもって入学する。だが意欲だけでは機会は充実しない。豊かな学習文化が存在しなければならない。戦後の教育改革によって、単線型の学校体系が形式上は整備されたが、それに見合う学習文化の形成はよく見ても同時並行、実際はその形成が遅れた。

学校階梯が上に上がるにつれて、相変わらずの督励主義・鞭撻主義・競争主義が残存し、学生の自主性や協働の文化の形成は遅れがちであった。戦後の学校制度の民主化はその階梯の下部から進行し、上部になるほど停滞した。それとの衝突が学生運動であったとも言える。

第五は、大学が以上の四つの課題に対応した制度や条件を整備し、学生の学ぶ要求や進路開拓のための課題にこたえるものとなっていったかどうかである。大学は研究者養成では一定の実績も条件も具備していたが、専門職養成においては全く準備や体制が整っていなかった。医師や法曹職、教師について国家の資格制度と結びついていくらか整備されてはいたが、大学における専門職養成論が未確立であり、技術職やさまざまな専門職の養成を大学としてどのように行い、社会・国家の資格制度と調整するかは全く不備であった。

国立大学の学部構成だけを調べると、その七割が医師、教員、技術者などの専門的職業人の養成を目的としていた。この専門的職業人のゲートキープ機能も大学の主要な役割となっていた。学生は研究者になるためだけに入学してくるのではない。そしてまた一般エリートになるためだけに入学してくるのではない。ここには大学の質的転換という問題が存在するので、節を改めて、大学の大衆化という視角から取り上げることにする。

三　大学の大衆化と大学の岐路

戦後教育改革の中で大学教育機会も大幅に拡大の道が用意された。これを大学教育機会の大衆化、略して「大学のマス化」と呼ぶ。マーチン・トロウのいう大学のエリート化（同一年齢層における大学進学率一五％）の段階からマス化（同一五〜五〇％）の段階へ制度上は突入したのであるが、実際は四〇年の時日を要し、その後二〇年経過した二〇〇〇年にはマス化の段階からユニバーサル化（同五〇％以上）の段階へ移行したのである。もちろんこれは理念型だから、併存状況も存在する。

（一）　エリートの大学から大衆の大学へ

教育機会は希望する側の要求だけではなく、提供する側の配置策で決定される。戦後の大学は、先の戦争の必要によって生み出された多数の中等後教育機関の整理・統合の結果として出発した。旧制高校三九校、専門学校三三五校、大学八〇校、師範学校五五校を整理統合して、国立大学六九校、公立大学一八校、私立大学八七校が新制大学として発足し、他に短期大学一四九校が加わった。

設置者別学校数・在学者数は別表の通りだが、私立大学の増とその速度を上回る在学者数の急増が理解できる。私立大学は一九五五年からの四〇年間で学校数は一二二校から四一五校へと三・四倍増だが、学生数はこの間に三一万人から一五五万人へと五倍増である。そして国立大学の理工系偏重（一九九九年度で五六・四%）、私立大学の文系偏重（同年度で七二%）が示す通り、劣悪な教育環境の改善が私立大学とその学生の重要な課題であった。

設置者別学校数・在学者数

	国立		公立		私立		
	学校	在学者	学校	在学者	学校	在学者	（私立の学生の割合%）
一九五五年	七二	一八万六〇五五	三四	二万四九三六	一二二	三一万二三六四	五九・七
一九六〇年	七二	一九万四二二七	三三	二万八五六九	一四〇	四〇万三六二五	六四・四
一九七〇年	七五	三〇万九五八七	三三	五万〇一一一	二七四	一〇四万六八二三	七四・四
一九八〇年	九三	四〇万六六四四	三四	五万二〇八二	三一九	一三七万六五八六	七五・〇
一九九〇年	九六	五一万八六〇九	三九	六万四一四〇	三七二	一五五万〇六一三	七二・七
二〇〇〇年	九九	六二万四〇八二	七二	一〇万七一九八	四七八	二〇〇万八七四三	七三・三
二〇一〇年	八六	六二万五〇四八	九二	一四万二五二三	五九七	二一一万〇八四三	七三・四

単線型の学校制度が定着し、高校進学率が五〇%を超えるのが一九五五年、七〇%を超えるのがその一

〇年後であり、これらを受けてようやく大学進学率が急上昇する基盤が形成されるのであって、一九六〇年の大学進学率は一割にとどまっていた。

数が増えれば質が落ちるというおかしな常識（錯覚）がかつて存在し、今もなお存在する。大学にひきつければ、大衆化したら、すなわち、学生数が増えたらその水準（学力、時には人格も含めて）が落ちるという言説となる。いわゆる「水増し」論である。

その歯止めの措置として、入試を厳格化し、格差的に大学教育機会を配置し、その延長として大学の種別化を行うという大学種別化政策が登場し、大学を高等教育機関と言い換え、さらには中等後教育機関とか第三段階教育機関と言い換えて、受験競争を下級段階の学校に押し広げてきた。このようなやり方は、大学と教育の大衆化に逆行し、大学と教育の形骸化を招く。教育する側と教育される側の双方の努力を促すことをやめてただ格差的に教育機会を配置するやり方は、際限なく「負け組」を作り続け、学校での失敗を社会での失敗につなげる政策である。

（二）大学の大衆化と教養・専門教育の改革

大学大衆化の先鞭をつけたのはアメリカであり、それは第二次世界大戦の終結の直前であった。ヨーロッパの大学が単一科目並列提供型（single-subject-model university）であるのに対して、アメリカの大学はリベラル・アーツ大学（liberal arts paradigm university）を作ってきた。幅広い人文・社会・自然の諸科目や総合科目を設けて、そのうえ、少人数教室のプレゼンテーションとディスカッション、レポート課題の提起・提出・添削を繰り返すという手間のかかる学習スタイルがアメリカの大学教育の一般的方法である。このような教育は、教育方法・人員・施設・経費の面で金がかかる。

このような教養重視の大学の在り方は、一九四五年のハーバード大学の一般教育（ジェネラル・エデュケーション）の改革に始まった。その前年の一九四四年七月に復員兵援護法（現在のものの前身に当たる一九五六年までの旧復員兵援護法をさす。通称でG・Iビルと呼ばれる）が成立した。第二次世界大戦の終結を見越して、大量に動員した兵士の復員後の処遇が問題となった。何もしなければ復員した若者によって、社会に大量の失業者があふれかねない。兵役者優先雇用制度で救済できる数は少ない。

教養教育論や学習社会論で有名なシカゴ大学のハッチンス総長は反対、総合制ハイスクールの擁護論者として有名なハーバード大学のコナント総長は賛成というわけで、全国の大学を巻き込む論争となった。最終的にハーバード大学の意見が通り、全国の大学としては、これまで引き受けたことのない、いわば非正規の、したがって、非伝統的学生を受け入れることになった。これがアメリカの大学大衆化の契機である。

帰還兵一六〇〇万人中二二〇万人がこの制度の下で大学へ進学した。一九四七年度入学生の中で四七・二％を占めたという。これらの復員学生には政府から教育バウチャーが支給された。すでに結婚したり、家庭を持ったり、社会経験の豊富な学生だが、大学教育の準備は意欲も含めてできていない。これで大学キャンパスの風景が一変した。学生と教員の関係も変わる。この世代がアメリカ大学史上「華の四九年卒業生」と称されて、ノーベル賞に何人も輝いた世代であり、アメリカ大学史上では有名な話である。

そこで、教養教育が大学にとって必須の課題となった。日本では市民（国民）教育の必要上、大学の教養教育があるように解釈する向きもあるがそうではない。大学という専門職業人を養成する場で、それにふさわしい高度な教養教育が必要ということになった。専門的知識や技能はいわば「凶器」である。その「凶器」を扱う人間は、それを善用しなければならない。そのためには、自己を育ててゆく教養が必要である。教養なき専門人の悪弊は歴然としている。したがって、大学は「教養ある専門職業人」を養成しなければならない。これが大学のマス・大衆化段階に対応するアメリカの大学の挑戦であった。

戦後日本の大学（新制大学）はどうか。戦後日本の大学はドイツ型の旧制大学から脱却して、アメリカをモデルとした大学づくりを目指して、学部段階では教養教育（一般教育）を重視した専門教育を狙いとし、高度専門教育は大学院に譲ることにした。

しかし、学部ごとに入学者選抜が行われ、教養教育は大学の一、二年次の教育とされ、四年間で幅広く学問と人間を学ぶという教養教育の趣旨は定着しなかった。国立大学においてすらマスプロ教育、貧弱な語学教育が行われ、学生の不満はここで爆発したのであった。学生の「教養離れ」はこれに応えなかった政府と大学の不作為責任である。

他方、高度専門教育は当初から六年制教育であった医学系や科学技術教育の要請に応じる高度専門教育に対応した理工系の大学院の充実策を除いては、ほとんど手が付けられなかった。大学院（プロフェッショナル・スクール）の整備をさぼったのである。一挙に整備ができなくても、専門職教育のために学部教育課程においてゲートキープを行うことはできたはずであるが、これもしなかった。教職課程の受講すら学生の自由に任せた。今でもそうである。

一九六〇年代の学生運動を担ったのは「戦争を全く知らない」世代であるが、その前半部分と後半部分では差異がある。機械的には言えないが、前半部分は「戦後民主教育の申し子」であって、後半部分はいわゆる団塊の世代（ベビー・ブーマー世代、日本では一九四七年から一九四九年生まれの世代）である。これらの層が大学に入学するのは一九六六年がその第一波で、同一年齢人口二四九万人、少年非行における戦後の頂点を創ったのもこの世代である。

この層が格差的な教育機会に反発し、大学教育機会の平等と質を要求して立ち上がったのである。これは戦後大学史上最初で最後の下からの教育改革の運動になるものであったが、大学や政府の対応はこれに正面から反発するものとなった。

四　新しい大学づくりの契機とその挫折

東大闘争は「全構成員自治」を切り口として、戦後の新制大学を名実ともに民主主義に基づく新しい大学への質的転換を目指す取り組みであったが、政府・支配層の頑強な抵抗にあって挫折した。日大闘争は私学の不作為と不正を問い、大学としての質的向上と転換を求めた闘争であった。教育大闘争は、旧い大学自治すら投げ捨てて、これを弾圧し、新構想という新しい種類の大学を、大学制度の国民的検討なしに強行的に作り上げる暴挙に反対する闘争であった。

政府・文部省は東大の取り組みのような大学の新しい進路の切り開きを妨害しながら、私学依存を強め、教育大における大学自治を踏みにじって新しい大学をつくるという異例の政策を実行した。それから五〇年弱が経過して、今の段階で総括するならば、運動体はどのような大学像を提起して闘うべきであったのだろうか。このことを考えるために、いくつかの柱を立てて考察する。

（一）学問の自由と大学の自治

大学は学問研究と教育の場である。これは一体でなければならない。このことに誰も異論はさしはさめない。学問の自由の核心は、ガットマンによれば「学問的訓練によって得られる真理装置に基づいて、不人気な結論に至ろうとも何人からの制裁の恐れなしに、現存する理論や既成の制度及び広く保持されている信念を評価する学者の自由である」[9]

そのためには、学者はその職務の条件として、学問的基準を遵守する義務を負う。大学もまた学者に対して不当な影響力を行使しないという義務を負う。これが学問の自由の制度的権利としての大学の自治の本旨である。これを簡略に表現すれば、大学は学問共同体であるということになる。

ドイツの大学が集団としてあるいは民主的に選出される管理者を通じて管理運営を行う学者の自治（教授会の自治）であるに対し、アメリカの大学は素人の管理委員会とそれによって選ばれた行政管理職員によって運営される大学の自治である。したがって、ドイツ的文脈では、学問の自由は学問的環境を集団的に統制する権利に直ちに発展させられるのに対し、アメリカ的文脈における学問の自由は素人の管理委員会に対抗する教授団の抵抗・防御という意味合いを持つ。管理委員会が社会と政府に対抗して（時には共同して）学問の自由を守る限りではこれと共同するが、その限りでない場合はこれと闘うというのがアメリカの大学における学問の自由の現実である。

日本の大学の自治はドイツ的文脈において理解される。すなわち学問の自由の制度的保障が教授会の自治であり、学者（あるいは学者によって選ばれた学者）が大学の管理運営を規律することによって学問の自由を保障するというのが戦後大学改革の立法理念である。一般に「象牙の塔」と呼ばれる大学像を前提とする。

しかしながら、大学の自治・自律が機能するためには物質的・社会的依存と人的精神的独立との均衡が取れていなければならない。日本の大学の七割を占める私立大学はその財源をもっぱら学生の自己負担（受益者負担といった）と企業からの寄付金に頼った。国立大学は国立学校特別会計制度の下で、授業料こそ相対的に低く抑えられたが、格差的に措置される国の経費の下で柔軟性を失っていった。

人的精神的独立はどうか。産学共同や軍学共同と呼ばれる外部研究資金や個別の委託研究・コンサルタント契約などに対する批判は、それが学問的基準を侵害する恐れのある外部からの干渉であるからである。学問的基準や倫理性の確立なしに、外部資金依存に傾斜するならば、結局「金を出す側の要請」に応じた研究しかできなくなる。ここに不正がなくても大学としての学問研究の正統性を社会が信任しなくなる。

六〇年代の学生運動は、このような意味での学問共同体の内発的発展を下から推進する取り組みであったが、学問の自由の恣意的な解釈とそれを擁護する旧い大学自治を突破することはできなかった。

（二）　大学の社会的機能と大学の自治

大学はその発足当時から、学問研究とその教育のほかに、多くの社会的機能、とりわけ専門職のゲート・

キーパーとしての役割を担ってきた。すなわち、将来の専門職業人を選抜し、これを教育・訓練する機能である。その意味で、大学は当初から学問研究と職業人を養成・教育するという二大機能を有していた。大学大衆化の原動力は、日本社会の民主化・大衆化による教育された国民・専門職業人の養成と学問の自由を基にした知的学問的社会貢献であった。

今日ではこれに高度な研究開発という機能が付加され、さらには下級教育機関の不足・不備を補う補償教育の機能、果ては社会の均衡ある発展を担うサービス・ステーション機能も負わされている。

現行の学校教育法では、第八三条で、それまでの大学の目的を規定した第一項に加えて新たに第二項が付加された。すなわち、第一項は「大学は、学術の中心として、広く知識を授けるとともに、深く専門の学芸を教授研究し、知的、道徳的及び応用的能力を展開させることを目的とする」と従来のままだが、第二項は「大学は、その目的を実現するための教育研究を行い、その成果を広く社会に提供することにより、社会の発展に寄与するものとする」とされた。

こうした機能の追加に伴って、大学をその機能ごとに重点化する「特色づくり」や「重点化」、そして種別化が政策的に誘導されてきた。果たしてそれは大学の大学たるゆえんを保持するものであるのか。実は、六〇年代の大学闘争において、このような専門職業人の養成と教育の内容や制度のありかた、そして大学の社会的機能の増大という要請にどのように対処するのかという観点が欠落していた。新構想大学は論外としても、社会の高度化や情報化に対応する大学の新しい機能についてこれを拒否するのか、あるいは受け入れるとして、それはどのような形態や方法で可能かを検討する視点がなかった。これらは「後の知恵」というかもしれないが、内発的な課題として、未分化ながら提起されていたのではないかと思われる。

（三）専門職の選抜と教育に——大学における専門職養成教育

全教ゼミナールや医学ゼミなどの大学をまたがった学生の自主ゼミナール運動は、目的的専門職形成のための自己教育活動であった。それは一般的なエリート養成教育を求めたのではなく、社会的に有用な、いわば国民のための専門職教育を求める運動であった。本来これらは、大学の教育課程の中に埋め込まれ、それとの緊張関係を持ちながら発展するべき性質のものであった。当然ながら、学生だけではその養成・訓練が完結するものではない。社会における専門職団体との連携や大学における専門職養成課程の充実が必要である。ところが大学の教育課程は専門職の資格制度が整備されている場合を除き、大学における学士取得と所要の教育課程の修了を必要としただけであった。

保育士、教員、弁護士、医師にせよ、専門職の養成はその専門職自体を善（絶対的価値）として教育・養成しなければ成り立たない。専門職が下から（社会自体から）生まれ、その後から国家の承認（国家公定の資格）を得てきた他の国とは異なり、最初から国家資格（当初は大学・専門学校卒業資格）となってきた日本では、国家の制度という側面が強いという事情もあり、養成教育＝資格教育＝国家試験合格という図式が一般化してきた。資格教育は、最初から専門職擁護（プロ資格、資格賞賛）が大前提であった。

ところが、資格批判（反資格＝コン資格、コン専門職）の立場に立つ教養と教育がなければ、専門職の教育も骨化・形骸化する。大学レベルにおける資格教育・専門職の養成はこの両面（プロ教育とコン教育）を合わせて行うのがその眼目である。いわば批判専門職教育と反批判専門職教育の併存である。近年の法曹教育や教師教育の混乱の基は、こうした大学における専門職養成教育の原理を踏み外したところにある。

おわりに

当時の学生運動は、戦後日本において第三番目の頂点を迎えた時期であった。運動内容でいえば、戦後日本で最大と言ってよい。この運動を担った意識や文化を探ることは難しいが、少なくとも、そこにはフライによれば「自己の世代の力への限りない信頼、世界は改変可能であるとの壮大な期待、そしてユートピアと新しい人間への信仰」という理念が根底にあったことは疑いがない[10]。これは日本だけではなく、世界的動向であった。

フライはこの運動が暴力を伴ったことにも触れている。いわゆる「左翼テロリズム」の問題である。彼によれば、「左翼テロリズム」を第二次世界大戦期のかつての枢軸国に固有の問題として理解すべきかについては、当時既に議論が盛んだったという。日本、イタリア、ドイツの運動体がそれらの国の負の遺産の継承と克服という歴史的課題を担いながら、運動を進めなければならなかったという指摘は正しい。

暴力を運動側だけに限定してとらえるのは正しくない。どんな些細な運動でも警察の暴力、社会の体制化された監視・看護との緊張関係が存在した。暴力は負の遺産であるが、その否定は大学の内外における民主主義と人権の闘争なしには達成できない。トニー・ジャットが指摘するように、一九六〇年代を世界史の視座から見れば、また異なる側面が現れる[11]。

「一九六八年から一九七五年にかけては、二〇世紀後半が展開する蝶番となった時代である。いささか誤解を招きかねない言い方で『六〇年代人』（シックスティーズ）と呼ばれる反乱は、七〇年代の初頭にはその頂点に達し、公的な生活と言語の主流に組み込まれた」

二〇世紀中に急進主義思想の左翼的形態は潰え去ってしまった。われわれ「シックスティーズ」の作り上げたものは、文化的なものに押し込められ、生活スタイルと言葉にしか残らなかった。一九六〇年代の社会と大学の在り様をめぐるせめぎあいは、ひとまずは改革派・運動側の挫折と敗北という形で終わったが、その原因も含めて残された課題は今日でも形を変えて存続している。

注

1　小坂修平『思想としての全共闘世代』によれば「当時の全国の大学三七九校の中で、六八年一二〇校、六九年一六五校で闘争が起こり、その中で、バリケード封鎖や占拠闘争は六八年には三九校、六九年には一四〇校を数えた。学生数が多い学校のほとんどの大学闘争が起こるという状況だった」という。

2　「大学の自治と学生の自治―最近の学生自治活動に関して―」（東京大学）＝一九六五年一一月一日、国立大学協会学生問題特別委員会＝６頁

3　『「提案」をめぐる基本的見解』（一九六八年一二月二六日、東京大学総長代行 加藤一郎＝全学連中央執行委員会編『勝利へのスクラム』、新日本出版社、一九六九年三月、１９６頁～１９７頁

4　同『勝利へのスクラム』２４１～２５３頁

5　筑波新大学の在り方について」（筑波新大学創設準備調査会報告、一九七一年七月一六日、宮原誠一他編『資料日

本現代教育史』、三省堂、第三巻185～191頁

6　『法律時報』一九七〇年一月臨時増刊号所収

7　全学連中執「全国学生の文部省に対する要求」（一九六八年一〇月八日）
全学連中執編『大学問題資料集』（一九七〇年五月）所収

8　笠木三郎「学生生活の実態」（『ジュリスト』三四七号、53頁～）

9　エイミー・ガットマン『民主教育論』（神山正弘訳、同時代社、二〇〇四年）198頁

10　ノルベルト・フライ『1968年　反乱のグローバリズム』（下村由一訳、みすず書房、二〇一二年）213頁

11　トニー・ジャット『失われた二〇世紀』下巻（河野真太郎他訳、NTT出版、二〇一一年）214頁

第四章　職員組合としての東大闘争：東職東大闘争

佐々木敏昭

一九六八〜六九年に繰り広げられた東大闘争においては、東大の教職員も東大職員組合（現在、東大教職員組合と名称変更。略称は同じく東職）のもと、学生と連帯しつつ、職員の権利・地位確立と大学の民主化という固有の要求を掲げて闘ったことは案外知られていない。当時、学生・大学院生の総数が約一万七〇〇〇名であったのに対して、教職員は正規教職員約八九〇〇名、非正規職員数約一二〇〇名、総計で一万一〇〇名に達していた。東大の全構成員の実に四割近くが教職員であり、その中核として三五〇〇名の組合員を擁する東大職員組合が東大闘争の一翼を担うことによって、東大闘争の不可欠の要素を構成したのである。その固有性・独自性を明確にするためにここでは敢えて東職東大闘争と呼ぶことにする。本小論では、当時、東職の専従書記として東職東大闘争に加わった私自身の活動を振り返りつつ、東職東大闘争に至る過程、そして闘争の具体的内容を紹介しながら、その歴史的意義を議論したい。

六九年の東職総会で東大民主化闘争として規定したが、ここでは単に東大闘争とする。

一　一九六〇年代、高揚する闘いと東職の成長

六・一五事件：教員・研究者の身を張った闘い

六〇年代の闘いは六〇年安保闘争によって火蓋がきられ東職も積極的に参加した。そのなかで一九六〇年六月一五日の東大生樺美智子さんが亡くなった時、小雨の降る深夜に国会南通用門前で開催されていた「大学・研究所・研究団体」の集会に突然警官隊が襲い掛かり多数の負傷者を出したいわゆる六・一五事件が起こったのである（『六・一五事件前後—銀杏並木から国会へ』（東職、一九六〇年　参照）。教員・研究者が身を張って闘ったなかで起こされた六・一五事件後、負傷者を中心にした粘り強い民事裁判闘争に東職も積極的に取り組み、一九六八年一〇月、美濃部都知事が控訴しないことで勝訴を確定させた。

人事院勧告完全実施要求の賃金闘争：職員主体の組合へ

労働三権のうちストライキ権を公務員に付与しない代償措置としての人事院給与勧告（人勧）を値切ろうとする政府に対して、完全実施を要求する賃金闘争が六〇年代後半になると次第に高揚し始めることになる。特に国立大学においてはほとんどの職員の給与は教員給与以下に設定される構造（これは現在も基本的には同じ）であったので、人勧の完全実施は最低限の切実な要求として掲げられていた。こうして一九六五年一〇月二二日に給与アップの人勧完全実施実現等を要求する二時間の休暇戦術[1]による実力行使[2]を決行することが公務員共闘によって計画され、東職と東職を構成する単組（部局単位の組合）そして多く

の組合員が、この実力行使を成功させるための準備に未組合員とともに立ち上がったことはいうまでもない。私事で恐縮だが私（佐々木）も当時東大原子核研究所職組組合員として前日から泊り込み、実力行使に備えたが、要求実現への前進がないまま日教組本部から午前一〇時三〇分に「実力行使を中止し昼休み集会に変更する」という『中止指令』が出されために腰砕けに終わったのである。現場ではこれを日教組本部の「暁の脱走」として怒りをもって糾弾するとともに、この屈辱を忘れずに実力行使を打ち抜く確固たる決意を固めていった。

こうして六六年一〇月二一日、六七年一〇月二六日、六八年には東大闘争の最中の一〇月八日に早朝一時間の休暇闘争を敢行し、一二月一八日に第二波二時間休暇闘争を構える中で、「人勧八月実施の閣議決定を七月実施に変更させる」という歴史上かつてなかった成果を勝ち取ったのである。さらに一九六九年一一月一三日にはストライキ権剥奪下で初めてストライキを決行し、賃金カット二名、訓告五九名の処分を受けながらも七〇年代、八〇年代の全国的な賃金闘争へと発展させる道を切り拓いた。

人勧完全実施闘争から政府との直接交渉での本格的賃金闘争へ向かう大きな流れに東職が主体的に加わったことが、それまでは教官主導であった組合から職員が主体となって教員層と対等平等に肩をならべて団結する組合への転換を導いたのである。それは東職内では教員組合員を「先生」と呼ばないという習慣、というか文化を生み出した。こうして親睦的団体から要求をかちとる組合へと成長する土台がつくられたといえよう。

(三) ベトナム侵略戦争反対の多様な活動

アメリカのベトナム侵略に反対する闘争は、六〇年代、全国津々浦々で草の根的にとりくまれた。東職ならびに各単組も集会・デモ、駅頭宣伝・カンパ活動などに積極的に取り組んだことは特筆されよう。特に一九六六年から始まった「一〇・二一国際反戦デー」[3]には東職は積極的に取り組み、多くの組合員が学内だけでなく学外での全国集会やデモンストレーションにも繰り出した。さらに東大の教職員は、大学という特性からベトナム反戦の国際的運動に敏感に対応し、情報の発信、全国的な啓蒙活動でも大きな役割をはたした。

一九六八年五月、東大闘争前夜、安田講堂前六五〇〇名のベトナム代表団歓迎集会は圧巻であった。こうして東職は一九四七年の創立以来取り組んできた反戦平和のための行動を六〇年代さらに前に進めたのである。

築き上げられた東職の民主的運営

東職は「思想信条に関係なく働くものの要求で団結する労働組合である」という組織原則を創立以来堅持してきた。六〇年代には様々な政治潮流が登場し、激しく対立する局面もあったが、まずは単組代表者会議や東職委員会（総会に次ぐ決定機関）という正規の機関でお互いに意見を自由に述べ合うのである。機械的な多数決は避け、意見が出尽くすまで本音で徹底的に議論することが常であった。その際、どれだけ多くの組合員が職場で討議に参加したか、どれだけ多くの組合未加入教職員に支持支援を訴えたか、ということが重要なポイントであることはいうまでもない。

そのうえでまず要求を確認・決定し、門前ビラまきなどの大量宣伝を行い、要求を書いたリボンを胸に着けたり、机に小さなステッカーを置いたり、ついで集会・デモ・交渉などの行動戦術を議論することになるが、それらへの機械的な動員ではなく集会に参加せず職場を守る組合員（保安要員）を配置するなどの重層的な戦術の工夫がなされた。こうして決定された方針には皆が団結して取り組むのである。

ただこのプロセスは相当の時間を要するために単組代表者会議などは深夜に及び、ようやく単組に戻って報告をしても組合員から会議の合意内容を厳しく追及されて委員長が泣かされることがしばしばであったと聞いている。なお部局ごとの単組の連合体である東職の組織形態に基づき、部局の課題については単組の自主性を尊重することが貫かれたが、そこでの方針も単組執行委員会での議論を経て決定されたのである。こうして築き上げられた東職の民主的運営の伝統が一九六八～六九年の東大闘争における東職の活動の推進力になったことは疑いない。

私は、学生がスト突入、代表団選出、封鎖解除、スト解除の決定を全員加盟の学生自治会の大会、代議員大会で行ったという民主主義を忘れることができない。クラス討論に八四％の学生が参加したという調査結果を知った時の身震いするほどの感銘は今も鮮明に記憶している。

二　東大闘争（東大民主化闘争）

一九六八年一月の医学部不当処分に端を発した東大闘争は、六月一七日の機動隊導入によって一挙に全学化し、全構成員の闘争になっていく。東職としては機動隊導入に抗議し、医学部学生への不当処分撤回のために単組と組合員の決起を呼び掛ける討議資料を作成し、闘いを本格的に開始した。ここでは東職が深くかかわった内容について触れることにする。

学内諸団体との共闘の推進と学生・院生による大衆団交支援

東大闘争は学生・院生が運動主体ではあることは当然であるが、医学部不当処分や機動隊導入は東大の反民主的構造と体制が生み出したものであることを考えるならば、東大で働くすべての教職員、学内労働者の課題でもあった。こうした見地から東職は学内諸団体の共闘組織である七者協[4]の中軸組織として行動した。具体的には六月二〇日の学生ストライキ（集会は一万名）から、九月七日には七者協主催の学内決起集会（夏休み中にもかかわらず一五〇〇名結集）で確認されたスローガンがその後の闘争の方向となったのである。

それは、①医学部不当処分を撤回し、その責任を明確にせよ、②機動隊導入の経過と責任を明らかにし、今後二度と導入しないことを確約せよ、③学内諸団体を公認し、総長、評議会、部局長会議などの対等な交渉権を承認せよ、④大学の機構運営を民主化せよ、全学運営委員会、各学部運営委員会、研究室、教室会議を設置し、そこで重要事項を審議すること、⑤以上の諸要求を実現するため、総長、評議会は、学生、職員との団体交渉を大衆的に行なうこと、⑥総長、評議会、各教授会は、政府・文部省の大学自治破壊攻撃に対し毅然たる態度で対決せよ、であった。

学生自治会中央委員会が学生内部の対立で機能を停止した後には、東職は院生・学生とともに全学大衆団交のための統一代表団準備会を結成して、二回にわたって当局と公開予備折衝を行った。この中で、処分問題、機動隊導入問題、大学の管理運営問題、大学の自治問題などについて当局を追及し、同時に自主的解決を求める全学の団結力に依拠し、政府・文部省の介入に対決することを要求した。こうした流れの中で学生・院生の七学部代表団が結成され一九六九年一月一〇日の大衆団交によって確認書が締結されたのである。一月一〇日の当日、「団交粉砕、全学封鎖」を叫んで学内を混乱に陥れ、権力に介入の口実を与える全共闘の策動を「東職青年行動隊」が機敏な行動で阻止し、大衆団交の成功を側面から支えた。なお当時激しさを増していた学生内部の党派的対立については東職は非介入の立場であったことを強調しておく。

適時、独自に実力行使の配置

九月二八日：東職昼休み二九分くいこみ実力行使—他団体もストなどで決起

賃金カットは三〇分単位なので二九分は対象にならないことを活用し、「①総長、評議会との団交権確立、②今後機動隊導入を行わないこと」の二点で一五単組が決意書集約を行ない、九単組が実力行使、六単組が昼休み職場集会で決起した。生協労組昼休み二時間スト、好仁会労組三〇分スト、さらに大学院生も教育系大学院生協議会（院教協）一日スト、理・薬・農の院生協議会の一日研究放棄で共に闘った。

一〇月八日：公務員共闘会議の統一行動、早朝一時間の実力行使。

一二月一〇日：東職は、看護婦増員等の独自要求を掲げて対当局交渉を追求していた。一二月一〇日の実力行使を提起するや極めて短い準備期間にも関わらず半数近い単組で批准を成功させた。その力を背景にした団交で「職員は大学自治の担い手である」など五項目の確認、看護婦の増員（ニッパチ闘争勝利）という合意を勝ち取った（後述）。

労働の場は奪わせない、職員の安全確保、処遇の維持には万全の対策

全共闘が採った封鎖・占拠戦術は職員に深刻な打撃を与えた。封鎖・占拠によって職場を奪われ仮の場所で働かざるをえなかった職員、破壊された建物の清掃中に怪我をした職員が続出した。様々な労働強化が助手、事務・図書・医療などの職員に課された。さらに校費で雇われている定員外職員（臨時職員）に対しては「紛争」を理由にした校費予算減で首切りも懸念されたのである。東職は当局交渉で「あらゆる事態が生じた場合でも東大当局は定員外職員の首切りや待遇ダウンはしない」という文書確認をかちとるなど教職員の身の安全、処遇の切り下げを許さない万全な対策をとった。同時に、労働の場を奪うロックアウトに等しく、しかも国家権力の介入を誘発して東大闘争を敗北に導きかねない封鎖は、絶対に認められないという態度を東職は貫き、東大病院、総合図書館、駒場五号館等の封鎖阻止に全力を尽くした。ニッパチ闘争（後述）の妨害でもあった病院封鎖を阻止した活動を当時の記録をもとに振り返ってみたい。

一九六八年八月三一日病院長名で〝病院封鎖の可能性があるので婦長、主任クラスは連続泊り込み体制をとること、一般職員、看護師は協力すること〟の要請が出された。一日四〇〇〇人の出入りがある東大病院が封鎖されたら政府・権力に東大闘争、ニッパチ闘争への直接介入に口実を与えることになる。封鎖された時の診療、看護をどうするか、「命にかかわる」危険のある患者の不安にどう対応するか、看護婦[5]をはじめとする教職員の不安・焦燥感は自分が患者になるほどであったのである。

こうしたなかで東職傘下の東大病院職員組合（病職）は、九月二日と六日に病院封鎖阻止の訴えをだした。七者協は、封鎖策動が予想された九月七日に病院前で集会をもった。午後一時から始まった集会は、時間を追うごとに増え、午後二時頃には一五〇〇名に達する。デモに移ろうとしたとき約一五〇名の全共闘をなのる武装集団が襲い掛かり、何人かのけが人が出た。こうして〝今夜にも病院封鎖があるかも〟という危機感が拡がるなかで、東職は「今夜は、病院玄関内に学生、院生、学内労働者と一緒に座り込んで、封鎖反対の意思を示す。もし危険な状況になれば整然と退く。警察の介入を招くようなことはしない」という方針で、東職組合員一五〇名が泊り込みの座り込みを行った。この座り込み参加者の封鎖阻止の気迫・士気と患者をはじめとした大きな世論によって具体的挑発行動もさせず完全に封鎖策動を封じ込め、労働と医療の場を守りぬいたのである。

三　東職東大闘争

六八年～六九年の東大闘争時の東職は、勤勉手当差別支給反対闘争、看護婦増員・夜勤制限闘争（ニッパチ闘争）、賃金闘争、そして権利地位確立・民主化の闘争、という四つの大きな闘争を同時並行的に結合しながら闘った。これらは学生・院生主体の東大闘争と通底・連携しつつも職員固有のものであったことに鑑み、東職東大闘争と呼ぶことにしている。当時の組合員であったＯＢ・ＯＧは、印象に残っている闘争の一番目に「あれはすごかった」と勤勉手当差別支給反対闘争をあげる。ニッパチ闘争は日本の医療労働運動史に残る金字塔である。そして権利地位確立・民主化闘争は東職確認書に結実した。賃金闘争については一（二）で述べたので、ここでは他の三つについて具体的にみることにする。

九〇日の短期闘争で勤勉手当差別支給を撤回

東職の勤勉手当差別支給反対闘争は、一九六八年三月一一日の人事課長通知、五月二四日の差別支給決定から一九六八年六月一三日の勝利まで九〇日間の闘いであった。勤務評定（勤評）による勤勉手当差別支給に反対する闘いは、わずかな額でも差別のもっている本質に対する教職員の怒りの闘争であった。[6] 職員の固い団結、教官層の理解、学内諸団体の支援のもとにとりくみ、学部長・所長会議（図書館長、病院長を組合の要求通り参加させ）で差別支給の決定を撤回させ、それを受けて総長交渉で一律支給を勝ちとった。この闘争で労使対等な総長交渉の権利を実質的に獲得し、六九年の東職確認書で交渉権を明記させたのである。

【経緯】

東大当局は文部省の圧力に屈して、三月頃から勤勉手当の差別支給を画策し、突如五月二四日の事務長会議で差別支給の決定を報告した。この事実を知った東職は直ちに事務局長交渉、総長交渉を行った。五月一六日の局長交渉で「教官と管理職を除く『その他職員』の二割に勤務成績良好ということで、〇・一八か月＝五〇〇〇円～一〇〇〇〇円のイロ（上乗せ）をつける。すでに名簿はできている」ということが明らかになった。五月二四日の局長交渉で「文部省の命令であるから何千人が反対しても実行する」と態度をかえなかった。

【東職の闘いに拡がる支援】

多彩で粘り強いとりくみが展開された。たえどんな小さな差別でも絶対許さないという決意は、五・二三の一斉職場集会に八〇〇名、六・四決起集会に五〇〇名、構内のいたるところへのステッカー貼り、たくさんの立て看板等、単組での部局長・事務長交渉、未組合員・教官へのオルグなど可能な行動を全て実行した。例えば、時には二時間待ってやっと当局の担当係員に会えるという状況でも集会後は必ず事務局長への抗議団を送り出した。ある時は座り込みができないよう廊下に水をまかれても繰り出したのである。

すでに東大闘争に立ち上がっていた学生自治会、院生協議会、生協労組、好仁会労組など学内諸団体は東職の闘いを支持し支援した。また、教官有志声明、労働法専門家七氏の所見（六月七日）など正に学内世論は圧倒的に東職支持の雰囲気で満ちていたといえる。

【休暇闘争を背景にした深夜に及ぶ大衆団交で勝利の決着】

東職は、六月一二日第一波、六月一四日第二波午後二時間の休暇闘争を行うことを六〇％の批准で確立した。生研、宇航研・天文台職組は六月一二日バスで本郷にのりこんだ。経済学部職組は東職に加盟し団結して闘いに合流した。

「差別支給は学部長・研究所長会議で了承されている」ことから、その会議で正式に撤回させることのできる力関係を築くことがまず第一の目標となった。単組の闘いの結果、部局長、評議員、病院長、図書館長から「そういう会議があれば反対する」という確認をほぼ全員からとり第一目標は達成したので、闘いの焦点は実力行使を背景とした六月一二日の行動へとシフト、まず一一時から総長交渉、一三時三〇分から平行して事務局長交渉が始まった。総長交渉で「経理部長に従来通り一律支給できるか聞いている」という回答を得て、局長交渉一本に絞るため総長交渉はいったん中断した。事務局長は「断固実施する。総長がそんな話をするわけがない」と総長の真意さえ確かめようとしなかった。

そのような状況で一五時からの休暇戦術による実力行使を発動、一五時三〇分に東職書記局前に隊列を整えた組合員がぞくぞく結集し、その数は一五〇〇名。すぐに安田講堂内の局長交渉に交渉団員を増派するとともに、講堂外で待機する組合員は安田講堂を包囲してシュプレヒコールをあげ交渉団を激励し、さらに一七時過ぎまで学内をデモして回り、学部長・研究所長に差別支給阻止への東職の決意を示した。その後ふたたび安田講堂前で決起集会をもち、次から次へと交渉団員を局長交渉に送りこんだ。この時点での局長交渉の獲得目標は「総長に電話させ、二人の食い違いをハッキリさせること」であったので、一九時に講堂外で待機している組合員のなかから総長交渉団を選出、数百名をのこして決起集会を解散して、明日からの闘いにそなえ単組に散った。

人数制限をつきやぶった交渉、事実上の大衆団交のなかで二一時頃、事務局長は「総長が差別支給に反対であるなら、それに従うが総長に会って確かめたい」とやっと折れてきたのである。東職は総長宅に赴き交渉した。二時間かかって「重大な決意をもって、学部長・所長会議を一三日午前に開く」ことを確認して総長交渉は終了した。東大に戻ってきて、待機していた二〇〇名との事務局長交渉で「病院長と図書館長を学部長会議・所長会議に出席させること、東職の要望書を配り読みあげること」を確認した。東職は、翌日の学部長会議・所長会議にむけて直ちに学部長、研究所長説得を行うとともに最悪の場合を想定して一四日の第二波実力行使の態勢を整えることにした。

六月一三日、学部長・研究所長会議は一五時に終わり、事務局長代理（庶務部長）から文書回答「勤勉手当については、その趣旨ならびに支給方法等を早急に検討することとし、とりあえず六月期の勤勉手当は従来通りの算出方式による支給とする」という文書回答をえた。東職は、差別支給と勤評を許さなかったことは基本的勝利であることを確認して一四日の第二波実力行使を中止するとともにβ分[7]については、一律支給を要求していくことを決めた。七月一七日に一律支給されたβ分として六〇円の入った給与袋を全職員は一つ余計にもらった。この六〇円は全教職員の勝利の証として大歓迎されたことはいうまでもない。七月に「勤勉手当のみならず給与体系を含めて検討する」ための総長諮問機関である委員会（隅谷委員長）は答申をあきらめ、勤勉手当の一律支給が正式に確定したのである。

この闘争の差別支給阻止に加えて東大闘争上二つの重要な意義を持っている。それは第一に、東職が事実上の総長交渉権を獲得したことであり、それは翌一九六九年の東職確認書に結実したのである。第二に懸案を初めて大衆団交で決着させたことである。この大衆団交の実現は、学生・院生の闘いに大きな激励を与えるものであり、その後の公開予備折衝、さらには七学部代表団と大学当局との大衆団交に道を切り拓くものとなったことは疑いない。

なお全国の大学の組合でも勤勉手当差別支給反対は果敢に闘われ、同年六月一八日段階で一律支給を勝ち取った大学数は八大学だったのがその後二〇大学に拡大した。東職は、一九六九年一二月期、一九七〇年三月期も引き続き闘って一律支給を継続させた。

看護婦の増員を勝ち取る――ニッパチ（二・八）闘争

一九六八年新潟県立病院にはじまった看護婦のニッパチ闘争（夜勤は複数体制で、月八日以内）は、自治体病院を組織する自治労、民間および自治体病院の一部を組織する日本医労連、国立大学附属病院を組織する日教組大学部の三単産がそれぞれ主導した（一九六八年～一九七〇年前半）。「二人夜勤で八日以外の夜勤はしない」という組合ダイヤ（自主勤務表）を中心にした産業別統一闘争として闘われ、全国約三〇〇の病院で「夜勤協定」を獲得した。一九七二年時点の集約で「自治労一七七自治体病院、日教組大学部九国立大学病院、日本医労連八八病院で「ニッパチ」の協定化を実現した。ここでは東大病院職員組合（病職）と東職の闘いを紹介する。

一九六八年当時の東大病院の勤務状況は、「夜勤は月八日以内に」という人事院判定[8]はおろか、月に一九日～二〇日も夜勤という科もあり看護婦はただ事故をおこさないようにするだけで手一杯で、患者の訴えを聞く余裕もなく、自分の健康も守れない状態だった。病院で病人が作り出され、人命が奪われている――そういった職場の厳しい実態をひたすら隠そうとするのが東大病院当局であった。

ニッパチ闘争は、もっと人間らしい生活ができ、患者の生命を守る闘いとして、東大の教職員・学生・院生・医師そして何よりも医療の中心である患者の強力な支持のもとに開始されたのである。病職と東職は、学生・院生・生協・好仁会などとともに病院支援連絡会議を結成して闘った。病職、医学部自治会、看学自治会、好仁会労組主催の七・一〇集会を始めとした数々の集会とデモ、徹夜をも含む数度の病院長交渉（講堂での交渉、白衣の看護婦と東職組合員の姿は圧巻だった）、最終局面へ向けて一九六八年一二月一日よりの日教組指令による自主勤務表実施（一二月一六日の夜勤切れ＝病棟に看護婦がいなくなる）という背水の陣を病職は布き、東職は一二月一〇日、二時間の休暇闘争を背景にして加藤総長代行との公開団交に臨み、「月八日以内、複数夜勤」実施のための二六〇名の増員を「昭和四四年度から実行する」という成果をかちとった。この勝利は全国の大学病院の仲間に〝やればできる〟という確信を与え、その後の七大学での勝利に貢献した。同時に東大闘争上重要な局面を迎えていた学生・院生の闘いへの大きな励ましとなったと伝えられている。

東職確認書締結　職員の人権宣言、総長との対等な交渉権の獲得

東大闘争は不当処分や機動隊導入という東大当局の措置への抗議ということを軸にしながらも、そうした措置の背景にある「大学の自治＝教授会の自治」ということに対して職員を含む「全構成員の自治」を要求する学生・院生を主体とする運動であった。この「大学の自治＝教授会の自治」論は職員に対しては学生・院生と同様、あるいはそれ以上に支配の論理として機能していたのである。教授の中には平然と労働法制の規範など無視して職員の雇用条件や勤務条件をあたかも雇用主のように決める例が後を絶たなかった。これは当時「心中問題」「殉死問題」と言われたのであるが、技術系職員は教授が止める時に後任の教授に迷惑をかけないために一緒に辞めさせられる（自己都合退職届をだす）こともしばしばであった。まさに人権無視が平然と行われていたといっても過言ではない。そのうえ教授会も東大当局も、大部分の職員の俸給表が助手の給与以下に抑えられている現実を変えようとする努力さえ行わなかったのである。こうした現実を打破するためには、職員も大学自治にとって不可欠であることを前提としたうえで職員の業務を正当に位置づけさせ、かつ労働者としての権利と生活のできる賃金を保証させることが必要であり、そのためには東大の最高責任者である総長と直接交渉できる権利を獲得することが東職東大闘争の目標となったのであった。

こうして東職は一九六八年一二月一〇日の団交で「職員は大学自治の担い手である」ということを確認させ、引き続き東職の団交団（代表平田煕氏）と大学当局側交渉委員野上燿三教授の間で折衝を重ねた。その結果、合意した諸項目を一九六九年三月五日に加藤一郎総長と山口啓二東職執行委員長の署名捺印による「確認書」として締結した（この「確認書」は七学部代表団と東大当局の確認書と区別するために「東職確認書」といわれている）。同時に、「東大当局との『確認書』についての折衝経過における了解事項」が平田氏と野上氏の署名入りの文書として合意交換された（資料に収載）。この東職確認書では、その冒頭の部分で大学の自治＝教授会の自治という従来の考え方を廃したうえで「職員、院生、学生も大学構成員として固有の権利をもち、それぞれの役割おいて大学の自治を構成する」という「全構成員自治」のことが合意文書中に明文化されている。この全構成員自治論は一九四八年結成されたばかりの全学連が中央執行委員会名で発表した『大学法案』を貫く思想であるが、二〇年を経て東大の公的見地となり、「職員は大学自治の担い手である」といういわば職員の人権宣言ともいうべきことも明文化された歴史的文書といえよう。

東職確認書は「七学部確認書」と評議会了解事項が東職の要求と一致すること前提にして「一、警察力導入について　二、捜査協力について　三、処分ついて　四、職員の自治活動の自由について　五、大学の管理運営の民主化について　六、軍学協同、産学協同について」で合意している。この中で「大学当局は、東京大学職員組合との交渉に応じる。その交渉相手は基本的に総長である。交渉に際しては、職員組合としての交渉事項、時間、人数、場所について不当な制限は行なわない」という総長との対等な交渉権が確立されたのである。

「大学当局は、『軍事研究は行なわない、また軍からの研究援助は受けない。』という東京大学における慣行を堅持し、基本的姿勢として軍との協力関係をもたないことを確認する。」という確認事項は、今日軍事研究の大学への攻撃が強まっている状況で有力な武器になりうることを再吟味してほしいと私は願う。

確認書発効から半月後の一九六九年二月一六日、東大生協は総長代行との創立以来初の交渉を行なった。これは三月五日の東職確認書に付随する了解事項中の学内労働者も大学自治に参加するという内容に通じるだけでなく、生協を大学における重要な厚生施設として認めた面で画期的なものだと思う。重要資料なので以下に抜粋する。

「東大生協も（一九六九年）二月二六日遂に総長（代行）交渉を実現させた。『今日は記念すべき日ですね』と加藤代行は笑ったが実に（東大生協）創立以来はじめての交渉であることからわかるように、東大総長は、それだけ『雲上人』だったのであり、生協は全く無視されていたのである。生協側からは神立（誠）理事長・専従・職員・学生理事が参加し、当局側からは、総長代行のほか、学生部・厚生課長・学生部職員が参加した。総長代行は、生協の要求に対し、①厚生施設の貧困は全面的に認めること、②従来の厚生政策について東大改革の検討対象とすること、③職員を厚生の対象に加えないことはおかしいこと、④『確認書』の精神は実質的に生協に及ぶこと、⑤必要に応じて全学に亘る事項について交渉に応じること、等を認めたあたりまえ過ぎる確認ではあるが、従来の大学当局の生協対策からみれば画期的なものであった。」（『東大生協二十五年運動史』二一二〜二一三ページ）

東職確認書締結後、私は三〇年余り東職の専従書記ならびに一時期は書記長・副執行委員長として東職の活動に加わったが、定例の総長交渉及び事務局長交渉ごとにこの東職確認書を守ることが確認されてきた。また対等な立場で進められる交渉経過をメモとして双方で確認することもなされてきた。これらはいずれも総長との交渉権が東職確認書と了解事項のなかで明文化されたことによるものである。こうして大学当局が交渉項目を狭義の待遇問題に限定しようとする傾向が強かったなかでも、定員外職員の待遇改善と定員化の促進、昇任昇格における女性差別の廃止、技術職員の権利と待遇の向上、教務職員制度の廃止と助手化の運動が進められたのである。しかし、「平田・野上了解事項」で〝東職の要求である「財政の公開とその民主的運用。事務局長、庶務部長、部局事務長など、事務上層部の文部省からの天下り人事に反対し、民主的改革をはかるべきある」についても、大学全体の財政や事務機構の改革をはかる中で検討、審議して行く〟ということが合意されたにもかかわらず検討・審議が開始されなかったことには、今日の大学の困難な状況を伝え聞くたびに無念さを禁じ得ない。

終わりに

東大闘争からすでに五〇年、闘争を担った組織のほとんどが継承されていない中で東職はこの間の有期雇用職員雇止め撤廃闘争の勝利とその全国伝播への貢献で一躍脚光を浴びている。大学内外の矛盾を押し付けられ、劣悪な条件で働く仲間に真っ先に手をさしのべて共に闘うという今の東職の姿を知ったことが本小論を書く大きなきっかけであった。そこに私も加わった東職東大闘争の精神が脈々と継承されているのではと密かに思ったからである。すでに五〇年の月日が経ち、手許に資料が十分には残っていないが、東職総会議案書などの記録や証言、私の記憶をもとに可能な限り当時の闘いの経過と意義を記したつもりである。今後の闘いに多少とも役立てれば幸いである。

現在、「東職七二年の歴史とその証言」（私事版）を〈http://sasaki.ciao.jp/〉に掲載、本論の補足として参照されたい。

本論作成にあたっては、伊藤谷生氏（一九八九年度東職執行委員長）、坂本宏氏（二〇一六年度東職執行委員長）の助言を得たことを付記し、お礼としたい。

注

1　休暇戦術：組合員が一斉に年次休暇（年休）をとって組合の行動に参加すること。この休暇戦術による実力行使を休暇闘争といった。

2　実力行使：順法の休暇戦術の行使あるいは「違法」のストライキの行使のことを実行行使と銘打つことが多かった。

3　国際反戦デー：一九六六年一〇月二一日に日本労働組合総評議会（総評）が「ベトナム反戦統一スト」（四八単産約二一一万人がスト参加、九一単産三〇八万人が職場大会に参加、三五〇名の知識人が支持声明を発表）を実施し、それと同時に全世界の反戦運動団体にもベトナム侵略戦争反対を呼びかけた。翌一九六七年一〇月二一日には、アメリカのワシントンで一〇万人を超えるベトナム戦争反対デモ（「ペンタゴン大行進」）が行われ、日本や西ヨーロッパでも同様な示威活動が展開された。以後この日は一〇・二一国際反戦デーと呼ばれることになった。

4　七者協：東大七者連絡協議会の略称。構成団体：東大職員組合（東職）、東大学生自治会中央委員会、東大学生寮自治会連合（東大寮連）、東大全学大学院生協議会（東院協）、東大生活協同組合労働組合（生協労組）、東大生活協同組合理事会、好仁会労組（好仁会は病院内で患者給食、薬局、食堂、売店などを営む法人）。

5　二〇〇二年より「看護婦」は「看護師」に名称変更されたが、看護婦という当時の呼称を用いる。正看護婦と准看護婦の両方を含めて「看護婦」とした。

6　勤勉手当：一般企業におけるボーナスの考課査定分にあたる。

7　β分：職員の辞職等があった場合、国から措置された勤勉手当分に生じる余剰金。それまで東大ではβ分を不要として処理していたが、この闘争の中で差別することなく全員に一律配分することが勝ち取られた。

8　人事院判定：一九六三年四月全医労が人事院に対して看護婦の夜勤を制限するよう行政措置要求を提出した。人事院は、現地の公開調査を経て、一九六五年、①夜勤は平均月八日を目標とする、②一人夜勤の廃止に向かって努力すべき、③産後三ヵ月の夜勤免除、④夜勤の休憩時間の明示などの「人事院判定」を行った。夜勤制限問題の解決のための増員に全く触れないという欠陥をもっていた。

第Ⅲ部 東大闘争と大学改革

東大当局と7学部代表団との団交（1969.1.10 秩父宮ラグビー場＝「赤旗」提供）

第一章　一九六八年と学生参加
――欧米の大学闘争と東大確認書

乾　彰夫

はじめに

一九六八年は、学生の闘争が西ヨーロッパ・アメリカをはじめとする先進諸国、日本、そしてメキシコ、さらにはポーランドなど当時の社会主義国に至るまで、大きく広がった年でもあった。そうした闘争は当時の大学と社会への学生・若者らの異議申し立てとして、一般に理解されている。そうした中で、東大闘争とその成果としての東大確認書は、一体どのような位置を占めるのだろうか。

六八年のヨーロッパやアメリカでの学生たちの闘争は、あまり知られていないが、社会への異議申し立てとともに、大学における学生の地位を大きく変え、大学の管理運営への学生参加への道を切り開くものであった。今日、ヨーロッパの多くの国や、アメリカのいくつかの大学では、学生の参加権はしっかりと定着している。そうした状況を作り出したのが、実は六八年闘争であった。

ここでは、まずヨーロッパ、アメリカの大学における学生参加をめぐる状況を概観した上で、六八年闘争はそういうものにつながるどのような経過であったのかを検討することで、世界的な流れの中での東大闘争・確認書の位置と性格、今日的な課題を探りたい。

一　欧米の大学における学生参加の現在

ヨーロッパの大学における学生参加の比較的最近の状況を知る上では、『共和体としての大学（*University As Res Publica*）』（Bergan 2004）というEUカウンシルから出版された報告書が参考になる。これはEUが域内大学間の学生移動を容易にするためなどを目的とした標準化を進めるための、いわゆるボローニャ・プロセスを始めるにあたって、各国の大学の管理運営と高等教育政策への学生参加の状況を明らかにするとともに、参加の促進を図るための報告書である。

ボローニャ・プロセスを進めるため二〇〇一年にプラハで行われたEU閣僚会合では、「学生は大学コミュニティの正規の構成員である」ことが謳われた。そして報告書の編者ベルガンは報告書のはじめに、「学生は生産物の受け手や買い手ではなく参加者である」「学生は構成員の一員として大学で受ける教育とそれを枠づけている大学機関に対する責任を共有している」と、大学における学生の位置を明確に述べている。

同書ではヨーロッパ文化協定加盟四八カ国（二〇〇二年時点）の高等教育担当閣僚、学術組織、学生組織の三者を対象に行われた学生参加に関する調査結果が以下のように紹介されている。第一に、学生参加への全般的な姿勢として、高等教育政策や大学の管理運営への学生の影響力を高めることについては、学生組織のみならず閣僚レベルや学術組織においても総じて積極的であった。第二に、国レベルの高等教育政策に関しては、回答を寄せた国の半数あまりにおいて、審議会等への参加など、学生代表の関与を法的に規定している。また多くの国では、担当閣僚と学生代表との間で、定期的な会見や会合がもたれている。第三に、大学レベルの学生参加については、二カ国を除くすべての国で、全学・学部・学科のいずれかにおける学生参加が法的に規定されている。全学的決定機関構成員中に学生の占める割合は一一～二〇パーセントが最も多く、ほとんどの場合、学生代表にも議決権が与えられている。

ちなみに学生の立場からボローニャ・プロセスの進行状況を評価するレポートが、ヨーロッパ学生連合（European Students' Union）から毎年公表されているが、そこでも学生参加は常に最重要項目の一つとされている（ESU 2018）。

このようにヨーロッパにおいては、高等教育政策と大学管理運営への学生参加は法的な規定を含めて相当の程度に制度化が行われている。例えばフランスの二〇〇〇年代初頭における制度は**表1**のようになっている。フランスの大学では、全学的な管理運営に関する審議・決定に関わる機関として三つの評議会が法定機関として設置されており、それぞれに学生代表（学術審議会は院生のみ）の参加が規定されている。二〇〇七年に制定された新たな大学自由責任法では、意志決定の効率化を図るためとして管理運営評議会の定数が三〇～六〇人から二〇～三〇人に減少させられたが、学生代表の占める割合はほぼ同様である（鈴木二〇一一）。ただ学生代表が大きな割合を占める教務・大学生活評議会においても経験不足などから学生の発言力はそれほど大きくないといわれている。それでも二〇一二年のストラスブール大学の学長選挙で

表１　三評議会の権限・審議項目と委員構成

		管理運営評議会	学術評議会	教務・大学生活評議会
主たる権限・審議事項		・大学政策の策定 ・契約についての議決 ・予算の評決及び会計報告の承認 ・教職員定員の毘分 ・教育・研究に関する協定の承認	・研究や学術情報に関する政策や研究費配分に関する基本方針の提案 ・教育プログラム、研究担当教員の資格審査、学内組織の研究プログラムや契約等の予審	・教育の基本方針についての提案 ・学位授与権設定と新たな専攻の設置の予審 ・学生支援の緒方策の策定 ・教育評価委員会構成の提案
委員数		30 ～ 60 人	20 ～ 40 人	20 ～ 40 人
内訳	教員	40 ～ 45%	（両者で）60 ～ 80%	*
	職員	10 ～ 15 %		10 ～ 15%
	学生	20 ～ 25%	7.5% ～ 12.5**	*
	学外者	20 ～ 30%	10 ～ 30%	10 ～ 15 %

＊両者の計で 75 ～ 80%。但し、両者は同数。
＊＊第三期（日本の大学院に相当）の学生のみ。
（大場 2006）

は学生票がキャスティングボートになった（大場二〇一四）。

このようなヨーロッパ各国における学生参加の広がりと定着について、ベルガンは一九六八年の学生たちの運動をその重要な契機として指摘している。

次にアメリカ・コロンビア大学の例である。六八年四月に一週間の校舎占拠とその後の警察機動隊導入・学生大量逮捕事件によって世界的な注目を浴びたコロンビア大学には、現在、教職員学生ら大学の全階層代表参加による大学評議会（University Senate）が存在している。二〇一九年版の『大学評議会ガイドブック（A Guide to The University Senate）』（Columbia University）によれば、その役割は次のように記されている。

> 教授会、研究員、学生、大学管理者、職員、図書館司書と卒業生のそれぞれの代表によって構成される全学的な意志決定機関であり、そこで扱われるのは大学全体または複数学部に影響を与える事柄である。それは例えば、教授会や学生全般に関わる問題、全学的管理に関わる問題、教育課程やその優先度、学問の自由とテニュアをめぐる問題、女性やマイノリティグループ・メンバーの平等な扱い、研究手続等に関わる問題、図書館・情報、キャンパス計画、学

内における デモンストレーション行為に関するルールなど。大学評議会における決定は、大学理事会の同意が必要な予算の変更や大学不動産の取得または売却、大学と第三者との間の契約などの場合を除き、最終的なものである。

現在の評議員の構成は定数一〇八名で、教授会六三名、学生二四名、学長を含む大学上級管理者九名、リサーチオフィサー九名、職員二名、図書館司書二名、卒業生二名がそれぞれの選挙区から二年ごとに選出される。評議会議長は学長が務める。

このコロンビア大学の大学評議会もまた、六八年の結果として創られたものであった。

そこで次には、フランスやアメリカ・コロンビア大学における学生参加が、六八年のどのような経過と文脈から生じたのかを見てみよう。

二　コロンビア大学の一九六八年と大学評議会

(一) 六〇年代後半のアメリカの大学をめぐる状況

一九六〇年代アメリカの学生たちの運動については、これまでに多くの紹介や研究がある。六〇年代前半に始まった南部の黒人隔離に反対し黒人の投票権を保障する公民権運動への学生たちの参加は、ベトナム反戦などを含む幅広い政治運動へと次第に広がり、とくにベトナム戦争がエスカレートした六〇年代半ば以降は、「民主主義を求める学生組織 Students for Democratic Society（ＳＤＳ）」を中心に、カリフォルニア大学バークレー校、ミシガン大学等においてベトナム反戦、徴兵制反対などの運動を大規模に繰り広げるようになった。そうしたなかで六八年四月に生じた、大学の軍事研究協力と隣接するニューヨーク・ハーレム地区の公園を買収しての体育館建設に反対する学生たちによる校舎占拠とそれに対する警察機動隊導入、大量の学生の逮捕と負傷というコロンビア大学の事件は、映画『いちご白書』のモデルともなり六八年のアメリカの大学闘争を代表するものとしてよく知られている。

しかし、先行研究・紹介の多くは、学生の政治運動やそれが社会や政治全体にどのような影響を及ぼしたかに焦点が当てられ、これらの運動が大学の民主化にどのように関わったのかについては、ほとんど言及されていない。だが六〇年代アメリカの学生運動は、大学の管理運営の民主化に少なからぬ痕跡を残していた。

六八年当時、コロンビア大学の教員で四月の事件後の大学改革にも深く関わったイマニュエル・ウォーラスティン――マルクス主義とアナール派歴史学などをもとに世界システム論を後に提起した社会学者――は、一九七一年に六〇年代のアメリカの大学における学生たちの運動と大学の対応等に関する資料集(Wallerstein & Starr 1971)を編纂している。彼はその解説の中で、大学の管理運営に関わる争点について次のように述べている。

大学の管理運営に関わる学生たちの抗議と要求の中心は「懲戒等の手続きの適正化」と「参加」の二点であった。懲戒手続きをめぐる問題は、大学が学生の親代わり的な役割を担うという伝統的な大学観・学生観への学生たちの抵抗と異議申立から始まった。かつて大学は、学生寮への寮外学生らの訪問時間や異性学生の訪問の制限、私的な事柄に至るまでの規制などを学生に強いてきた。しかしこうした規制への学生の抵抗や異議申立から、多くの大学では六〇年代までにそれらの規則は撤廃され、あるいは緩和されてきた。

だがほとんどの大学で、懲戒制度は依然として恣意的でパターナリスティックなままだった。多くの場合懲戒規則が明文化されておらず、また思いつき的で恣意的な解釈や執行が行われていた。学生に退学・停学等の処分を科す際に、大学管理者はその罪状や明確な証拠を示すことさえなかった。聴聞が行われた場合でも、それは非公開で、被告学生には自分を支持する証人の出席を求める権利もなく、弁護人の同席もほとんど許されなかった。決定に対する異議申立や再審の手続きも存在しなかった。

こうした慣行について大学管理者たちは、裁判所や政府機関ではない大学には手続きの適正性は求められない、大学の下す懲戒処分は司法が下すものより遥かに寛大である、あるいはそのような煩雑な手続きを維持できるだけの財源が大学にはない、などと弁明していた。しかし大学における懲戒への適正手続きの必要性は、次第に大学内外で広く支持を受けるようになり、また多くの判決がそれを支持するようになった。

一方、「参加」については二つの文脈があったという。一つは全学レベルであり、そこでは学長ら大学管理機関に優越する、学生と教授会との両者を含んだ全学的意思決定機関の設立を学生たちは求めた。もう一つは学部レベルであり、そこでは教授会への異議申立と教授会・学生による共同的な管理機関を要求していた。全学レベルと学部レベルとでは、学生たちが求めた課題の性格も異なっていた。全学レベルでは、例えば徴兵問題への対応など、どちらかというとアカデミックではない問題が中心だった。これに対して学部レベルでは、カリキュラムや教員の採用、奨学金選考などを含んでいた。

学生参加に否定的な大学人は、学部レベルの参加については、学生にはアカデミックな問題を判断できるだけの専門的能力に欠けていると、他方で全学レベルの参加については、個々の学生は一過的な存在であり、重要な問題への発言権を持つべきではないと主張していた。

ウォーラスティンは、懲戒手続きも学生参加もともに、どちらかといえば要求の性格はラディカルというよりはリベラルなものであったと指摘している。六〇年代アメリカのラディカルな学生運動を主導したSDSは、当初は懲戒手続きの適正化や大学の意志決定への学生参加を要求していたものの、アメリカ各地で大学闘争が激化し始める六七～六八年以降は、SDSメンバーが懲戒対象となった場合などを除けば、これらの要求は掲げなくなる。むしろその頃にはSDSは、問題は社会の変革であり、大学改革にこだわることは最も重要な課題から目をそらせることに過ぎないと主張するようになっていた。そこで学生参加などの大学改革は、彼ら以外の左翼学生たちの一部とリベラル派学生たちとによって主に担われたものであったという。

(二) 全構成員による大学評議会の創設

次にコロンビア大学の具体的状況と経過を見てみよう。コロンビア大学については、四月の事件が広く世界中に知られたのに対し、その後の大学民主化の過程はほとんど知られていない。

コロンビア大学においては、この時期に全米の大学に広がった公民権運動やベトナム反戦などの動きとともに、当時の政治状況からしてセンシティブないくつかの固有の問題を抱えていた。コロンビア大学の一九六八年をめぐる詳しい経過等については、コロンビア大学図書館ホームページに詳細な解説と資料紹介のアーカイブがもうけられている（Columbia University Libraries）。以下ここでは、そのアーカイブによりながら、コロンビア大学の一九六八年四月の事件とその後のコロンビア大学の改革について紹介する。

一九六八年当時コロンビア大学では、次のような問題についてＳＤＳなどの学生たちによる抗議が広がっていた。第一に、キャンパスに隣接するハーレム地域のモーニングサイド公園に学生用体育館を建設する計画についてであった。地域住民も利用できる施設として一九六〇年に計画は始まったが、財政事情から着工が遅れるなかで地域住民や学生らから次第に疑問と反対の声が広がっていた。黒人の集住する地域の公園を潰すこと、地域住民の利用は体育館のごく狭い範囲に限られ、入口も学生とは違う地下側にもうけられているなど差別的であることが大きな反対理由だった。第二に、コロンビア大学が国防省と複数大学とで構成される軍事研究相互協力機関に加わり軍事研究協力を行っていること、とくにその協力機関にカーク学長が加わっていることについて。第三はＣＩＡ及び軍のリクルート活動を学内で公然と許していることだった。

三月には学長によるデモ禁止令を押し破って、ＳＤＳの学生らが学長室のある法学図書館で軍事研究協力に反対するデモを行い、これに対して学長が首謀者として六名の学生を処分対象として召喚した。大学への抗議行動等への懲戒処分は、日本と同様、大学における学生の位置と権利をめぐる当時の焦点的な問題だった。当然のこととしてこの処分に反対する運動が広がった。

四月二三日、ＳＤＳとＳＡＳ（アフリカ系アメリカ人学生協会 Society of Afro-American Students、コロンビア大学内につくられた黒人学生活動組織）の主導で三〇〇名の学生が、一連の要求をまとめた要求書を学長室に手渡しに行くが、入口が施錠されており建物の前に座り込む学長派学生らによって阻まれる。要求書を持った学生たちは体育館建設予定地に向かうがフェンスを破ったかどで学生一名が逮捕される。その後学生たちはキャンパスに戻り、ハミルトンホールなど数棟の建物を占拠した。学生たちは占拠行動等の連絡調整を行うためのストライキ調整委員会を組織し、そこではＳＤＳメンバーが多数を占めた。

一方教員たちは、占拠翌日から学部を超えて集まり、二五日には臨時教授会グループ（Ad Hoc Faculty Group）を組織し、そこでは①体育館建設の保留、②三者による懲戒制度の創設、③警察が占拠排除のために導入される際には学生と警官隊との間に割って入ること、の三点が合意された。さらに同日、このグループはウォーラスティン、ダニエル・ベルら五名の起草による通称「苦い薬の解決策 A Bitter Pill Resolution」をまとめ、軍事研究協力の中止と引き換えに占拠を解くこと、体育館建設の中止、ストライキへの報復的処分を行わず教授会メンバー・学生・大学管理者の三者による懲戒制度を創設することなどを提案した。しかしこの提案は、大学当局・学生の双方から拒否されて終わる。このグループは四月三〇日の警察隊導入後には独立教授会グループ Independent Faculty Group と改称し、学生のストライキ実行委員会の呼びかけに呼応し、授業ボイコットを支持した。

四月三〇日早朝、学長らの判断により警察隊が導入され、学生たちの強制排除が行われた。ハミルトンホールを占拠していたＳＡＳの黒人学生は、無抵抗のまま整然と退去した。一方、強制排除に実力で抵抗をした建物もあった。学生・警官双方で一四八名の負傷者が出たが、最も激しかったのは逮捕者を警察車両に収容する際に、それを阻もうとする学生らに警察隊が振るった暴力であった言われている。

強制退去後、学生のストライキ調整委員会は授業ボイコットと自主講座（Liberation Class）をよびかけ、ストライキの継続を訴えた。大学は一週間の休講措置をとったがストライキは春学期終了まで続いた。しかしその間、ストライキを主導する学生のなかで、闘争目標をめぐり相違が生じるようになり、一部の学生たちがＳＤＳ主導のストライキ調整委員会から離れ、「大学改革を求める学生組織 Students for a Restructured University（ＳＲＵ）」を結成した。ＳＤＳが、破産したアメリカの大学システムのもとにある大学の解体を主張したのに対し、ＳＲＵはコロンビア大学の民主的再生を目指していた。

ＳＤＳの学生たちは五月二一日にハミルトンホールの再占拠を試み逮捕者も出したが、学生・教員のなかでの再びの支持は広がらなかった。一方、ＳＲＵは六月四日の卒業式当日、学内の広場でカウンター卒業式を開催し、そこには大学主催の卒業式を式冒頭にボイコットして退出した三〇〇名の卒業生を含め二〇〇〇名が集まり、コロンビア大学ラビのブルース・ゴードンを始めエーリッヒ・フロムなど多くの著名学者らのスピーチがあった。

四〜五月の事態と学生・教授会メンバーからの圧力のもと、大学は、学生など教授会メンバー以外の構成員の管理運営への参加について検討を迫られることとなった。まず一般教育学部教授会が学生懲戒手続きについて、教授会メンバーと学生七名ずつ、大学管理者二名からなる懲戒委員会の設置に関する暫定規則を決定した。なおこの暫定規則の骨格は、一九七三年に大学理事会が制定した全学規則に引き継がれた。

また、全構成員の代表からなる機関の設置を求める主張が広がるなかで、九月一二日に開かれた連合教授会において、大学評議会の最初の案が提案された。この案はその後、学内諸階層との意見交換を経て、以下のようになった。大学評議会の性格は、コロンビア大学全体に関わる問題及び複数学部に関わる問題を扱う全学的な意志決定機関である。構成はテニュア資格を持つ教授会メンバー四二名、テニュア資格を持たない教授会メンバー一七名、学生二〇名、大学管理部門七名、付置研究所メンバー六名、大学職員六名、卒業生二名の計一〇〇名からなり、学長が議長を務める。この最終案は一九六九年四月八日に全学投票にかけられ、学生・教職員の圧倒的多数の賛成によって承認された。

設立されたばかりのコロンビア大学評議会は、一九六九年九月、ベトナム戦争への反対と米軍の即時撤退を求める意見表明を決議したが、これはアメリカの大学の公的機関のベトナム戦争に対する意見表明としては最初のものであった。数日後にはハーバード大学文理学部が同様の決議をあげ、一〇数大学がそれに続いた（Wallerstein & Starr 1971）。

三　フランスの大学の一九六八年と学生参加の法制化

一九六八年のフランスの学生運動は、パリ大学ナンテール校の学生たちの闘争から始まってパリ大学ソルボンヌ・キャンパスからフランス全土の大学に広がり、そして時の大統領ド・ゴールを退陣寸前まで追い詰めた労働者らによるゼネストへと発展した、いわゆる「五月革命」として有名である。これらについてはすでに様ざまな文献でその詳細が紹介されている（Frei 2008/2012, 西川 二〇一一、中村 二〇一五など）。しかし、「五月革命」に言及している文献のほとんどは、この運動がカルチェラタンでの学生と警察隊との衝突とそれをきっかけにフランス労働総同盟（Confederation Generale du Travail　CGT）などの労働組合を巻き込み、一〇〇万人のパリ大集会と一〇〇〇万人の労働者が参加したゼネストがフランス政治を危機に追い込んだ社会的インパクトにその焦点が当てられていて、その中で大学がどのように変わったかについての注目ははらわれていない。

その中で、その後「新しい社会運動」理論などを提起した社会学者で、当時ナンテール校教員であったアラン・トゥレーヌの「五月革命」直後の著作『現代の社会闘争―五月革命の社会学的展望』(Touraine 1968/1970) は、大学改革にも言及している数少ない文献である。この著作自身は、「五月革命」の性格と限界を社会学的に分析し、その後の社会運動の展望を探ろうとするもので、必ずしも大学改革に焦点が当てられているわけではない。しかし、闘争についての詳細な記述と分析が行われている中には、各大学の闘争の中で生まれてきた学生・教員による大学や学部の共同管理に関する言及や、「五月革命」直後の同年一一月に成立した大学改革法(通称フォール法)への評価などが含まれている。そこで、まずは「五月革命」の概略を簡単にたどった上で、トゥレーヌによりながら五月革命の中でのフランスの大学の改革について紹介したい。

(一)「五月革命」の経過の概略

はじめに「五月革命」の概略である。発端となったパリ大学ナンテール校は、学生数の増加によりソルボンヌ・キャンパスが手狭になったため六四年にパリ郊外のナンテールに新設されたキャンパスで、大学と工場とを中心とする地域開発計画に沿って創られた。すぐ近くには移民の集住するバラックも建ち並び、パリ中心部とは違って街らしい風景はほとんど見られないところだった。学部学生を途中で研究者養成コースとそれ以外とに選別するフーシェ改革の実施が決まった六七年の一一月には、この改革に反対する学生たちによるストライキが行われた。翌六八年一月に警官隊が導入されるなどの小事件があった後、三月二二日、ベトナム反戦活動をする学生の逮捕に抗議する集会の後、二〇〇名前後の学生により事務棟が占拠された。「三月二二日運動」と名付けられたこのグループはフランス共産党系を除く左翼グループとノンセクトの学生たちを中心に構成され、その後、フランス全学連（Union Nationale des Etudiants de France UNEF）とヘゲモニーを競い合いながら学生の五月運動を主導していくこととなった。

その後四月はじめまで、討論集会の開催を認めない学部長と学生との間の衝突などを経て、一旦イースター休暇に入る。そして五月三日、学生たちは閉鎖されたナンテール校からソルボンヌに場所を移し、抗議集会を開いた。この集会にはフランス全学連も加わっていた。これに対して大学当局側は、すべての教室を閉鎖した上で警官隊の出動を要請した。抗議集会に参加していた学生たちの多くが逮捕される（五二七名）が、警察の出動を聞き知った多くの学生がソルボンヌ周辺に集まりだした。そして最初の大規模な衝突が起こる。ヘルメットとゴーグルで身を固め、催涙弾を発射し、楯と警棒を手に襲いかかる警察機動隊に、学生たちは通りにバリケードを築き、敷石を剥がして投石で抗戦した。武装警官は老若男女、学生・市民も見境なしに、激しい暴力を加えたが、このときの警察による過剰な暴力が、学生たちの闘争への市民・労働者の共感を急速に広げることになった大きな要因の一つと言われている。

五月六日にはこの事件への抗議デモがフランス全学連などのよびかけで行われ二万人が参加、ここでも警官隊との衝突があった。この頃から運動は全国の大学や高校生へと広がり始める。五月一〇日五万人の学生らによるデモ、再びカルチェラタンでバリケードを挟んで警察機動隊と衝突する。ＣＧＴなどの労働組合が連帯ゼネストをよびかけ、五月一三日、学生・労働者・市民による一〇〇万人のパリ集会。その後ゼネストは拡大し、五月末までに一〇〇〇万人の労働者が参加。五月二〇日頃には公共交通機関の停止、ガソリン不足、路上のゴミの山など国民生活全般への影響が大きく出始めていた。

こうした中でド・ゴール大統領は五月二三日に臨時閣議を召集し、翌二四日にはラジオ演説で自己の信任を問う国民投票を予告する。しかし五月二九日、ド・ゴールは隠密理に西ドイツに飛び、軍幹部らと会談し軍の支持を取り付ける。そして翌三〇日にはパリなどに陸軍機甲部隊が配置される。そして同日の閣議終了後、ラジオ演説でド・ゴールは辞任拒否、全体主義的共産主義の危機への市民行動の呼びかけ、国民投票の中止と国民議会解散を表明する。これに合わせて同日にはパリで、ド・ゴール派八〇万人のカウンター・デモが行われる。

その後も学生たちの運動は続くが、継続されていた一部の労働者のストは警察隊が導入されるなどにより、次第に鎮圧される。六月一六日にはソルボンヌを占拠していた学生たちも警察隊により排除される。そして六月三〇日、国民議会選挙はド・ゴール派の勝利のうちに終わる。

これがおおよその「五月革命」の経緯である。

(二)「五月革命」の中での学生参加・大学共同管理

トゥレーヌによれば、大学の教員・学生らによる共同管理という問題は、「五月革命」を主導した「三月二二日運動」の学生たちにとっては主要課題ではなかった。トゥレーヌ自身も一連の闘争全体の性格を、学生たち、そしてその運動に強く共感した若い労働者らによる社会全般への異議申立てと、必ずしも明確な目標を持たない社会変革への志向と規定している。その中で、運動の先端にいたラディカルなグループの主張は、大学についても既存の大学の民主化や共同管理ということではなく、むしろユートピア的大学像を提示していた。例えば五月一三日付けのサンシエ行動委員会声明草案では、教授・学生・労働者という分裂を否定し、すべての者が教えられる・教える者にならなければならないこと、大学をはじめとする新しい教育単位は「すべて教えかつ教えられる労働者総体によって管理される」こと、「すべての教えかつ教えられる労働者の選出、解任、昇進は、常に同僚たちによって行われる」などが主張されていた（大学情報宣伝組織センター一九六九）。

しかし一連の闘争の中では、大学の教員・学生による共同管理を志向する取り組みがかなりの程度広がっていたようである。例えばトゥレーヌの所属していたパリ大学ナンテール校では、六七年一一月のストライキ以降、各学科で学生教員による対等委員会が組織された。但しトゥレーヌは「五月革命」の過程では、「均等代表委員会主義あるいは共同管理制に象徴される一般的な問題の扱い方が体制内取り込みを進める車輪になりえた」とも指摘している（Touraine 1968/1970）。実際、ナンテール校では各学科の対等委員会を学部全体でまとめるためある教授の発意で創られた調整委員会が学生たちの期待とは異なる方向に動いた。こうしたことから、ナンテール校の中でも運動に積極的だった社会学・哲学・心理学の学生たちはむしろ共同管理には否定的だった。同じように共同管理に否定的な反応は例えばパリ大学文学部などでも生じた。一方、トゥレーヌが比較的成功した例としてあげるのはパリ大学法経学部である。ここでは対等委員会が十分な時間をかけて準備された。また同学部も加わった「一九六八年五月の大学宣言」（本稿末資料）にも示されているように、社会への「異議申し立て」を大学の役割として位置づけることが「体制内取り込み」への歯止めになっていた。その上でトゥレーヌは、「五月革命」の過程で共同管理へと動き出した「大部分の学部・高等専門大学校・研究機関においては改革方式が研究され、議論され、承認された、混合あるいは対等の新管理機関が発足した。これらすべての場合に体制内取り込みを論ずることができるだろうか」と、むしろ有効に機能したものが少なからずあったことを示唆している。

その上でトゥレーヌは、こうした共同管理について、次のように評価する。すなわち、学生の異議申し立てや大学に求められている知的革新は、共同管理の中には吸収されえない。そこで大学は一方でそうしたことについての自由な表現やイニシアティブを許す自由が必要である。「したがって、教官層と学生層とが、一方では相互に結びつき、他方では相互に独立を維持するということが必要である」(同)。しかしこの相互補完性は同時に、「集団交渉および共同管理の存在を前提としている」(同)。そして「異議申立てと科学的研究と協同管理、これらの混合体だけが大学に活力を与えうるのだ」(同)と。すなわちトゥレーヌは、「五月革命」以後のフランスの大学について、それ以前には認められていなかった大学内における学生の政治的自由の確保を前提にとした共同管理に、その可能性を見出そうとしていた。

「五月革命」終焉後の同年一一月、大学改革法(法案を準備した文部大臣エドガール・フォールの名を付してフォール法と呼ばれる)が成立した。フォール法は、中央政府の直接的な管理の下におかれていた大学に一定の自治権を認めるとともに学部長等の選挙制、大学運営評議会への教授以外の教員層、学生、職員のそれぞれの代表の参加を認め、また全国および地方レベルの大学審議機関にも同様の参加を認めた。保守派は学生参加などには強く抵抗したが、フォール文相の強力なイニシアティブのもとで、様ざまな修正と妥協が積み重ねられ(社会党・共産党もその修正協議には加わっている、但し最終的に社会党は法案に賛成したが、共産党は棄権した)、成立にこぎ着けた(Fomerand 1975)。一二月にはフォール法に基づく大学評議会選挙が各大学で行われたが、「五月革命」の一翼を担ったフランス全学連はボイコットを呼びかけた。

このように学生参加の法的承認は、当時の政治状況の下では、かなり複雑な評価を受けており、必ずしも運動の中心にいた学生たちからの支持があったわけではない。しかしトゥレーヌはフォール法について、「その目的は五月の革命家たちの目的とは一致しないが、現実的なやり方で革命家たちがかちえたものの一部を認め、とくに古い秩序を崩壊させることを認めた」(Touraine 1968/1970)と評価し、そのもとで「大学の中に導入されるだろう自治と共同管理は、一つの危機の終焉と同時に新しい闘争のはじまりのしるしである」(同)としている。

四　欧米の大学にとっての六八年と日本

(一)大学における学生の位置の変化

以上、アメリカ・コロンビア大学とフランスにおける一九六八年の闘争とその後の学生参加の承認の経過について見てきた。そこからは、いくつかの両者に、あるいは日本も含めて共通の点が見いだせる。その第一は、大学における学生の位置の変化である。そこには当然、学生の参加の承認ということがあるが、それは参加の承認ということ以上に、学生を「成人」として、いわば自立した市民として承認するか否かということが含まれていた。

六八年以前、学生はアメリカでもフランスでも、学内での政治活動や市民的政治的権利を制限された、いわば「未成年」と位置づけられていた。そこでは大学は親の監護権を代位する存在として、学生を一定保護するかわりに私生活や市民的活動への制限を加えていた。例えば六八年当時、コロンビア大学の教員だった文化人類学者マーガレット・ミードは次のように述べている。大学はそれまで伝統的に、大学生を特権的であるとともに未熟な学問の初心者として教師の権威に従うべき存在と扱ってきた。そこで大学は「親代わり」として学生の生活に干渉するとともに、一方では学生たちの乱痴気騒ぎやそれによる大学施設の破壊などの逸脱行為には寛容な態度をとるといったパターナリスティックな対応をしてきた。しかしコロンビア大学が警察隊を導入し学生たちを逮捕させるに及んで、学生の監護という伝統的な大学の役割は劇的に覆されてしまったという（Mead 1968）。

トゥレーヌもまた、学生はもはや未成年者としては見なされなくなり、それ以前は禁止されていた学内における政治的自由が認められたことを、「五月革命」後のフランスの大学の大きな変化としている。ここには六八年において、学生の学内での政治活動の自由を認めるか否かということが、学生を自立した市民としての成人と認めるか否かということと重なっていることを見ることができる。学生を大学というコミュニティの正規の構成員として承認するということの前提には、学生がもはや未熟な監護の対象ではなく、権利と責任を有する自立した存在と位置づけ直すことにあった。

日本においても状況は類似していた。六八年以前、大学は「教育的処分」という論理によって学生自治会などの政治活動を制限してきた。六八年以前の東京大学の学生自治についての基本的見解を示していた「大学の自治と学生の自治」（一九六五、いわゆる「東大パンフ」）は、学生は「なお修学中のもの」であり意見を表明できるとしても大学の最終的な意思決定に関与はできないこと、大学が学生に許す自治はあくまで「よき市民として社会生活を営みうるような人間の養成」という教育的観点からのものであるとしていた。したがって大学が学生に下す懲戒処分は、いわば大学の監護権に基づく「教育的処分」と認識されていた。そこで「東大確認書」で「教育的処分」という見地が破棄されたことは、学生を自立した権利と責任の主体として承認することを意味した。

学内問題を含む政治活動を理由とした大学による学生の処分は、コロンビア大学でもパリ大学でも、そして東大でも六八年闘争を燃え上がらせる大きなきっかけの一つとなっていた[1]。ウォーラスティンらも指摘するように、懲戒問題はこのように六八年以前の学生の地位とそれをめぐる問題を凝縮的に表す問題であったといえよう。

(二) 六八年闘争における学生参加課題の性格

次に六八年闘争全体の中での、学生参加という課題の性格と位置である。すでに見たように、学生参加はアメリカでもフランスでも、ラディカル派の要求課題ではなかった。SDSの学生たちは破産したアメリカの大学システムのもとにある大学の解体を主張し校舎再占拠などの行動を繰り返した。これに対し、大学評議会の設立による学生参加を推進したのは、彼らから別れた左翼系の一部とリベラル派の学生たち、教員たちによってであった。またフランスでは、「三月二二日運動」などラディカル派の学生たちにとっては既存の大学の民主化は課題ではなかった。彼らにとっては、ド・ゴール体制を覆すことなしには大学も社会も何も本質的には変わらないということだった。その結果、共産党系とされていたフランス全学連さえもがフォール法の下での第一回大学評議員会選挙をボイコットした。それに対して、参加を進めたのはパリ大学法経学部など下からの取り組みを担った学生・教員層であった。そして学生参加を法的に承認したフォール法の成立は、それに抵抗する保守派を押さえた文相フォールのイニシアティブと左翼政党の協力のもとでであった。[2]

こうした構図は、日本の六八年にも当てはまるかもしれない。東大闘争の中盤以降、全共闘は「大学解体」を主張し、既存の大学の民主化という目標から明確に離れていく。医学部処分や機動隊導入など大学への異議申し立てから始まった闘争は、そこから既存の大学の改革・民主化へ向かうのか、それとも既存の大学の改革を「幻想」と決めつけてその否定・「解体」への向かうのかというところに、コロンビア大学と同様、ラディカル派とそれ以外の左翼・リベラル派との間の分岐点があったといえる。

そのもとにおいて「学生・院生・職員もそれぞれ固有の権利を持って大学の自治を形成していること」を明言した東大確認書は、大学の管理運営への学生参加への可能性を示したという点で、ここまでに見たような六八年の欧米の大学闘争とともに一つの共通の世界史的流れの中に明確に位置づけることができる。

(三)参加の制度化と定着をめぐって

以上の点では、コロンビア大学やフランス「五月革命」と、東大闘争など日本の六八年との間には大きな重なりがある。しかしながら、六八年を契機とした学生参加の制度化や定着をめぐっては、これらと日本との間に大きな違いが見られる。冒頭にも紹介したように、コロンビア大学では今日においても二年ごとの評議員選挙が教員、学生、職員、卒業生など各層ごとに行われ、全学的な課題の意志決定機関として機能している。フランスを含むヨーロッパの多くでは大学全学や学部、あるいは全国レベルの審議機関等にまでの学生代表参加が法制化されている。これに対して日本の場合、六八―六九年当時には全国の多くの大学で一定程度の学生参加が勝ち取られていた[3]。しかしこうした参加が現在でも維持されているところは残念ながらごく僅かしかない。この違いはどこから生じたのだろうか。

大きくは七〇年代以降の西ヨーロッパ各国の政治状況と日本との違いなども挙げられる。七〇年代以降西ヨーロッパ各国では学生参加などに親和的な左翼政権や中道左派政権ができることでこうした制度の法制化や持続・拡大が図られたことが考えられる。一方で日本では、日大闘争に介入し東大確認書の破棄を迫った自民党保守政権が続くことで、そのような政治環境は醸成されなかった。

しかし同時に、六八年直後の経緯の違いにも着目してみる必要がある。フランスでは「五月革命」から半年後の同年一一月にはフォール法という形で、学生参加の法制化が行われている。コロンビア大学の場合、四月の占拠事件があった半年後には全階層による大学評議会構想がリベラル派教員を中心に提案され、学生たちを含む全学的な協議の後、翌年四月にはこれが全学投票で承認されている。フォール法の成立については、「五月革命」が大きなインパクトを与えたとはいえ、法案自体は五月以前から準備されてきたもので、また文相エドガー・フォールの強力なイニシアティブなど、当時のフランス固有の文脈も無視できない。

だがコロンビア大学と東大との比較では、コロンビア大学が事件からわずか一年で全構成員参加の大学評議会を制度として発足させているのに対し、東大では六九年一月の確認書以降、学生自治会の交渉権や懲戒処分への学生代表の関与など一部を除けば、全学協議機関などの確立は果たせなかった。そこにはもちろんコロンビア大学と東大との学内政治状況の違いや、政治からの大学への介入など国内政治全般の状況の違いもあるとは思われるが。

またトゥレーヌも指摘していたように、参加は一方では「体制内取り込み」というリスクを常に伴っている。これに対して一方で学生らや学内少数派の異議申立権をどのように担保するのか。日本における六八年を総括する上で、こうした視点は欠かせないであろう。

いずれにせよ、六八年から五〇年の経過は、非常に似た状況と経過を一旦はたどりながらも、日本の大学と欧米の大学との間に、学生の地位や参加ということをめぐって、大きな乖離を生んでしまっている。だがたとえば東大教養学部自治会が依然としてそのホームページに東大確認書を重要な資料として掲載しているように、その痕跡はまだいろいろと残っているはずである。そうした痕跡の意味を、もう一度、今の学生たちとともに確認し直すことから、この乖離を埋める作業は始まるのではなかろうか。

第Ⅲ部

〈資料〉一九六八年五月の大学宣言（大学情報宣伝組織センター一九六九）

さまざまの高等教育の公共機関による本総会は、大学のすべての改革は、つぎの基本原則を指導方針として持つべきであることを、厳粛に宣言する。

1　独立と異議申し立て

(a)　大学は、いかなる政治的権力からも全く独立していなければならない。

(b)　大学は、社会に関する絶えざる異議申し立ての中心でなければならない。大学のなかで学生、教育者、労働者のあいだで自由に組織された情報と討議とが、この異議申し立ての基本的手段を構成する。

(c)　各高等教育機関の内部規約の全体が、これらの原則、ならびに少数者の存在とその自由な表現とを保証せねばならない。

2　自己管理

(a)　現代の社会は、全課程を通じて教育の授業料免除をすることが未来社会への義務である。

(b)　それは、選抜試験を課することなく万人に対し、効果的かつ平等に開放されねばならない。

(c)　高等教育機関は、外部からの干渉を排して、教育者と学生の同数代表によって管理されねばならない。

(d)　《国家》によって当然《教育》に与えられている公共の資金は、国民全体の要求に従って決定されねばならない。その要求は、国民全体が民主的につくり出し、その適用が公共機関にとって義務であるような、中期および長期の経済的・社会的計画のなかで表わされなければならない。教育者と学生の諸組織は、この計画を作製する諸機関のなかに代表者をもつものとする。いったん批准された計画に従い、教育にこのようにして割り当てられた予算額は、年間予算の議決の際に、執行機関または討議機関たる政治権力に対する強制力としてはたらく。高等教育に関するこの予算額は、この計画の作製に参加した教育者と学生の同数代表の諸組織を母体とする、一個の同数代表の執行組織によって、各大学に配分される。

(e)　現実の自治はすべて、大学機能に関連したあらゆる事項における決定権を学生と教育者の手から実際に剥奪しうる、外部諸勢力を中立化することのできる組織構成を必要としている。同数代表の諸委員会を母体とする、全国的な監視委員会のみが、再獲得の企てに対し、とりわけ自治の無秩序な使用を直ちに利用しようとする企てに対し、反撃すべき集中的な手段を決定することができる。

3　自己決定

(a)　学生と教育者とは、教育の内容と形式とを規則的に、しかもまったく自由に再検討しうるのでなければならない。

(b)　大学は社会の文化中枢でなければならない。それゆえに大学は、労働者たちが大学の諸活動に参加する際の枠組を、みずから決定せねばならないであろう。

(c)　現行の形態での試験や選抜は消滅し、それらは全期間にわたって実際に学生がおこなった学習の質にもとづく持続的検査《コントロール》に席を譲らねばならない。現行の形態での不合格は、かならずしも学生の怠惰や不適格を裏づけるものではなく、しばしば教育失調症をしめしているにすぎないのである。

4　自己永続

大学は、永遠の超克の意志であり、それを保証するものは、

(a)　研究と教育との緊密な結合、

(b)　永続的な教育、

(c)　労働者と教育者とが規則的におこなう研修（教育者にとっては、数年間まったく自由になる研究期間が予定されるべきである）なのである。

この文章は、つぎの高等教育機関の代表者らによって作製された。

パリ政治学研究所（I．E．P）法経学部（パリ大学）、医学部（パリ大学）、哲学・社会学部（パリ大学）、東洋語学校、元美術学校、ア＝ロ＝ヴァン理学部、オルセ理学部、経済学部（ナンテール）、経済学部（ルーアン大学）、経済学部（ポワチエ大学）、経済学部（クレルモン＝フェラン大学）

以上は総会に提案され、その全体において可決または却下されることになろう。

〈注〉

注1　パリ大学ナンテール校では六八年一月の大学施設の落成式に来賓参加した閣僚に、その後「3月22日運動」のリーダーとなるコーン・ベンディットが突然近寄って質問を投げかけたことについて、大学がベンディットを処分するという噂が学生たちの中に流れた。フライによれば、このことも三月にかけてナンテール校の学生たちの中での運動の盛り上がりを促す一つの要因になっていたという（Frei 2008/2012）。

注2　ちなみにフォールは、その後ユネスコの教育開発国際委員会委員長を務め一九七〇年に生涯教育に関する報告

「未来の学習（Learning To be）」をまとめている。この報告はユネスコがその後展開する「学習権宣言（The Right to Learn 1985）」などの生涯学習につながる骨格を創った一つとして広く評価されている。

注3　一九七〇年発行の全学連中央執行委員会編『大学問題資料集』には、東大確認書とともに六八〜六九年の闘争の結果勝ち取った各大学の学生参加制度等の概要が掲載されている。そこに掲載されている主なものをあげれば、次の通りである。

一橋大学：学長選挙・学生部長選考への学生除籍投票制度
東京都立大学：総長・学部長選挙への学生除籍投票制度
横浜国立大学：学生は教員・職員とともに大学自治の構成員、三者協議機関の設置
立命館大学：総長選挙への学生代表参加、理事会・教員・職員・学生各代表による全学協議会設置
北海道大学教育学部：教員・職員・学生・院生各代表による学部運営協議会設置
東北大学理学部：教員・職員・学生・院生各代表による学部協議会設置
三重県立医科大学：教員・助手・学生・院生など各代表による各層代表者会議の設置
名古屋大学医学部：学部長選挙第一次投票への副手・学生・院生の参加

【引用・参照文献】

Bergan, S. ed.（2004）*The University as Res Publica*, Council of Europe Publishing.
Columbia University Library, *1968: Columbia in Crisis* https://exhibitions.library.columbia.edu/exhibits/show/1968

Columbia University, *Columbia University Senate*, http://senate.columbia.edu/index.html http://senate.columbia.edu/information/40th_anniversary/40th_anniversary_page.htm

Columbia University *A Guide to The University Senate*, http://senate.columbia.edu/orientation_materials/senate_guide_2018-2019_20190206.pdf

大学情報宣伝組織センター編、谷長茂・福井芳男訳（一九六九）『大学とは何か社会とは何か』（中央大学出版部）

Fomerand, J. (1975) Formulation and Change in Gaullist France: The 1968 Orientation Act of Higher Education, *Comparative Politics*, 8 (1).

Frei, N. (2008) *1968 : Jugendrevolte und globaler Protest*, ノベルト・フライ著・下村由一訳（二〇一二）『１９６８年―反乱のグローバリズム』（みすず書房）

Mead, M. (1968) The Wider Significance of the Columbia Upheaval, *Columbia University Forum*, in Wallerstein, I. & Starr, P. eds. (1969)

中村督（二〇一五）「フランス―5月革命」、西田・梅崎編（二〇一五）。

西田慎・梅崎透編（二〇一五）『グローバル・ヒストリーとしての「１９６８年」―世界が揺れた転換点』（ミネルヴァ書房）

西川長夫（二〇一一）『パリ五月革命私論』（平凡社新書）

大場淳（二〇〇六）「欧州における学生の大学運営参加」（『大学行政管理学会誌』第9号）

大場淳編（二〇一四）『フランスの大学ガバナンス』（広島大学高等教育研究開発センター）

鈴木尊紘（二〇一一）「フランスにおける大学自由責任法」（国会図書館調査及び立法考査局『外国の立法』２４７号）

The European Students' Union (2018) *Bologna With Student Eyes 2018*, https://www.esu-online.org/publications/bologna-student-eyes-2018-2/
Touraine, A.（1968）*Le Mouvement de Mai*, 寿里茂・西川潤訳（一九七〇）『現代の社会闘争―五月革命の社会的展望』（日本評論社）
Wallerstein, I. & Starr, P. eds.（1969）*The University Crisis Reader, Volume 1*, Random House; New York.
全学連中央執行委員会編（一九七〇）『大学問題資料集』

第二章　東大確認書はいま……

——法律論として、運動論として

藤本　齊

大学当局は、大学の自治が教授会の自治であるという従来の考え方が現時点において誤りであることを認め、学生・院生・職員もそれぞれ固有の権利を持って大学の自治を形成していることを確認する。

（一九六九年一月一〇日東大「確認書」第一〇項二号）

東大闘争から五〇年。ではあの時から逆に五〇年前はというと…、私たちが生まれるずっと前の、第二次大戦前の、日中事変前の、満州事変前の、男子普選と治安維持法前の、大正デモクラシー前の、関東大震災前の、実は第一次大戦のヴェルサイユ講和、ちょうどシベリア出兵開始時です。それだけの月日……、ちょっとこれは尋常なタイムスパンではありません。五〇年の歴史変動は確認書ごときは吹っ飛ばす程のものだったのかも知れません。さてそれは実はどうだったんでしょうか。そこで改めて五〇年前とこの五〇年を考えてみようというわけです。

私自身は一九六四年に入学し、留年中に東大闘争を経て、七一年に司法研修所に入所し弁護士になったのですが、その後の五〇年の中で、東大においても農学部をはじめ幾つかの部局や東大生協など学内団体での法的相談や助言にも携わってきた者として、知る限りでの確認書のその後と現在の一端についてご報告して、議論の一助にでもなればと思う次第です。また、後半では、確認書に至るまでの六〇年代の全国と東大の運動について、振り返りたいと思います[1]。

一　法としての確認書

確認書との再会

国公立大学の法人化が二〇〇四（平成一六）年、一五年前ですが、それに向けての準備が東大でも本部だけでなく各部局等でも急ピッチで行われ始めた頃から、私もいくつかの学部部局での相談や助言等に携わり始めました。そういう将来を見据えての環境整備・法人化移行準備が進められている丁度その時期に、不祥事を起こした学生に対する懲戒処分を検討するにあたっての相談を受けたことがあります。

こういうときは、まず、その当該部局の職員の人たちが、私に、学生処分に関するその時期の東大の法体系・規則体系を説明するということから話は始まります。さて、そのとき、その説明のためのファイルの冒頭に綴ってあったのは、何と、調印から既に三〇年以上たっていたあの確認書そのものでした。ある種憲法でも条約でもあるのですから当然と言えば当然なのですが、「おお確認書か！」と、ちょっとした感銘ものでした。こうして私は確認書と再会したわけです。

確認書は憲法・条約に当たるもの

そのファイルには、確認書に続いて昭和五六・二・二四評議会承認の『現行懲戒処分制度について』という文書が綴ってありました。

この評議会承認文書の総論では、処分制度について、次のようにのべられています。

まず確認書を再確認したうえで、それまで矢内原三原則で必ず退学処分とされていた学生大会での「ストライキ」の提案・議決・実行（授業放棄）は処分の対象としないこと、正当な自治活動への規制となる処分は行わないこと、一方的手続きでの処分はしないこと等が特記されて再確認されておりました。

次いで各論において制度の運営について詳述され、更に、「この評議会承認は、よりよい懲戒処分制度の制定に向けての努力の必要性を否定するものではない。」との了解事項が付せられているという体のものでした。

私は、「今回の不祥事のこの学生の件は、事実も明瞭な、いわば破廉恥事案のようで、懲戒処分自体は当然と思われるケースなのに、また大仰なことで……」と反応したのですが、その時の課長の言はこうです。「自治活動に関連するとみなされると、この確認書の問題範囲にもなるかもということでご説明したのです。一応不祥事の舞台はサークル活動だったものですし……」と言うのです。

確認書の立法事実からしてその学生に対する処分が自治活動に対する規制に繋がるものとは到底考えられないケースではあったのですが、一応の法的検討は必要だし慎重に行うというのが学部執行部や事務局の姿勢だったわけです。ということは、確かに、確認書は、ファイルの綴られ方という形式からしてだけでなく、実質においても、憲法ないし国際条約に相当するものとしての扱いを受けていたわけです。

法人化後の処分制度

それでは、国公立大学の法人化後は、どうなったのか。

法人化によって学内の規則体系は上から下まで形式的には全部入れ替わります。何しろ、国立の場合、国の組織の末端の一部だったのが、「独立」の国立大学法人になり、教職員も全員が非公務員労働者に地位変動したのですから当然といえば当然とも言えますが。

学生の懲戒に関しては、移行後、学部通則二五条により「教育研究評議会に置かれる学生懲戒委員会の議を経る」ことと定められ、その具体的手続については、現行『学生懲戒処分規程[2]』（東大規則第二五三号平成一七年一月一日施行）に規定されています。そして、これは、前掲昭和五六年『現行懲戒処分制度について』の各論部分を敷衍し、且つ、新たに様々に細部を構築し直したものとなっています。これらについてはネットでご覧いただけますが、これ、実は、なかなかに興味深いものがあります。

この学生懲戒委員会は、処分検討案件について、個別案件毎に担当班を作って調査・審議したうえで担当班としての懲戒処分案を作成し委員会に提出するのですが、この懲戒処分案については、「その公平性と透明性を高める」ことを目的とした後述の「参考人団」による審議にかけられ、その評決によって、案として確定されたり、却下されて再審査に付されたりするという造りになっているのです。

この「参考人団」なるものの造りがまた興味深い。その構成員すなわち「参考人団員」は、評議員から一名、教員団員五名、学生団員五名です。この学生団員五名がどう選ばれるかというと、各学部部局から相応数選出されてくる「学生参考人」合計四二名による「学生参考人会」が招集され、その中から互選（対象者との関係等がここで審査されることになります）して送り出すという造りとなっているわけです。

前述のとおり、この「参考人団」の評決により案は確定されたり、却下されて再審査に付されたりすることになるのですが、職員に聞いてみますと、この「参考人団」と「学生参考人会」、これは今も選出され現にちゃんと機能しているそうです。

確認書は生きている

尚、この『規程』に付されている［了解事項］の三の「本文」は、「東京大学は、学生処分の歴史的経過を踏まえ、懲戒処分を進めるに当たって当該学生からの事情聴取および当該学生の意思確認を重視している」とされています（「本文」に続く「ただし書き」の内容は、それが困難な逮捕拘留されている場合の扱い方等についてです）が、ここに見られる「学生処分の歴史的経過を踏まえ」という文言をわざわざ特記するというあたりなどで、法人化前の東大闘争と確認書への繋がりを意識し表現しているものなのでしょう。

更には、特に焦点のひとつであった自治活動に関連する処分についての中心的特記は、明文で引き継がれています（同『規程』第三条〈懲戒処分の対象〉第七号「ただし、学生の正当な自治活動の一環として、大学または部局等への意思表示のために、授業を受けることの放棄を呼びかけること自体は、ここにいう行為にはあたらないものとする」）。

なお、この平成一七年一月一日施行のこの『規程』の制定時の付則第二項で、法人化前の前掲評議員会承認『現行懲戒処分制度について』は施行前日をもって廃止するとされました（これは平成一六年制定時の付則で、現在のネット上掲載の『規程』は一九年改正時のでして、その付則としては載っていません）。「廃止」とは何ごとだと怒る方々もいらっしゃって、そのお気持ちも分かりますが、法人化での法主体の変更による内部の法体系としてはそういうことにならざるを得ないのかも知れません（「しかも」と言うか「しかし」と言うか、内容はかえって豊富化しているとも言えます）。

しかし、それはそうだとしましても、重要な問題は次にあるというべきでしょう。

東大確認書の法体系上の性格、位置です。単なる内部問題という側面だけではなく、確認書は、その経緯からしてもその内容からしても明らかに、お互いに他の主体として認め合った者同士の間での、即ち互いに独立した主体である別個の団体と団体との間での確認書なのですから（しかも、学生自治会とだけでなく、教職員組合[3]との確認書《巻末資料》もあり、また、東大生協のような関連団体との間でも新たな関係の結び直しはあったのですから）、他者との契約としての性格、ある種条約的性格をもちます。

従って、定めに則ってというわけでもなく、又、相手方の不履行や違反を理由としてでもなく、単に自分の所の内々の事情や都合で一方的に破棄とか廃止とかできるものではあり得ません。片方主体の内情変化に関わらず、相手方主体との関係での拘束力は当然引続き継承されるものだということです。要するに約束なのだ、しかも満天下にも向けられた約束なのだ、ということです。

教養学部学生自治会は確認書を受け継いでいる

実は、現在の駒場、東大教養学部学生自治会自身がそのことを堂々と示しています。

東大教養学部学生自治会の現在のホームページを見てみましょう。五〇年というタイムスパンで見た場合には、比較的最近新たな執行部により作成されたものです。東大新聞もこのことを取り上げていましたが、サイトマップで〈「運営案内」から「大学の自治とは」や「東大確認書」〉のページを選んでごらんに

第Ⅲ部

なるとおわかりのとおり、現在の彼ら彼女らも、この確認書、特にその全構成員による自治の確認条項を先頭に掲げて、毎年の対学部交渉に様々な要求を掲げて臨むという活動をしているのです。[4]

また、新入生に対する大学の自治についての説明もこれを出発点としてＨＰ上でも実に丁寧に説明しようとしています。しかも「大学の自治とは」の項目を特に設けて、確認書の、あの複雑多岐にわたる全各条項をも掲載してですよ。五〇年前のをわざわざ掲げ直してですよ。

日本中で学生自治会の崩壊が続いている中ででも、こういう風にしている、そういう自治会がここに厳然として存在しているということです。今や全学連を脱退した自治会ですが、そんなことの評価とは全く別に、いや、私などにはそれだけになおさらに、ある種の感慨なしには見られませんが、皆さん、いかがでしょう。

確認書の今日的意義

東大闘争全体の特徴の第一は、教職員にとっても学生その他すべての関係者にとっても、何よりも大学の自治のために闘われたのだということにあるはずです。よりよい大学をつくろうということだったはずです。だから確認書なのです。

そして、第二に、学生の運動としての側面での特徴としてみれば、『東大闘争の天王山―「確認書」をめぐる攻防―』という労作をまとめている河内謙策さんが最近言うところの「主役は一般学生だった。闘いを始めるか否か、何を要求してどう進めるか、どう解決するかのすべての大事な局面は、結局は一般学生が決めてきたのだ。我々も役割は果たしたとしてもそれはその中でのことなのだ」と言うとおりだと、本当にそうだったなあと、私も思います。

そういう側面の話もありますし、確認書と一概に言いますが、教職員組合との確認書（巻末資料にありますとおり、これも格調高いものでして、しかも軍学協同産学協同問題も含め要点がすっきりと示されており当時の全体像を把握し易いものとなっています）もありますし、また、生協その他学内諸団体との新たな関係も構築されなおしてきました。全構成員自治の理念に沿って、それなりの再構築の努力がされてもいるのです。もちろん、その再構築にはいろいろな問題点が含まれておりますが、それやこれやについては皆様のご検討に委ねます。

なるほど、見方によっては、確認書の精神はどこへ行ったのだとか、実現なんてされてないじゃないかなどとも言えるのかもしれません。しかし、「東大闘争・確認書五〇周年記念討論集会」（二〇一九年一月二〇日）の報告で目良誠二郎さんもおっしゃっていたとおり、日本国憲法の完全実施問題を連想しても、完全実施がなされていないからと言って価値がなくなったなどと言うべきものなのでしょうか。少なくともかような形での継承はなされ続けてきたし、また、これまた討論集会でも報告された有名な「川人ゼミ」だけでなく、法学部始め多くの学部で長期自主講座自主ゼミ等が模索され、教養・医学部その他ではそれがカリキュラム化され単位化され今なお続いているものもあります。更には、教養学部自治会のＨＰの「大学の自治とは（大学の自治と学生の関係）」にも半世紀を経てなお改めて掲げ直されているのです。

逆に言えば、確認書もないままに、あのまま「全共闘」らの暴力が支配する荒廃状況が続いていたとしたら、そしてそれらをも口実とした政府・自民党側などからの介入がより深刻化していたらどうなったかを想像すると、実に何とも寒々としませんか。

学問の自由と大学の自治を改めて問い直し、今から五〇年前に、ここ東大において、全構成員の自治を掲げ、その理想と理念を認めさせ、その実現と内容作りのための模索がなされてきた、そういう歴史がそこに厳然としてあるのだという、そのことの意義は、実はとても大きいものだったと言えないでしょうか。

二　運動論から「確認書」前後をみる

東大闘争以前と以後との断絶

東大闘争後の東大の状況の推移や自治運動の推移等々に関しては、伊藤谷生さんらが詳細に検討分析しているようです。私が付け加えることもないのですが、ただひとつ付け加えておきたい点として、私は、東大闘争前までの全国と東大の運動が築きあげ到達していた地平と、闘争後のいわば「平時」の運動の再開との間には、単に東大闘争という大きな闘争が間に挟まってあったというだけでなく、それが挟まっていたが故の断絶があったのではないか、実は、それが残念ながら我々の弱点となったのではないかと思われる節を感じるのです。

このことは、東大闘争参加者たちの座談会「東大闘争五〇年」でも指摘されていまして、そこでは、東大闘争以前の多元的で学生生活に即した自治活動が東大闘争後に継承されなかったことがその後の運動の停滞を招いたのではないか、また、そもそも東大闘争が全構成員自治の理念をもつ確認書を勝ち取ることができたのは一九六〇年代後半の多元的で多様な自治運動があったからにほかならない、といった問題が提起されておりました。[5]

そこで、この断絶について、自分の話だけなので少々恐縮ですが、当時の雰囲気とかムードとかセンスを推測していただくには、少しは役立つのではと思って、一九六〇年代の東大と全国の学生自治運動について、一応その幹部であった私のセンスとしての捉え方というか、主観的事実としては、確かにこういうところであったということをお示ししておきたいと思います（注1に掲げた論考『人生を変えた？　平田さんのひと言』と『全寮連三つの旗』再考」を基にしますので、花伝社社長の平田勝さん[6]と全寮連の話が中心になりますが、運動全体の雰囲気の一側面ではありましょう）。

東大闘争以前の学生自治運動のセンス

学生の自治活動に関しての私の関係は、クラスの自治委員と駒場寮委員会の食事部委員から始まりました。一九六四年です。その後三年半は寮での、特に都寮連（東京都学生寮自治会連合）・全寮連（全日本学生寮自治会連合）での活動が中心でした。

各地方寮連の組織化が先行して、数年以上の長い準備時期を経て一九五九年に全国組織として結成された全寮連を中心とした戦後から二〇世紀後半にかけての学生寮の運動は、新左翼系の影響を受けた時期もあったものの、全体としては、寮という生活の場における自治ですから、街頭行動に流れがち（？）な学生運動のなかでは、生活に根づいて、運動のマナーをもった活動をしていたと言っていいと私には思えます。

とはいえ、六〇年安保闘争後、中央書記局を新左翼系に牛耳られ、全寮連は事実上機能停止していました。これに対し、地道に活動していた（せざるをえなかったとも言える）全国各地の寮の状況を反映した東北・

東京・東海の三地方寮連からの、全寮連の再建のための臨時大会の開催請求がなされ（途中、関東甲信越寮連も請求に参加）、これによって開催されたのが第六回臨時大会（一九六四・五・三〇〜六・一）です。[7]

この全寮連再建の臨時大会で平田勝さんが委員長に選出されますが、それにともなって、それまで平田さんが務めていた東京都寮連委員長のポストが、再建二代目の秋廣道郎さんをはさんで順繰りに三代目の私に回ってきたのが六五年春のことでした。

当時二年生になったばかりの私は、既に駒場寮の仕事やクラスの自治委員等もしてはいましたが、一方で、前年の入学手続き前の春休みから東大運動会の軟式庭球部の練習に加わりレギュラー選手に抜擢されていて、入学後すぐの一年生春の東京六大学リーグ戦、関東大学リーグ戦、国公立戦等々以来、春夏秋すべての大会に出ていたのです。

二年目の駒場の春の北寮前広場での立ち話で、平田さんに、

――テニス部のレギュラーとして全試合に出なきゃならんのが、都寮連の三役なんて出来ましょうか？

と聞いたら、随分気楽そうに、

――我々としてはそういう人にやってもらうような運動でありたいし、そういうことなら一層是非……

なんて言うんですよね。

うん、確かにそういう人たちがやってくれるような運動でありたいという気持ちはとてもよく分かるし、大衆運動、とりわけ全員加盟制のそれにとっては、とても大事なセンスではある。そのことにはとても共感はするんだけれども、要するに、平田さん、「運動会」（他大学では「体育会」）の正式レギュラー選手というものがどういうものか全く知らないまま受け答えしてたんですよね、あれは。

しかし、この問答に、当時の私たちの学生自治運動のセンスの一端が表れています。新左翼系が牛耳っていたころの寮自治運動では「自己変革理論」なるものが唱えられて、要求実現という「物取り主義」はダメだ、要求にしても政府文部省からの攻撃にしても、その背景にある資本主義のありかたを暴露して、それに起ち向かえる主体形成をしなければならないといった方向性が取られていたわけです。

それに対して、「運動部のレギュラー選手が委員長をやる／やれるような運動」というものがめざされていたというところに、再建後の寮自治運動のセンスが表れていると言えるような気がします（勿論、再建前から再建に向けてその困難な道筋を担った世代の人々の活動センスであったわけです）。そして、それは、単なる気分ではなく、運動方針としても具体化されていたのです。それを凝縮して示していたのが、「再建全寮連の三つの基本方針」等で、簡略化して「三つの旗」と呼んだりしていました。[8]

あらゆる要求をとりあげる

この「全寮連の三つの基本方針」というのは、一九六四年夏の全寮連第六回臨時大会で提起されたものですが、その年の一二月に全学連（全日本学生自治会総連合）が再建され、その再建大会である第一五回臨時大会で、「全学連四つの課題」が提起されます。こちらは、『資料　戦後学生運動』第六巻に収録（488〜500頁）されていますが、それらとも重なりつつもかなり異なった様相ももっています。全寮連のは、刊行物やインターネットサイトなどには収録されておらず、手持ちの若干の史料と大半は記憶で述べるしかありませんが、しかし、私には、全学連の「四つの課題」等々や他団体のそれらよりも、原初的な再建全寮連の「三つの基本方針」こそが、画期的でもあり、また論争的でもあり、更には思想的にも運動論的にもある種「変な」深みを持っていたと思われるのです。そして、これを検討してみると、現代の諸運動にとっても、かなりの教訓が発せられたりもしそうだと思われるのです。

さて、その「三つの旗」の第一は、「寮生のあらゆる要求をとりあげる」でした。「とりあげる」なんて言葉遣いあたりに若干の時代を感じますが、実はこれ、当時にあっては類を見ない新鮮さと論争性をはらんでいたものです。他団体のものを見ても、「要求を基礎に」とか「諸要求貫徹」なんていう風には言いますが、なんと、それらとも違って「あらゆる要求を」ですよ。新左翼の男どもからは下卑た声で「女をよこせという要求もか」と論難されたわけだ。でも引き下げませんでした。断じて「あらゆる要求を」だったのです。何と言っても、このフレーズの持つ、深い運動論論議への誘い効果はなかなかのものだったと思います。[9]

教授・教授会を敵視せず巻き込んで……

第二の旗は、いわゆる統一戦線の旗で、「広汎な人々とともに」というようなことだったと思います。ここから派生する議論として極めて特徴的だったのは、「教授・教授会を敵視せず、巻き込んで」と語られたことです。これまた、当時の学生運動状況全体の中で、ある種衝撃的にさえ受け止められ、一方、新左翼からは卑俗に論争攻撃されたものです。

東大闘争全学化の発端になった医学部教授会の学生処分上の冤罪問題、その責任を負うべきなのにそこから逃れようとした教授たちや教授会、それを擁護しようとした総長や評議会――こうした問題に対しては、教授・教授会の過ちを徹底的に批判し、それを追及し、是正と責任の負罪を求めるのは当然の話です。しかし、それと、学問の自由と大学の自治を中心とした大学運営問題等に関して一般的に教授・教授会を最初から敵視することとはまったく別の話です。

私たちが取り組んだ学生寮の管理運営問題、とりわけ新寮建設要求やそれに付随する新学寮規定問題等でこの側面はとても重大な形で立ち現れました。

政府・文部省は、新寮建設と引き換えに反動的な学寮管理規定と受益者負担の増大を行おうとしてきたわけです。大学当局は、戦後直後の急拵えで既に老朽化した寮を、ともかく大きく広く又清潔に建て替えることが優先と考える立場でした。寮生の要求とそれをまとめた全寮連のスローガンは「希望者全員が入れる民主的新寮を」でした。

それまでの新左翼流の「反動的新寮建設反対・移転拒否闘争」を受け継いだ闘い方だと、入寮を最後まで拒否して古い寮に籠城して、結局新寮が建たないか建っても入居しないということになります。その過程で寮生の「自己変革」がなされ、「主体形成」ができればいいというわけなんですかね。でもこれ、結果をよく見て下さい。要するに結果としては先細りしかなく、新寮に入寮する人々もそれまでの寮運動とは断絶された人々となり、新寮は構造も規則も生活もその内実は何から何まで全く政府自民党文部省の思惑通りのものと、実にきれいに都合良くなりますね。「運動」が運動目標を結局完全に裏切ることを目標に予めしているようになりますね。

これに対して、私たちは、教授・教授会を敵視し対決することを戦闘性だと錯覚することなく、切実な新寮要求を基礎に、教授会をも含めた大学全体を巻き込んで、政府文部省と対峙して要求を実現獲得していく――これが全国の国公立大学の寮委員会の大多数の支持と注目を集めていけた大きな要素、実例としての力でした。

その基礎の上でできるだけ民主的な新寮を獲得する。そして寮委員会を先頭にみんなで新寮に入り、入ったあとも頑張るというのが我々の方針でした。それで数年たったら、都寮連の東大駒場寮以外の全国の地方寮連の書記局が、次々と、全部新寮に置かれるようになります。文部省が一〇年計画（二回の五カ年計画）で建てた新寮を、順繰りに全寮連が組織化して拠点にしていったことになるわけですね。

全国での平田さんたちの世代が切り拓いてくれていた学生寮のたたかい方、運動論の、何と、事柄を深いところで捉え動かすものであったか、今更ながら、感心します。俗なレベルでも要求を獲得しますが、決して卑俗ではないその思想的・理論的な立体的深みはかなりなものでした。

全構成員自治の基盤はつくられていた

第三の基本方針は、「政治課題も大胆にとりあげる」ということでした。「寮生の要求と結びつけて」と語られましたが、さて、このあたり、当時本当にどう整合整理つけていたのかちょっと不分明でもあり、しかし学生運動の要点の一でもあり、改めて議論してみる価値があるのかもという気もします。

私は、これは第一の旗の敷衍だったと思っていたのですが、実は違っていました。私が「第三の旗」として記憶していたのは、実は、注9記載のとおり、後に定式化され付加された第五の基本方針でして、それは、「要求を実現するため、全国の闘いに常に目を向け、その闘いから謙虚に学び、全寮連に結集して闘う。全国寮生の友情と連帯を深めつつ、全国すべての寮生の団結のため、全寮連の組織を拡大強化する」

とあります。単なる組織の拡大強化というありがちなスローガンと少し違って、ある種の豊かさというか内容を感じませんか。

これに関連して当時私が注目した先輩たちの言説のひとつに、「理論学習よりも経験交流」というのがありました。理論学習さえも経験交流の中から、大衆団体は一にも二にも経験交流から、という感じでした。今でもなるほどと思います。

そして、第一、第二の旗の独自なセンスともあわせて現代的に見直すと、組織建設と統一戦線の構築にあたって、特に現在大きな課題になっている護憲運動のなかで、二〇〇四年発足の「九条の会」の歴史や今回の「戦争させない・九条壊すな！　総がかり行動実行委員会」などの、よく考えられた行動組織への結構重厚な経験等を通じ、新しい形での定式化・教訓化が改めて追求されていく大事な分野と言えそうです。

それにしても、一方で、「統一派」とも呼ばれた時代的特徴もあって、組織分裂と分裂主義に反対し、全構成員を視野に七、八割の支持と団結を、本気で求めて行く、という我々のセンス、方針、活動の仕方を直接に表した項目としての当時なりの的確な表現であったという側面が、十分にあったとも思います（注9にもある第四の基本方針のユニークともいえる「創造的な」言葉遣いにも注目です）。

そして、これらが関連しあって総体としてとられていた私たちの運動感覚、センスというものがさまざまな闘争、運動、活動を通して、自治という側面では、全構成員が固有の権利をもって構成する大学の自治を実質化する基盤を確実につくっていたのです。

質的にちがう階層にあるものをトータルにみな独自の役割を果たす構成員として遇すること、そして、その各階層の中でもその全構成員の七割八割を念頭にという、二重の意味での全構成員による自治という発想でもあります。学生階層についても「クラスを基礎に、サークルを推進力に」と言われました。任意加入のサークル等の独自の役割はそれとして大きいのですが、あわせて、それとともに、全員加盟の全構成員を常に念頭におくことの重要性は、とりわけ、全共闘などと違って、独りよがりと暴力的支配への傾きを排してこれと闘っていく上でも決定的だったのです。[10]

東大闘争以前の大学自治運動論

以上、私自身の経験のなかから、一九六〇年代の東大闘争以前に私たちが採っていた運動路線を、必ずしもしっかりした文献や記録にもとづかないままではあっても、私自身の実感的な運動感覚における主観的事実としてのべてみました。

ここで、より客観的事実としてこれを裏づけるために、一つの論文をご紹介しておきたいと思います。それは吉谷泉[11]「大学の自治をまもる闘争の発展のために」という論文で、『前衛』一九六六年七月号に掲載されたものです。

これを読んだ当時、私は七月の全寮連第八回大会で、都寮連委員長から全寮連委員長になったところでして、大学の自治をめぐる運動等を全国でみていく上で、この論文は非常に役に立ちました。

いま改めて読んでみますと、記憶通り、早稲田大学闘争の総括の中から当時の学園での運動、とりわけ大学の自治に関する運動にとっての重要肝要な勘所の整理が端正になされたものでした。そして、それは私が実感的に身につけていた運動感覚を路線として位置づけてくれているものでした。

吉谷さんが大学の自治をめぐる運動路線の上で強調しているのは、次のような点です。「教授、助教授、助手、職員、大学院生、学生という各層のエネルギーを正しく評価し、それぞれの積極的役割を正しく発展させ、大学内の各層・諸勢力のかたい団結をつくりあげる」「大学の自治を『教授会の自治』に限定する思想は、……講座制のわくのなかでの、なかば封建的といってよい師弟関係の温存のなかで生まれてくる思想であり…、このような思想が支配的になっている大学のなかでは『教授会の自治』（さえも）は名ばかりのものとなる」「職員は、生涯をかけてその大学で活動する労働者であり、その全活動は大学のためのものである。……このような大学職員を、大学の自治の担い手としないことは正しくない」「早大闘争は、……いわゆる『教授会の自治』だけでは、大学の自治をまもりぬけないことを示した」「また（戦前からも）学生の闘争に支えられない大学の自治をめぐる闘争は、かならず敗北した」「大学の自治をまもりぬくためには、教授から助手・大学院生にいたる研究者、職員、学生が、かたく団結してたたかわねばならない」「各層の要求をともにたたかい、日常的に団結をかためることは、大学の自治をまもる力をつくりあげる土台である」

ここには、大学の自治は教授会の自治なのではなく、大学を構成する研究者・学生・職員といった各層が固有の要求と権利をもって構成するものであるという自治思想が示されており、そういうものである大学の自治を実現するには、学内各階層が固有の要求と権利を具現する団体を構成し、それらが固有の運動を展開しながら結合しあっていくという運動論が示されています。

つまり、「全構成員自治」の考え方自体がはっきりとあったということです。当時においても私の記憶の中にあるものとしては、これがその定式化の鮮明なものとしての最初の記憶でした。でも、この吉谷論文を「知らなかった、初めて見た」という人々もとても多かったので、今回、その人々にも読んでもらったのですが、みな違和感は全くなかっただけでなく、色々な記憶が久方ぶりに呼び覚まされてもいるようでした。ということは、あれは私にとってはあの時期以降のバイブルのようなものだったのですが、実は、何もそのバイブルに接していてもいなくても、どっちにせよ当時の活動家はみな同じようなセンスにあったのだということの何よりの証左だったということになるのではないでしょうか。

確認書にひとつの結実をみた、その基礎となったそれまでの運動というものは、そういうものだったと私には思えるのです。

東大闘争の残響からの出発と再出発……

要するに、私には、東大闘争直前の全国と東大の運動の水準とその指向性は、実際にもとても充実したものになりつつあったと思えるのです。一方で、東大闘争時は理学部で、その後も大学に残って東大職員組合でも委員長職を含め長く活動した伊藤谷生さんなどは、確認書後の学生の運動が東大闘争以前に展開されていた自治運動からはずれていったのではないか、というのです。確かに、そういうことはあったのかもしれません。

確認書以後の運動側のあり方について、東大闘争までの間に築かれていた学生・院生・教職員等の運動の到達点のリアルな再認識から再出発して地道に再度積み上げ直していくという感じではなくて、それまでの線から独立に、ある種断絶して、激しかった東大闘争の残響の最後の音に引きずられ、どうしてもその音程だけから出発する体のものだったように私にも思えるのです。それがために、どうもしっかりとした着地ができないままの再出発みたいなことになったのではないでしょうか。

東大闘争前の当時の活動家はみな同じようなセンスにあったと言いましたし、その水準が東大闘争においてもこれをかろうじて支えたのだとは言えると思いますが、一方で強く感じるのは、東大闘争後、その水準からの再出発というわけにはいかなかったということが、その後の運動に響いたのかもしれないということです。

いずれにせよ、東大闘争が「切り開いた地平」とか「かいま見せたもの」とか「提起した問題」とかというような側面からではなく、また、「発揮した力」とかいう側面からだけでもなく、「による断絶」とでもいうような側面からも見てみるということに実はかなりの意味があったのではないでしょうか。

全国的にみても、いわゆる大学紛争以降、運動は湧き上がることを前提に問題はその先頭にどうやって立つかみたいな話ばかりになって（いわば新左翼や全共闘にも似て）、そっちにばかり活動家の体質的な関心が行くようになり、原初的な、そもそも運動を築き上げていく上での運動論上のマナーみたいなものから話を始めるということがなくなって行ったのではないか、それが、大学紛争時代を経たあとでの運動と運動論の衰退に繋がっているのではないかという感じがするのです。[12]

もう一度あの運動感覚、運動論、とりわけ、任意加盟と全員加盟という性格の違いからくる二つの組織形態における活動の仕方の原理的区別を基礎にしつつ、中でも、全構成員を視野に入れた運動論や、全構成員による自治の実質化のための協同への志向等をとりもどすことはできないものかと、単なる郷愁を超えて、思います。そして、いま東大教養学部の学生自治会が東大闘争と確認書をふまえていこうとしているのを見ると、そこに、五〇年を超えた私たちの運動の生命力をかすかにではあれ感じるのですが、どうなんでしょう。だから、あえて自分たちの（と私が思う）運動感覚をのべてみました。

とはいえ、やはり大事なことは当時の寮運動など実際の運動の場面での場合と同じで、まさに眼前の現代の大学の実生活の中からの要求や必要が、どのように、汲み上げられ、また、組み上げられ、そして、組み上がって行くのか、そこにかかっていることは間違いないでしょう。そしてそのとき、確認書とこれをめぐる法的側面や運動論的側面はとても重要な参照点になるはずだと、私には思えるのです。

注

1　東大確認書調印から丁度五〇年目にあたる二〇一九年一月一〇日、東大本郷の山上会館で行われた「東大闘争・確認書五〇周年記念討論集会」で、私は、確認書のその後をめぐっての報告を行いました。また、別に、二〇一五年一〇月に発行された私家版の花伝社創立三〇周年記念誌『自由な発想で同時代をとらえる』に『「人生を変えた？平田さんのひと言」と「全寮連三つの旗」再考』を寄稿し、全日本学生寮自治会連合（全寮連）の活動を中心に一九六〇年代の学生運動の回顧を行いました。本稿は、この二つを基にして、それらを改稿し加筆する形でまとめたものです。

東大闘争は丁度私が全国と東大での学生運動の幹部時代を切り上げて司法試験の準備にはいった矢先に起きたものでしたが、私も、受験態勢に入りながらも、闘争時合計二〇回行われた法学部緑会の学生大会には全部出て演説しています。夏休みを挟んで六月末～一二月二五日のピーク時には平均八日に一回、要するにほぼ毎週です。定足数三〇〇名のところ毎回六〇〇台～八二一名。特に印象深いのは、無期限ストを決議した一〇月一一日の学生大会で、午後二時から翌朝午前六時半まで延々一六時間以上、私は七回発言しましたが、六二九名の参加者中四三〇名が朝まで議場に残っていました。

なお、六九年一月一〇日の秩父宮ラグビー場での七学部代表団と大学当局の団交については、同年三月二七日発行の加藤一郎『「七学部代表団との確認書」の解説』に「会場には教職員約一五〇〇名、学生約七五〇〇名が参加し、前日までの予備折衝で整理された議題にもとづき整然と議事が進められた」（15頁）とある。

2　『学生懲戒処分規程』https://www.u-tokyo.ac.jp/gen01/reiki_int/reiki_honbun/au.html

3　東大の教職員を構成員とする労働組合は、その正式略称を「東大職組」としています。

4　東京大学教養学部学生自治会 **HP**　http://todajichikai.org/

5　座談会「東大闘争五〇年―『確認書』の意義と今日の大学―」（『季論21』二〇一八年秋号43～44頁）

6　平田勝さんは61年入学で、留年休学等を含め一旦社会人になっていたけれど、東大闘争時も東大での身分は学生で69年に卒業。

7　当時の全寮連規約第七条で三以上の地方寮連からの要請があれば大会が開かれることになっており、その規約に基づいてのものでした。呼びかけには途中で関東甲信越寮連も参加しています。そういう次第でもあり、全寮連は、いわゆる自称「全学連」問題の様ないわゆる「分裂」状態となったことはありません。私たちの当時も全寮連でも都寮連でも大会では原案修正案対案が議論採決され、役員も対立候補との選挙が行われていました。生活に密着していた寮を基礎にした運動だったという側面の賜物でもあったでしょう。それだけに活動家のセンスもそこに大きく基礎づけられていたのも必然です。

8　確か、機関紙『緑の旗』の肩にも標語に短縮して載せてたような気がします。それもあって、「三つの旗」という呼び方をしていたのではないかと思います。

9　当初の「三つの基本方針」は骨だけを標語的に取り出すと、第一に、寮生のあらゆる要求を取り上げて活動を組織していく、第二に、統一戦線の旗、第三に、政治課題も大胆に取り上げて、というものでした。後に、より定式化され付加されて五つになった基本方針は、私が退任する一九六七年の第九回大会では次のとおりです。

第一に、寮生活擁護、寮施設設備改善拡充、自治権擁護拡大、希望者全員のはいれる民主的新寮を獲得するために、文化、スポーツ、学問研究活動の自主的発展のために、また大学の自治学問の自由を守り、教育の民主的発展のために、さらに社会的政治的な要求等、寮生が切実に望んでいるあらゆる要求をかかげて実現のために闘うことです。

第二に、私たち寮生の要求を全学友や広範な国民に訴え、また、私たちも全学の問題やこうした人たちの要求に積極的に目を向けその要求を支持し、すべての人々と団結し、つねにたたかいの輪を広げて闘うことです。そして全寮連に結集しすべての寮で全寮、全学ぐるみのたたかいをおこし、民主勢力の統一行動にも積極的に合流してたたかいましょう。

第三に、私たちの要求を妨げている今の政治にも目をむけ、すべての国民が直面している政治課題をかかげ、寮問題と結合してたたかうことです。

第四に、寮自治会の民主主義を徹底させ、すべての寮生が参加する創造的な寮活動を行うことです。

第五に、要求を実現するため、全国の闘いに常に目を向け、その闘いから謙虚に学び、全寮連に結集して闘う。全国寮生の友情と連帯を深めつつ、全国すべての寮生の団結のため、全寮連の組織を拡大強化することです。

ちなみに全学連四つの課題の第一は、「全人民が直面している政治課題」「学生の生活上、勉学上のさまざまな要求」「学問研究、文化スポーツの要求」をとりあげてたたかう、という並列的で区別されたもので「あらゆる」というものではありませんでした。ただ「みんなが参加する学生運動をつくりあげる」という点が強調されていました。第二は、「すべての民主勢力との団結をつよめ、統一戦線の一翼となってたたかう」というものでしたが、その一部として「教職員と連帯して学内のすべての力の団結をつよめる」ことも掲げられていました。第三は、「全国百万の学友の団結のかなめである全学連を拡大強化する」で、第四として、「国際的な学生人民の連帯をふかめるためにたたかう」を挙げ、インターナショナリズムを掲げていました。

10　本書の大窪一志論考にも「クラスを基礎に、サークルを推進力に、寮を拠点に」と出てきます。ここでは、全員加盟と任意加盟をクラスとサークルに代表させるという意味で、その対比だけを取り上げたものです。

なお、全寮連自体は二〇一六年三月に解散しています。焼跡闇市時代からの戦後半世紀にわたる復興期の学生生活の再建と充実を下支えしてきた学生寮の全国センターとしての歴史的役割の一応の終了ということなのでしょう。それはそうとしても、現代的な格差の拡大固定問題や留学生問題等々を含め日本における学生生活をどう支えていくのかということは時代の要請として新たに重要な局面を迎えているはずです。

11　吉谷泉さんは、東大文学部国史学科（現在の日本史学科）卒業で、『日本の中小企業』などの著書があり、東大の状況、学生運動の状況についても知悉していました。

12　なんだかクソ真面目風なだけのセンス話の様にきこえかねないよなあと自分でも心配しますが、私自身は勿論、関係者全員、みんなやっと大人になりかかったばかりの少々のぼせ上がった若造どもにすぎなかったわけで、実際には、全くもってもう、未熟者丸出しの非真面目と不真面目と奔放な逸脱だらけではあったのです。そのことは否定しませんし、否定できません。でも……なのです。

第三章　東京大学「大学改革準備調査会報告書」

戦後大学改革論の中での位置と意義

光本　滋

はじめに

本稿では、東大闘争の産物である「大学改革準備調査会報告書」を取り上げる。この文書は、加藤一郎「総長代行」（のちに総長）の下に組織された大学改革準備調査会が、東京大学が直面している諸問題とその原因および構造を、研究・教育、管理運営、人事制度、財政、大学と社会との関係などに渡って全面的に検討したものである。この検討は文字通りその後の大学改革の準備として行われたものであった。

制度面に注目すると、報告書に盛り込まれた内容の一部は二〇一九年現在の大学においては実現している。この点に注目して、東大闘争を含む「大学紛争」から大学改革がはじまったとする見解も少なくない。例えば、黒羽亮一は、報告書に記述された改革の方向は、三〇年後に大学審議会答申を受けて実施された事項と「大きく矛盾したものではない」と述べ、「大学改革はやはり紛争から始まったのである」と評している。[1]

しかしながら、加藤らが制度改革を通じてめざしたものは、つきつめれば権力から自由な学問の空間を確保することであった。これは文科省（文部省）が大学審議会等を用いて行ってきた「大学改革」とは異質なものだろう。

一方、「東大確認書」による全構成員自治を実現しようとする側からも、加藤改革は必ずしも評価されてこなかった。その大きな理由は、大学改革における位置づけ、参加の仕方をめぐって、加藤ら大学執行部と学生、職員の間にできた溝は大きく、遂に埋めることができなかったためである。

このように、「大学改革準備調査会報告書」は、歴史的な評価においては、つまみ食い的に引用されるか、まったく顧みられることがない。だが、同報告書には、現代の大学改革の方向を考える上で相当示唆に富む内容を含んでいるのではないかと筆者は考えている。

そこで、本稿では、同報告書の提起をいま一度振り返り、その可能性と課題を論じてみたい。

一　加藤改革の体制と検討経過

一九六八年一一月、加藤一郎は大河内一男東大総長の辞任を受けて、「総長代行」に就任した。彼のリーダーシップの下で推進された一連の改革は、しばしば「加藤改革」と称される。これは、直接には東大における紛争の解決を課題とするものであった。だが、加藤はそれにとどまらず、東大の研究・教育、管理運営の体制、さらには国立大学全体のあり方を問題として検討を行い、改革を構想した。

東大では、加藤総長以前にも、東京大学大学制度審議会（一九五八年五月―一九六二年三月）や総合計画委員会（一九六四年四月―一九六九年四月）[2]など、全学的な改革や計画を検討する組織がたびたびつくられてきた。これらはいずれも評議会の下に置かれ、教員（「教官」）のみで構成する組織であった。これに対して加藤は、新たな検討組織を教員のみならず、職員・学生も含めた大学改革委員会（仮称）として発足させようとした。そして、学生に対して、大学改革委員会（仮称）に加わり、教員らとともに討議を重ねながら改革の検討を進めることを提案した[3]。しかしながら、学生側はただちに代表者を選出し、討議に加わる体制をつくることはできなかった。職員も同様である。そこで加藤は、学生・職員の組織が発足するまでの間、教員の検討組織において「予備的な検討」を進めることにした。

ここに、「総長代行」の諮問組織としての大学改革準備調査会（以下、「調査会」と略す）がつくられた。その調査会には、本委員会のほか、規則・処分、総長制度、組織問題の三つの専門委員会が置かれた。その構成は、以下の通りである。

大学改革準備調査会委員

本委員会（1969年1月発足）

名前（所属部局）	生年	職位
八十島義之助（工学部・委員長（途中まで））	1919	教授
大石嘉一郎（社会科学研究所）	1927	助教授
小宮隆太郎（経済学部）	1928	助教授
竹田晃（教養学部）	1930	助教授
内田祥哉（工学部）	1925	助教授
黒田晴雄（理学部・委員長（途中から））	1931	助教授
田中英夫（法学部）	1927	教授
石川馨（工学部（途中から））	1915	教授
島内武彦（理学部（途中から））	1916	教授
渡辺茂（工学部（途中から））	1918	教授

規則・処分専門委員会（1969年1月発足）

名前（所属部局）	生年	職位
田中英夫（法学部・委員長）	1927	教授
芦部信喜（法学部）	1923	教授
城塚登（教養学部）	1927	助教授
竹田晃（教養学部）	1930	助教授
田中正俊（文学部）	1922	助教授
今泉常正（工学部）	1920	教授
髙橋武美（理学部）	1926	教授

総長制度専門委員会（1969年1月発足）

名前（所属部局）	生年	職位
内田祥哉（工学部・委員長）	1925	助教授
松原治郎（教育学部）	1930	助教授
高井康雄（農学部）	1924	教授
松井透（東洋文化研究所）	1926	助教授
溪内謙（法学部）	1923	教授

第Ⅲ部

組織問題専門委員会（1969年1月発足）

名前（所属部局）	生年	職位
小宮隆太郎（経済学部・委員長）	1928	助教授
池田正男（医学部）	1920	助教授
岡村総吾（工学部）	1918	教授
塩野宏（法学部）	1931	助教授
山口嘉夫（理学部）	1926	教授
大石嘉一郎（社会科学研究所）	1927	助教授
宅間宏（教養学部）	1930	教授
綿貫譲治（文学部）	1931	助教授

管理組織専門委員会（1969年6月発足）

名前（所属部局）	生年	職位
石川馨（工学部・委員長）	1915	教授
石井寛治（経済学部）	1938	助教授
大石嘉一郎（社会科学研究所）	1927	教授
神戸博太郎（宇宙航空研究所）	1920	教授
田中良久（文学部・二宮委員の後任）	1917	教授
二宮敬（文学部・途中辞任）	1928	助教授
管孝男（薬学部）	1915	教授
塩野宏（法学部）	1931	助教授
西川治（教養学部）	1925	助教授
山口嘉夫（理学部）	1926	教授

研究教育組織専門委員会（1969年6月発足）

名前（所属部局）	生年	職位
島内武彦（理学部・委員長）	1916	教授
石田葵一（農学部）	1923	助教授
小宮隆太郎（経済学部・途中辞任）	1928	助教授
星野英一（法学部）	1926	教授
吉田正巳（教養学部）	1921	助教授
大野盛雄（東洋文化研究所）	1925	教授
笠原慶一（地震研究所）	1925	教授
岡野行秀（経済学部・小宮委員の後任）	1929	助教授
宅間宏（教養学部・途中辞任）	1930	教授
山川振作（教養学部・宅間委員の後任）	1917	教授

委員名は、「大学改革準備調査会第1次報告書」412-13頁、生年・職位は、谷口知弘（北海道大学大学院教育学院博士課程）の協力により作成。

後につくられる二つの委員会も含めて、委員のほとんどが四〇代以下で占められている。就任当初の職位も助教授の方が多く、一部の専門委員会では助教授が長を務めている。このような委員構成は、全学的な委員会としては異例のことであった。

調査会および各委員会は驚くべきエネルギーを傾けて検討を進めた。その結果まとめられた一五編の「覚書」は、各方面の意見の反映と整理を経て、一九六九年一〇月に『第一次報告書』としてまとめられた。[4] 一九六九年六月、組織問題専門委員会が担当してきた問題に関する検討をより深めるために、新たに研究教育組織専門委員会（『研究・教育組織専門委員会』と記述される場合もある）と管理組織専門委員会が設置された。両委員会も精力的に審議を重ね、一九七〇年三月にそれぞれの報告書（『研究・教育組織専門委員会報告書―新しい総合大学を求めて―』『管理組織専門委員会報告書』）を公表している。[5]

二　大学改革準備調査会の大学改革論

調査会がまとめた三編の報告書の中で根幹となるのは『第一次報告書』である。研究教育組織専門委員会の報告書、および管理組織専門委員会の報告書は、『第一次報告書』を補強ないし展開したものといってよい。

『第一次報告書』は東大の問題、および改革の基本方向と内容を総合的に論じている。東大という個別の大学、かつ日本社会において歴史的社会的に特殊な位置にあった大学の事情を中心にしていることから、扱っている問題や観点に偏りがあることは否めない。とはいえ、検討は原理的な問題から個別的な論点に渡っており、多くの論点が相当程度掘り下げられている。

調査会は総長の下に置かれた機関であるが、加藤一郎自身は調査会に参加していない。各委員は自由な立場で参加し、審議したとされる。[6] このような経緯から、『第一次報告書』は本文が四〇〇頁超という長大なものになっている。他の二つの専門委員会報告書も相当なボリュームである。このように、量・質の両面において、調査会の大学改革論は同時期の他のものを圧倒している。

以下に、調査会の大学改革論の論理と主要な提言の内容を紹介する。『第一次報告書』の構成は、調査会の構成に対応し、大きく、第Ⅰ編「大学改革の基本問題」と第Ⅱ編「研究教育組織と管理組織」、第Ⅲ編「総長制度」、第Ⅳ編「学内規律」の四部にわかれる。

（一）大学改革の基本問題

「大学改革の基本問題」は報告書の総論というべきものであり、「大学改革の課題」「学問の自由と大学の自治」「大学という社会の基本構造」「大学における学生の役割と権利」「大学における職員の権利」の各章から構成される。

「大学改革の課題」では、大学改革を不可避とする現代社会の状況があることを述べる。そのうち「最も重要なもの」は、高等教育の普及と「学生層」の形成、学問研究の質的変化、「学問の有用性」と大学社会との関係の変化である。高等教育の普及により、大学には、従来とは異なる進学動機、関心、進路志向を持つ学生たちが進学するようになった。このことは、客観的には伝統的な大学のあり方に反省を迫るものである。他方で、学問の発展は専門化というかたちで進み、大学教員[7]は個別の専門領域のみに関心を寄せる傾向を強めている。そして、異なる専門分野の者はもちろんのこと、同じ専門分野の者同士でも、学問に関する共通認識を見失う状況になっている。したがって、個々の教員が現に行っている研究の成果や研究方法を教えるという、伝統的な研究と教育の一体性とは異なる大学教育の構成原理が求められている。また、社会とのかかわりにおいては、学問の研究・教育の成果が大きな実際的効用を持つようになった。その結果、社会は大学の研究・教育に大きな関心を寄せるようになる。大学の研究・教育にかかる財政規模は大きなものとなり、必然的に大学は社会に対して財政的な援助を求めねばならない。

このような中で、学問そのものの本来的な要請にしたがって行なわれる研究・教育を大学において保持していくために、大学はその成果を十分に上げることにより、社会的な信頼と支持を得なければならない。同時に、既存の知識や確立された行動様式や体制を変えてゆく変革への契機を内包していかなければならない。

これらの課題は、大学紛争の過程において、学生や若手研究者たちから指摘され、討論を通じて深められた。そして、大学には、「教授会の自治」をはじめとする管理運営機構の欠陥を克服し、自主的な改革をすすめることが求められている。

自主的な改革をすすめる際、原則とされるべきものが、「学問の自由と大学の自治」である。「学問の自由」は市民的自由を補完し、相互に強化しあうものであるが、大学という機関に固有のものである。ただし、その内容は、学問の研究教育を自らの責任において行なう大学教員の権利という伝統的な理解にとどまることなく、学生の学習の権利、教員と学生の間に中間的に存在する研究者たちの研究・学習上の権利も含めて考えるべきである。

ここで、教員は以下の（a）～（g）の事項に関する意思決定において積極的な役割を演じる必要がある。

（a）研究の基本方針および具体的計画
（b）教育の基本方針、および学生の履修すべき教科課程（カリキュラム）の体系とその内容
（c）大学に入学すべき学生の選択と、学生の成績の判定、学位の規準の設定と授与
（d）教官の任用
（e）大学の最高責任者である総長（学長）はじめ、大学の主要な管理責任者の選任
（f）大学における研究教育活動に必要な資金・設備等の配分と管理の基本方針
（g）大学の基本的なあり方にかんする重要事項

これらを可能とするために、大学には、一般の行政官庁とは異なる組織運営が求められる。しかしながら、特に国立大学は、大学の設置者が政府であること、および資金の提供者が政府であることに伴い、さまざまな制約・干渉を受けている。したがって、それらを排する新しい大学の組織運営のしくみをつくる必要がある。そのためには、大学行政組織の独立性・自律性の確保、個々の大学の自主性の尊重、大学間の協力と調整、大学の自己改革、教員団の自律が課題となる。

（二）研究・教育組織の問題と改革の基本方向

「基本問題」を受けて、「研究教育組織と管理組織」以下の各編が展開される。「研究教育組織と管理組織」は、第1部「研究教育組織」と第2部「管理組織」にわかれている。「研究教育組織」[8]では、教養課程（教養学部）、学部教育、大学院教育、教員組織と地位区分（職位）の諸問題を論じ、改革の方向を述べている。「研究教育組織」の全体的な問題は、東大が総合大学として整備されてきたにもかかわらず、総合大学としての実質を備えていなかったことである。すなわち、学部組織の分立が学問的な交流における相当高い壁となっている状況を克服することなく、各組織が拡大し、大学としての適正規模と統一性を喪失するに至っているというのが、報告書の見立てである。教育体制として見た場合にも、授業の編成が教養課程・専門課程・大学院の三つの段階にわかれ、その責任の主体も三段階の組織にわかれているため、大学全体としての教育全般について一貫性、体系性が欠けている。その一方で、大学院の就業年数や学位の取得条件は画一的であり、専門分野の特殊性に対する配慮に乏しい。

一方、各専門分野の最小単位である講座などでは、旧態依然とした権威的支配、封建的な人間関係が温存されている。そして、院生を含む若手研究者が無権利かつ不安定な地位に置かれていること、法律上は教授の補助者とされる助教授層の自律的な研究能力発揮が妨げられていることなどが問題として指摘される。

これらの問題をまとめて克服するために、『第一次報告書』は、教育組織を「大学一般課程」「大学専門課程」「研究者養成課程（大学院）」に再編すること、および教育組織と教員組織を分離することを提案する。

この考え方は、基本的に『研究・教育組織専門委員会報告書』にも引き継がれている（ただし、組織の名称は「総合課程」「専修課程」「研究者養成課程（大学院）」に変更されている。[9] **図**参照）。

「大学一般課程」（「総合課程」）は、総合的判断力・批判力・実行力を高め、明晰に思想を交流させる能力を養い、また科学的な実証精神を身につけた「真に教養ある人格」を形成することを目的とする。同時に、将来研究者あるいは専門家養成のための教育を受けるのに必要な基礎的な学問的修練、官庁や民間企業等において職業人として社会生活を送るために必要な専門的知識・能力をも修得できるようにする。おおむね従来の「学部教育」に対応するが、一般教育をより重視する。[10] そのために、教養課程・専門課程の区別をなくし、学

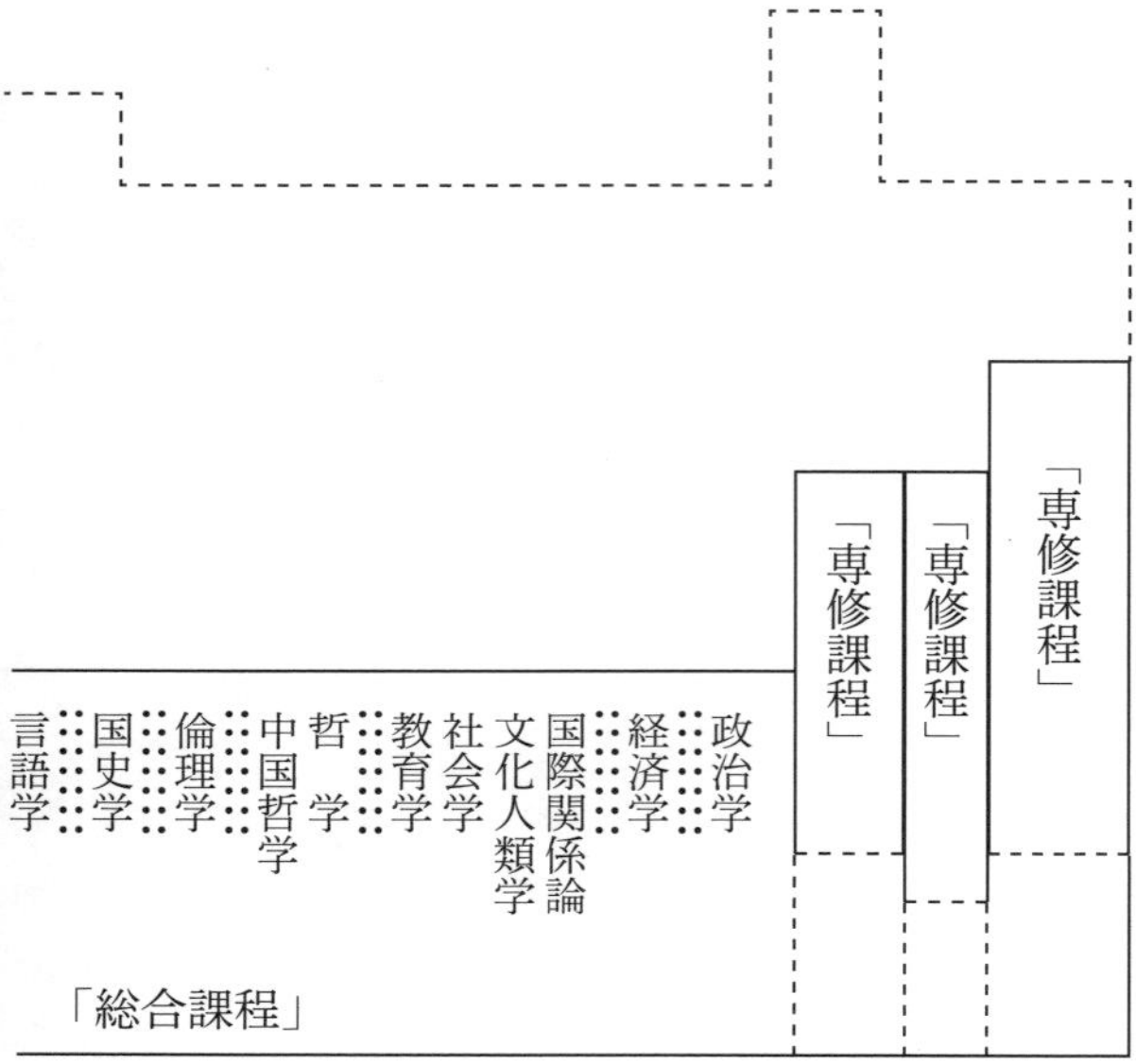

③　「総合課程」は標準を４年とし、駒場および本郷に同規模のものをおくことを考える

④　「総合課程」の大専攻、小専攻は各分野で立案されるが、一案を図に示すように全分野にわたる。

出典：大学改革準備調査会　研究・教育組織専門委員会報告「付図」

図　「総合課程」、「専修課程」、「研究者養成課程」の大要

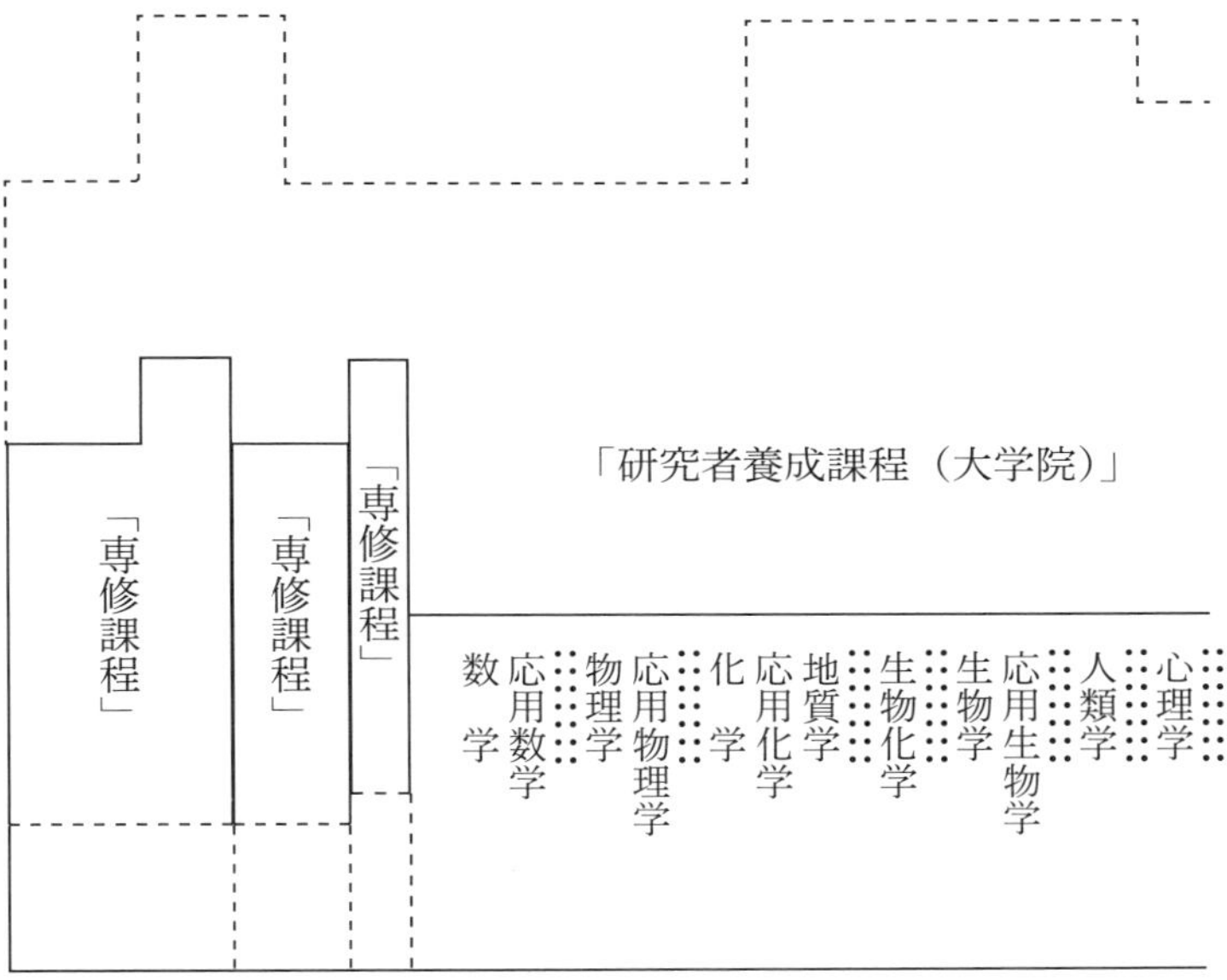

① 「研究者養成課程」の年限、制度は各分野毎に異ると考えられるので点線で示すにとどめる。

② 「専修課程」の進学、終了の年限も分野により異る。

生の科目選択の自由を拡大する、教員間の協力により各授業科目の連携をつくり講義内容を体系化するなどのとりくみをすすめる。

「大学一般課程」（「総合課程」）において、学生は従来のように学科等学問分野別に分類された組織に所属することはない。その代わりに、すべての学生が単一の組織に属するようにするか（「総合カレッジ」案）、大まかな配属の分類のみ決め（「ゆるい縦割り」案）、各自の判断により主専攻分野と副専攻分野を決めていくことにする。[11] 学生は、幅広い選択科目と、拡大した学習の自由を行使して、ほとんど専門化しないものから、特定分野の内容に相当程度傾斜したものまで、さまざまな高等教育を受けることができるようになる。ここで思い切った内容として注目されるのは、併せて「卒業」の廃止を提言していることである。すなわち、大学は取得した単位については成績の認定を行ない成績証明をするが、さらに一定の要件を定めて「卒業」を認定することはしない。大学院や外国の大学への進学など研究・教育上の必要による修了証明書の発行は考慮する。

「大学専門課程」（「専修課程」）は、一部の分野について高度の専門家を養成するための専門教育を目的とする。入学資格は「大学一般課程」入学後二年（分野によっては三年）程度の学力をもつこととされる。米国のプロフェッショナルスクールに類似したものであるが、レベルはやや下がるとの説明である。「研究者養成課程（大学院）」の目的は研究者養成に特化する。「大学一般課程」修了後、二〜三年のスクーリングを行う。従来の修士課程・博士課程は廃止し、大学院修了後一〜三年程度「研究員」を務め、博士学位を取得させる。

これらの改革を成し遂げるために、教員組織の改革も行う。教員組織である学部・学科・研究所等はいったんすべて解体し、研究上の専攻分野にしたがって新組織を再編成する。講座制は廃止する。教授・助教授・講師・助手の職位の区分自体の見直しを含め、教員の資格審査（任期制など）・身分保障のシステムを検討する。

このように、大学の研究・教育組織は抜本的に組み替えられることになるが、教員は特定の部分に専業的にかかわるのではない。『第一次報告書』は、大学教育とは「学生に主体的な学問的意欲を喚起せしめ、彼等の知的創造力を培っていくべきもの」と述べ、このことを可能とするために、教員が研究と教育を両立し、かつそれらの水準を高める方向を探っていく方向を提起している。ゆえに、教職員の十分かつ適切な配置と教育課程を運営する組織の専門化、教育施設の充実、支援スタッフの増員などが必要とされる。

(二) 管理組織の問題と改革の基本方向

「管理組織」では、大学組織における意思決定と執行の問題を検討し、あらたな研究・教育組織のあり方と絡めて改革方向を提示する。これまでの大学組織における意思決定と執行に関する「特に重大な欠陥」は、第一に、政府の組織権・財政権・職員人事権・運営関与権により広汎な制約を受けること、第二に、責任・権限の体系が不明確であり、「無責任体制」に陥る危険があること、第三に意思決定・情報伝達の非効率性、第四に教授会メンバー以外の構成員の意見を位置づける制度上の配慮がほとんどないこと、である。これらを克服するために、対外的には大学組織の行政上の位置づけ、さらに大学と政府との関係を抜本的に見直す必要があること、内部的には伝統的な「教授会の自治」を原理的に転換する必要がある。[12]

第一の、政府の組織権等の問題、およびそれらを排除するための改革の道筋については、後の『管理組織専門委員会報告書』が詳細に検討している。同報告書の分析によれば、現行法制の下、大学の自治は、一般市民社会の学問の自由の保障の基礎の上に、大学における自由とされるに至ったものの、国立大学が政府の行政権限に服する機関にとどまったために、政府を通じて国民の立憲主義的コントロールを受けることになった。その結果、国立大学は、研究・教育組織の編成、施設・設備の管理、予算の編成・執行、職員人事など、大学の管理の諸領域に渡り、国の組織権および財政権が国立大学の自治組織権に絶対的に優越しており、大学側の自主性が発揮される余地は極めて小さいものにとどまっている。[13]

このような状況を改善、改革するために、『管理組織専門委員会報告書』は、現行制度の枠内においても大学の特性に応じた弾力的な運用をはかることは可能であり、当面はそうした対応を取るべきだとする。

しかしながら、制度のうちに大学自治に反する要素が含まれている以上、つねに行政解釈による揺り戻しが行われる危険は避けられない。したがって、中長期的には、法令を改正し、大学行政の体制の抜本的な改革にとりくまねばならない。その際の改革の基本方向は、大学に対する政府の直接的な統制が及ばないようにするために、行政委員会に比肩する独立性の高い大学行政組織を設置し、組織・財政上の独立を確保するとともに、国民の意思に応える大学行政を形成する体制を整えるというものである。

「総長制度」では、全学的な意思決定と執行者である総長との関係（職務権限）の明確化、および総長が権限を濫用することを防ぐ制度的保障の必要を指摘する。全学的審議機関としての評議会の内実を確保するための運営体制の確保、大学構成員との情報の共有、教授会の専決事項の明確化、総長と評議会議長との関係の整理、長期計画委員会の常設、総長の自由裁量権の確保と補佐体制の確立、総長が権限を濫用した場合の問責体制の整備などが課題とされる。総長は、大学自治の担い手に対して自治の運営をあずかるものとしての責任を負うとともに、社会に対しては大学の代表者として責任を負うことになる。このような対内的・対外的な二重の責任は、多くの苦労を伴うものであるとしても両立させる必要があり、その際、文部大臣がもつ任命権を背景とした監督権の強化によりかかるべきではないと述べる[14]。

「学内規律」では、旧来の学内規律、処分制度が学生と教員の相互信頼に基づく「教育的処分」であるという建前の下、属人的であり公平性に欠けるなどの問題をはらんでおり、構成員の権利の確立と擁護に貢献してこなかったと指摘する。したがって、今後は大学の各構成員の権利・義務を明確化し、一人一人の「自律」に支えられた「固有の権利」と「自由」が行使される方向をめざす。このことにより、大学の各構成員は、外部の権力から自由であるべき大学という自治体の構成員としての責任を果たすことができる。

制度的には、教員・職員・学生の参加の下、学内の規律に関する規則の制定を行う「立法委員会」、および規則の適用の基準設定と執行を行う「規律委員会」を設置することを提言する。このほか、学内における学生の政治活動、学生のストライキに関する諸論点を論理的かつ詳細に検討している。

三　大学改革準備調査会報告書の論理と特徴

冒頭に述べた通り、加藤一郎は、東大における「紛争」が長期化し混迷を極める中、「総長代行」に就任した。加藤の下で行われた大学問題の検討が、「紛争」の解決を課題としていたことは間違いない。同時に、加藤らは、学生が訴えたことがらの中には大学にとってより本質的な問題が含まれていると考えた。したがって、当面する問題を片づけて事態を「収拾」すればよいわけではなく、大学問題を根本的に解決するための方策、大学制度の全般的な検討を行う必要があるとの認識を持つに至った。その結果、大学改革準備調査会の諸報告書は、一大学の改革案でありながら、同時代を代表する大学改革論としての内実を備えるものとなったのである。

その特徴は、しばしば「自主改革」と呼ばれるように、大学が学外勢力から支配されることを拒否し、学内に自己規律を確保しようとする点にある。ただし、それは旧来の国立大学が主張してきた、大学の慣行を介入から守るための「自主規制」とは異なり、市民的自由としての学問の自由を前提とし、それを大学に貫徹することをめざすものである。

すなわち、加藤改革文書における学問の自由は、個人の自律を基礎として、各人の信ずるところを行うことを通じて実現される。したがって、個人の自立が不可欠であり、大学内でそれを妨げる封建的な関係は否定される。同時に、異なる立場・要求が共存することより生まれる矛盾・対立を内包することにより生まれるダイナミズムが学問の発展につながると考える。政党政治の立場だからといって排除されることはない。同時に、政府のものも含め大学内において特別な位置づけを与えられるわけではない。

これらの考え方を、抽象論ではなく、大学の現実に対する批判と改革のための課題の提示としてまとめたところに加藤改革文書の意義があるといってよいだろう。

それは第一に、大学の諸問題を総体的に把握し、統一的な解決方向を解明しようとしている。個別の専門分野における研究に関する問題、および正規の課程で学修する学生以外の者に対する大学開放の問題を取り上げていないことを除けば、大学問題をほぼ全面的に検討している。そして、網羅的であるばかりでなく、問題を相互に関連づけ、中心となる原理とのかかわりで解決をはかろうとしている。

第二に、その検討は研究・教育の現場に根ざしたものである。教員の視点からではあるが、そこには学生を含む大学内外からの批判が取り入れられ、大学の管理体制に関する根底的な批判を行なっている。その結果、「教授会の自治」を中心とした伝統的な大学自治のあり方を批判したことは顕著な特徴である。

第三に、予算の増額や大学が学内の措置としてとりくめることがらなど現行制度の枠内での要求、改善にとどまらず、法律の改廃その他の制度改革を要する改革の方向を示している。さらに、抜本的な改革として、大学の行政機構を政府のそれから独立させなければならないことを主張している。

ただし、第二、第三の点は、加藤改革以前の大学改革案の中にも見られなかったわけではない。大学の行政機構を政府から分離、独立させるという案は、一九四八年の「大学法試案要綱」、それ受けて発表された国立大学総長会議の「大学法試案に対する見解と代案」、さらに、全学連、日本教職員組合がそれぞれ作成した大学管理制度の改革案の中に見られる。また、各大学の内部に「教授会の自治」を相対化する新しい管理体制を打ち立てようとする方向も、全学連案、日本教職員組合案の中に示されている。[15]

このように見てくると、大学改革準備調査会がまとめた諸報告書の意義の根本は、内容の目新しさではなく、大学が直面している問題の解決に現実的にとりくみ、かつそれを対症療法としてではなく根本的に行うために、大学の問題を総体的、網羅的、かつ詳細に検討した結果、過去の改革案が提起したのと同様の方向が支持されたことだといえるだろう。さらにいえば、このような認識への到達を可能にした要因が眼前に展開された学生たちによる模索と激しい異議申立てであったことは疑いない。報告書は次のように述べる。

今回の「東大紛争」は、東京大学の従来の制度や慣行、ひいてはその基礎にある大学の理念のもつ欠陥を、その根底から明るみに出しただけでなく、われわれの一人一人に真剣な自己変革を迫っている。

これまで東京大学の研究教育組織および管理組織の改革について審議してきた東京大学の諸機関（たとえば大学制度審議会、総合計画委員会、評議会、さらには教授会）は、改革について消極的な態度に終始し、大学の内外からの批判に応えうる抜本的な改革案を提示し、かつそれを実行に移すことができなかった。

東京大学の研究教育組織および管理組織の改革にあたって、なによりも必要なことは、まずそのような消極的な態度について真剣に反省し、東京大学の現状、さらに広くこれまでの東京大学の研究教育と管理運営の欠陥を詳細に分析し、徹底的に批判し、多数の人々の支持と協力を得ることのできる新しい

第Ⅲ部

大学像をつくりだすことにある。

そのために、われわれは、自分自身の地位や自らが所属する部局の利害にこだわらず、またこれまでの大学の制度や慣行にとらわれることなく、われわれの作業を進めることとした[16]。

このように、報告書は、大学教員、とりわけ教授陣を主体とした大学の組織運営の限界を克服するものとして作成された。そして、学生、院生・助手を含む若手研究者、職員ら教授陣以外の「大学構成員」の批判に応え、要求を取り入れた改革を行なおうとした。これらは、過去および、以後の東大の改革文書にも見られない特徴である[17]。

四　加藤改革の困難と展開

加藤改革文書は優れた内容を持っていたが、同時に多くの困難を抱えるものでもあった。

大きな困難は、内容が多岐に渡り、かつ抜本的であるがゆえに、改革を成し遂げるためには多大な時間と労力を要することである。学内においては、基盤や要求の大きな違いを乗り越えて学部・研究所など各組織が共同していかなければならない。しかも、加藤改革文書が展望する「新しい総合大学」は、現在の組織をいったん全面的に解体し、再編するという極めてラディカルな変革を求めるものである。各組織にはそれまでの体制を支持する者も相当数存在しており、かつ権力を握っている。改革が強力な抵抗を受けることは必至である。

このような障害をはねのけるためには、旧体制に対する批判意識を持つ若手教員、大学院生を含む若手研究者、学生・教職員の熱意とエネルギーを結集していく必要があった。加藤は学生の要求に耳を傾け、ともに行動することを呼びかけ、「紛争」状態にあった大学の問題解決へ向けた動きをつくりだした。このことは同時代[18]、そして現代から見ても評価されるものの、「確認書」締結後、学生、教員との間で行われた大学改革を検討する体制づくりの論議は暗礁に乗り上げてしまい、加藤が期待した全構成員の参加による大学改革委員会が実現することはなかった。この点で、加藤改革は挫折したといわなければならない。

障害は学内だけにあったのではない。『管理組織専門委員会報告書』が描いた大学行政委員会制度の創設は無論のこと、大学の研究・教育組織の再編（「総合課程」「専修課程」「研究者養成課程（大学院）」）、教員組織と教育組織との分離も、国立学校設置法や大学設置基準の改正など法令の整備、他大学の教育課程との接続を取るための調整などが必要になる。文字通り十年以上のスパンでとりくまなければならない改革である。

他方、学外の協力体制は進展した。加藤は一九六九年一二月に国大協会長となり、東大総長を退任する一九七三年四月までの間、東大その他の改革論議の成果を国立大学の改革に生かすべく尽力した。加藤が会長を務めていた時期の国大協の動きにおいて特徴的なことは、第一に、中教審の改革路線と対決する姿勢を明確に打ち出したことである。国大協はそれまでも中教審の改革路線を全面的に受け入れてきたわけではない。しかし、国の介入を避けるために自己規制するという路線では、政策に誤りがあってもそれを正すことはできず、追認することになってしまう。対照的に、加藤は国立大学協会においてリーダーシップを発揮し、国立大学全体が自主的な改革にとりくむことの重要性を説いた。また、特に政府に対しては、自主的な改革を制約することのないように、ときに強い調子で求めた。

一九七〇年二月、中教審は四六答申（「今後における学校教育の総合的な拡充整備のための基本的施策について（答申）」）の中間報告に関して、国立大学関係者の意見を求めた。加藤はこの会合に出席し、次のように、中教審が準備していた高等教育の種別化構想を真っ向から批判している。

大学の内部には、研究と教育、専門教育と一般教育、研究・教育の自主性とそれに対する社会的要請というような種々の矛盾・対立する要素が内包されている。大学としては、そこから生ずる緊張関係を正面から受けとめ、それを発展の契機として改革の方向を考えていかなければならない。これに対して、この試案においては、「第一　高等教育改革の中心的な課題」の中で五つの項目につき対立する要素を課題としてあげながら、それらを安易に並列・対置させ、あるものを切りすてることによってその対立関係を縮少していく方向で、制度的改革が考えられている。これは、大学に本来的に内包され、大学の発展の要因となる緊張関係から逃避し、大学の使命を失わせるおそれのある考え方であるといわざるを得ない。[19]

ここに示された考え方は、東大の大学改革準備調査会報告書のものと基本的に同じである。そして、このような加藤の姿勢は、他の国立大学の学長たちにもおおむね支持されていたようである。四六答申の公表直後に開催された国大協第四八回総会では、次のような会長談話を出すことが承認されている。

先日出された中央教育審議会の最終答申は、その方向および内容において、われわれの見解と一致しない点が少なくなく、多くの重大な問題を含んでいる。国立大学協会は、本日「大学問題に関する調査研究報告書」を採択・公表したが、今後大学が改革を進めるにあたっては、政府において、この答申に捉われることなく、大学の自治と主体性を尊重し、大学の自主的改革を促進するという基本的態度をとられることを強く希望する。[20]

第二に、設置形態の異なる大学の団体、日本学術会議との協力関係を進展させたことである。加藤会長の時期、国大協は公立大学協会、私立大学連盟、私立大学協会、私立大学懇話会とはじめて協議を行い、複数回会合を重ねている。[21] また、日本学術会議とも定期的に懇談している。[22]

しかし結果的に、こうした協力関係の下で、国立大学の間で加藤改革の内容が全面的に支持され、さらに私立大学や公立大学にも共通する要求となっていったわけではない。一九七〇年代の国大協は、全体として「自主改革」路線を堅持したものの、大学と国との関係の制度の抜本的な改革を急ぐのではなく、「従来の制度の長所を生かし、欠陥を除くという方法を採るのが妥当」と述べ、政府は行政上の権限を用いて大学の組織運営に介入するのではなく、各大学の自主的な改革を援助する方向をとるべきとした。そこでの中心的な課題は国立大学財政の充実と大学間の格差是正であった。これらはいずれも現行制度の中での課題であった。一方、国立大学の設置形態の変更と大学行政の独立が将来的な課題であることは指摘されたものの、本格的な検討は開始されなかった。[23] また、国立大学の研究・教育組織を規定している設置法の改正や他の行政組織に関する法令からの離脱が要求事項として掲げられることもなかった。

第Ⅲ部

これが、大半の大学にとっては必要と見なされていなかったためなのか、それとも、中教審・文部省が推進する高等教育の種別化に利用されることを警戒したためなのか明らかではない。それでも、多くの大学が新しい自治の実践にとりくみ、改革を実現していったことは事実である。そして、国大協の中では、加藤改革が十分扱うことのなかった大学と社会との関係についての検討が深められ、大学開放の重要性を指摘するとともに、それが本質的な使命であるとの指摘が行われるに至った。ただし、これもスタッフの増員や財政面の充実をはかることにより実現していくとされたのみで、研究・教育組織に関する制度改革に直結するものではなかった。加藤改革がめざしたものと、国大協が掲げた要求の内容は一致していなかったが、加藤ら国大協執行部は、国大協を国立大学の利益代表機関、および相互協力機関へと変化させることに注力した。[24] これは、加藤改革を成就するための必要条件でもあった。[25]

加藤改革文書は、さまざまな価値観とそれを反映した言論が並び立ちうる研究・教育の空間をつくりだすことにより、学問の発展、次世代の育成、そして大学の社会的貢献を果たすという改革の像を描いた。現代社会における高等教育の課題を正面に掲げ、研究および諸学の共同によりとりくんでいこうとする点で、画期的な内容を持つ大学改革論であった。成し遂げるには多大な時間と労力を要するものであったが、それは当事者も予測していたことであり、困難ではあっても根本的な問題ではない。

しかしながら、加藤改革は結局、挫折せざるを得なかった。その要因は大きく二つある。

第一は、改革をすすめようとすれば法制的な壁にぶつかることは必然である。にもかかわらず、加藤らがあくまで自主改革にこだわったことである。[26] 確かに、国立大学が政府から統制を受けざるをえない体制の下では、政府に頼って改革をすすめようとすれば、政府の支持する内容が優位となり、改革の理念そのものが否定されてしまいかねない。だが、大学の力だけでは法制上の改革がなし得ない以上、改革がいずれ行き詰まることは避けられない。大学改革を成し遂げるために必要な法制上の改革を行政、政治の課題へと転化する道筋を見出せないことは、加藤改革のアキレス腱であった。

第二は、改革をすすめるための支持を学内から得られなかったことである。その原因は、大学論としてなお詰めるべき課題があったことを示している。加藤執行部は、大学が学問共同体という「目的社会」であることを理由に、組織の意思決定に関しては教員の優位を確保しつづけようとした。この「目的社会」の中では、教員は学問の先達として各分野の研究の水準を維持するとともに、学生の研究を指導し、教育課程の編成、成績評価等に責任を持つ。一方、学生は「アマチュア」であるため、大学における批判者として以上の存在意義をもたないとされた。このような教員と学生の関係は市民社会における個人の関係と同質ではない。したがって、大学の組織運営をどのようにして律すべきかは、なお検討の余地があった。にもかかわらず、加藤らは教員組織が組織運営の実質的な決定権を持つ「教授会の自治」以上のものを打ち出すことができなかった[27]。その結果、学生から批判を招き、改革に向けて構成員を結集することに失敗した。

おわりに

加藤らが描いた自主改革を持続するためには、大学が社会の要請を受け止めながら、改革への理解と支持を広げていく必要がある。大学に対する社会的要請は多様である。また、曖昧であることも少なくない。

したがって、大学が社会的要請を具体的にとらえようとするならば、各大学が基盤とするコミュニティ（学術コミュニティ、職業社会、地域社会など）との対話が重要になる[28]。この対話は、特別な機会を設けて行うだけでなく、大学の研究・教育を通じて行うべきものだろう。したがって、大学が学生のさまざまな要求に応えることも、こうした対話の一つとなりうる。学生の要求には、個人または集団として、自身の意見や選択を通じて表明されるものもあれば、そうしたかたちをとらないものもある。学生の要求を大学がどのように把握し、それらに対してどのように応え、何を課題としてきたかを明らかにすることは、今日の大学政策への対抗軸を構想するために必須の作業だろう[29]。

注

1　黒羽亮一『大学政策改革への軌跡』（玉川大学出版部、二〇〇二年一〇月）94頁。

2　総合計画委員会は、「大学院のあり方と学部・附置研究所との関連」「附置研究所について」「東大の将来の用地計画について」「一般教育と専門教育について」を四大テーマとして、それぞれ審議した。なお、一九六八年五月以降は会議を開くことができなくなり、実質的には休止に追い込まれていたようである。（『東京大学百年史』通史編三、頁）

3　「学生諸君への提案」一九六八年一二月二日。

4　『第一次報告書』巻末資料によれば、本委員会は九〇回（一九六九年一月六日～八月一九日）、規則・処分専門委員会は六三回（一月一一日～八月一一日）、総長制度専門委員会は三七回（一月一三日～七月二九日）、組織問題専門委員会五三回（一月七日～八月二日）が開催されている。一回の会議時間も長く、三～四時間から長いときには一〇時間に及ぶことも普通であった。

5　それぞれの報告書は、東大の学内で配付されたほか、国立大学協会事務局を通じて各国立大学に送付された。さらに、『第一次報告書』は、『東京大学改革準備調査会報告書』(東大出版会、一九六九年一〇月)として出版されている。

6　前掲、『東京大学改革準備調査会報告書』、ii頁。

7　「大学改革準備調査会報告書」は、当時の国立大学において広く用いられていた「教官」という言葉を用いているが、ここでは「教員」と表す。本文中の他の箇所も同じ。

8　大学の学部、研究科などの組織を指して、報告書は「研究教育組織」と呼んでいる。本文では、引用箇所を除き、「研究・教育組織」を表記した。

9　その理由について、『研究・教育組織専門委員会報告書』は、「大学一般課程」「大学専門課程」の語は、すでに定着している「一般教育」「専門教育」などの語と紛らわしく、誤解を招きやすいことを挙げている(38頁)。

10　「学部教育」を教養部等における教育と区別して用いる場合もあるが、東大では教養課程の教育を教養学部において行っているためか、報告書は、学士課程4年間の教育を指して「学部教育」と呼んでいる。

11　『第一次報告書』の記述。『研究・教育組織専門委員会報告書』は、両案のうち「総合カレッジ」案を支持すると述べた。

12　『第一次報告書』224―225頁。

13　『管理組織専門委員会報告書』6頁。

14　『第一次報告書』285頁。

15　これら諸案は次の資料集に収録されている。田畑茂二郎・山下肇・徳永清・兼子仁編集代表『戦後の歴史と基本法規』(大学問題総資料Ⅰ、有信堂、一九七〇年九月)。

16　『第一次報告書』85頁。原文の「,」「.」は句読点にあらためた。

17　学生からの異議申立てに対して真摯に応えようとしたのは決して東大の教員、執行部だけではない。同時期に各地の大学で作成された改革文書には、伝統的な「教授会の自治」に対する反省が異口同音に見られる。

18　当時、法学部教授であった渡辺洋三は、一九六八年一二月二六日の加藤総長代行の「基本的見解」について、これ以上の水準のものを出すことは誰にもできないだろうと高く評価している(渡辺洋三『大学改革と大学の自治』、日本評論社、一九七一年、6頁)。

19　国立大学協会事務局「中央教育審議会『基本構想試案』[同第二六特別委員会『高等教育の改革に関する基本構想試案(中間報告)』]に対する各国立大学の意見」一九七四年四月。

20　国立大学協会『会報』五三号、一九七一年八月、89頁。なお、同じ頁に、東京大学文学部事務長・尾崎盛光によるコラム「事務改善の方向ずけ《ママ》」が掲載されている。ここでは、東京大学で進んでいる「事務改善」の議論が、事務職員の定員削減を至上命令とする省力化に収斂しつつあり、この問題に一切触れようとしない大学執行部の姿勢を批判している。大学内外の協力により、自主改革をすすめていくことを呼びかけた加藤に対する批判が、「内」から沸き起こっていたことを示すものである。

21　一九七二年一二月八日、国立大学協会の主催で「第一回国公私立各大学団体の懇談会」が開催され、単位互換、卒業者の就職、当面する共通の課題について意見交換されている。国立大学協会『会報』第六〇号、年六月。

22　一九七〇年六月二〇日、国立大学協会と日本学術会議との懇談会が開催された。国立大学協会『会報』第四九号、一九七〇年八月。

23　国立大学協会大学運営協議会『大学改革に関する調査研究報告書』（一九七三年一二月）13頁。

24　加藤一郎「大学紛争と国大協」（国立大学協会『国立大学協会三十年史』、一九八〇年一〇月）53頁。

25　国大協では、加藤一郎の会長辞任後、副会長として加藤一郎を支えた加藤六美（東京工業大学学長）をはさんで、林健太郎、向坊隆が会長を務めている。本稿の検討の範囲を超えるが、国大協が七〇年代前半までの検討および実践の成果をどのように引継ぎ、制度改革につなげていこうとしたかは別途検討しなければならない。

26　加藤は文部省・中教審の路線を批判したばかりでなく、中教審委員への就任を断るなど、終始、政府と距離をとり続けた。

27　大学教員の身分保障の意義は、雇用者である教員の雇用主、国立大学にあっては国との関係において大学教員の地位を独立させることにより、社会における「学問の自由」の保障をより強固にすることであって、学生との間に格差を設けることではないだろう（高柳信一『学問の自由』、岩波書店、一九八二年）。

28　大学改革準備調査会報告書が構想した「新しい総合大学」は、本書で神山が指摘する、クラフトマン・ユニオン的な専門職の教育・養成原則の解明・発展の課題にも応えようとするものだったのではないだろうか。

29　東京大学の改革については、本書で伊藤谷生が詳述している。なお、政府サイドでは、「大学の組織運営に関する研究報告書」（一九八七年）を最後に、大学改革との関係で加藤改革文書の意義を述べるものがなくなった。

第四章　東大闘争後五〇年、大学の変貌過程と再生の課題

伊藤谷生

はじめに

東大闘争から五〇年を経た現在の大学は東大闘争に関わった世代が当時漠然とではあれ描いていたあるべき大学の姿とは真逆の危機的状況を呈している[1][2]。その深刻さについて元鹿児島大学長田中弘允、元静岡大学長佐藤博明、元宇都宮大学長田原博人の三氏は近著[3]の中で今日の大学の危機を次のように述べている。

「法人化後すでに、国立大学は、市場経済上のタームであるグローバル化やイノベーションを改革推進のキーワードに、市場メカニズムが作動する厳しい競争的環境の下で、基盤的経費たる運営費交付金の引き続く削減をはじめ、教員養成系・人文社会科学系学部の廃止・転換、資源の傾斜的・重点配分に結びつけた大学の機能別類型化などにより、自らの存立を危うくする深刻な事態にさらされている。大学の教育研究が、そうした『改革』至上主義の潮流の中で、文科省主導の『改革』圧力に押されて、偏頗なモノトー

ンの分野に傾斜を強めたとき、大学の生命ともいうべき創造的活力は減退し、知の多様な創出と発展への道を自ら閉ざすことになろう。」（前掲注3、480頁）

同書の第一部ではこうした危機的状況を生み出した国立大学法人体制の成立、すなわち二〇〇四年の国立大学法人化に至る国立大学側の敗北過程が詳細に記述されている。実は、この敗北は新自由主義的行政改革としての国立大学法人化を阻止する力を大学側はすでに一九九〇年代には失っていた、すなわち大学自治とそれを担う主体が衰退していたことを意味する。そうであるならば今日の大学危機克服のための議論は二〇〇四年の国立大学法人化からではなく、それ以前の大学自治衰退過程から始めなければならない。

本小論では、大学自治の確立を目指して闘われた東大闘争・全国学園闘争から二〇〇〇年代初めまでの三〇余年の間になぜ大学自治とそれを支える主体がかくも衰退したのかを考察する。そのために東大をターゲットして東大闘争後の大学改革史を記述するが、それは今日の危機に東大が直接的な責任を負っていると考えられるからである。従って、歴代の総長ならびに大学執行部の方針や具体的施策を当時の資料をもとに俎上に乗せることになるが、同時に総長退任後の回顧、述懐、対談などにも目を通し、総長たちの苦闘にも思いを馳せることにする。また、対峙した学生・院生・職員の側の主張や行動も厳しく見つめ直す。

本小論は、まず大学自治の主体の衰退過程を大きく三つのステップに分けて考察する。第一のステップは東大闘争を継承・発展させるうえで決定的に重要であった一九六九〜一九七三年である。この時期の挫折がその後を規定したと言っても過言ではない。第二のステップは臨時教育審議会（臨教審）答申をにらみつつ東大が単独で大学院重点化路線を進めた一九八四〜一九九一年である。この路線こそ全国の大学を個別利益追求へと走らせる結果となり大学審議会を通じた文部省への屈服を加速させたことは疑いない。まさに後の国立大学法人体制への道を掃き清めたのである。第三のステップは国立大学の独立行政法人化が提起され、反対しつつも最終的には国立大学法人法容認に転換した一九九六〜二〇〇三年である。そのうえで東大闘争に関わる本書の諸論文ならびに『季論』二〇一八年秋号「座談会[4]」などを参考にしながら大学再生の課題として大学自治の主体形成について考察する。

私は東大闘争後、東大と千葉大で教育・研究に携わりつつ、東大闘争が目指した大学像の実現を目指してささやかながら試行錯誤を繰り返した一人である。その過程を思い起こすと自己の非力を痛感せざるを得ないが、上記の三ステップを事実に基づいて振り返っておくことが今後大学改革を進める際の基礎資料になると思い、本小論を認める。実のところ私は高等教育の専門家ではないし、大学執行部の一員として困難な大学運営に関わった経験もない。可能な限り当時の資料に依拠しつつも個人的体験をベースにした著述にならざるをえないことをお許し願いたい。

一　第一ステップ（一九六九〜一九七三年）——大学改革の挫折

（一）学生・院生による改革運動の展開と自治活動への不当な規制の停止

一九六九年一月一〇日における七学部・二学科・五系代表団と大学当局の間での確認書締結後、東大闘争は大学改革への取り組みを開始するという新しい局面に入った。学生や院生はストライキ中も自主ゼミなどを進めていたがストライキ解除・授業再開後、各学部、各学科で学問や勉学の在り方について自ら検討を行うとともにカリキュラム改革、学部運営の民主化を求める旺盛な活動が、『大学の運営に関する臨時措置法』（大学管理・解体法）への反対闘争と密接に連携しながら開始された。教養学部自治会は一九六九年二月一一日の確認書発効後、同月一八日の代議員大会で「学生カリキュラム委員会」を設置し、ただちに学部側の「教養学部カリキュラム委員会」と恒常的に協議交渉することを同二〇日の学部団交で確認し、精力的なカリキュラム改革への取り組みを開始した。[5]

一九七〇年五月、再建された学生自治会中央委員会がまとめた資料[6]によれば、教養につづいて、医、文、教育、理の計五学部（以下、混乱しない限り「学部」を省略）で学生カリキュラム委員会が設置ないし設置が決定され、うち四学部で学部当局と恒常的な協議が行われている。また学生の要求に基づいて開設された講義数は文五、教育六、理六、医一三、農一にのぼる。教養では少人数講義三、自主ゼミ一三、総合コース一、総合コース・ゼミナール一〇と報告されている。

専攻レベルでの運営に関しては東大全学大学院生協議会（東院協）傘下の各系・各専攻院生会が確認書締結後ただちに行動を開始し、指導教官制、カリキュラム、ゼミ、人事、予算、DC（ドクターコース）問題、学科（教室）運営など広範囲にわたる課題で専攻当局と協議を進めている。その専攻数は東院協が把握しているだけで一九六九年九月段階にはすでに七系三〇専攻に達している。[7]さらに教育系大学院生協議会は博士課程の院生の増員を求めて一九六九年一二月一二日にストライキを決行するなどあるべき大学院像の模索・検討も旺盛に展開した。[8]一方、学問の在り方についての自主的な検討も旺盛に展開された。例えば医学部医学科自治会執行委員会は医学と医学教育の在り方を検討する作業を直ちに開始し、『変革の課題とその原点』二分冊を一九六九年五月には発行している[9]。さらに一九七〇年三月には『全国医学生ゼミナール』を東大医学部において開催したのである[10]。

当時工学部助手であった宇井純による自主講座「公害原論」はこうした全学的高揚をリードして一九七〇年開講され学内外に大きな影響を与えながら以後一五年にわたって続けられた。

特筆すべきは東大闘争の発端となった医学部での改革進捗である。医学部医学科自治会執行委員会は医学部当局と協議を重ねて教授総会（教授と助教授で構成）と学生自治会の二者がまず医学部運営協議会（準）を発足させることで合意した（一九七〇年一月）。それに先立ち研修医（四五クラス）、中間層各科（教授総会メンバーでない講師、助手、医局員など）、教授総会の三者による研修協議会の設置が前年の一二月に決定され、研修問題の解決のための改革が始まっている。その他、教養学部団交（一九七〇年二月二〇日）では学生・院生・教職員代表からなる学部協議会を設置し、学部の管理・運営に関する重要事項は必ず協議すること、同協議会での合意確認事項は誠意をもって実行することが確認され、文学部団交（四月二五日）でも「学友会との協議・交渉を通して学部の改革を推進する」「一方的に改革を強行しない」の文言が確認事項として明記された（前掲注6）。

流れは寮自治にもおよび、本郷寮で駒場と同様の入退寮選考権を寮生がもつことが東大寮連（東大寮自治会連合）と本郷における学寮委員会との交渉で確認された[11]。学生・院生の自治活動への不当な規制、例えば本郷構内における立看板や集会の規制・禁止も『確認書』九「学生・院生の自治活動の自由について」に基づいて事実上停止された。一九七〇年東大闘争後最初の五月祭においてはそれまで強要されていたプログラム事前検閲、常任委員会名簿提出等は消滅したのである。

(二) 加藤改革路線の開始

加藤一郎総長代行（総長就任は一九六九年四月）は確認書締結前の一九六九年一月六日に規則・処分、総長制度、組織の各専門委員会と本委員会による大学改革準備調査会（改準調）を発足させた。そして二月一一日の確認書発効当日に『大学改革準備調査会の任務と調査の基本方針』が改準調『覚書№１』上に発表され、加藤総長主導による大学改革（当時「加藤自主改革」とも呼ばれていた）準備作業が始動したのである。さらに管理組織と研究教育組織の専門委員会に加えて資料室が追加設置されている。『覚書』シリーズは七月二四日の№15まで発行され、それを踏まえて改準調『第一次報告書』[12]が一〇月一一日に発表された。この改準調を担ったのは第三章で光本滋が示すように三〇歳代後半から四〇歳代の教員を主力とする総勢四五名の委員（一九六九年八月二二日現在）であり、本委員会と専門委員会の開催は八月一九日までに実に二四三回に及んでいる。加藤総長は『第一次報告書』を受けて、一〇月一四日に「大学改革についての提案」を行い、一二月一五日は「再び大学改革への積極的な取組みを要望する」を『改革フォーラム』№１上に掲載した。この『改革フォーラム』は、「大学改革に関する学内の諸情報について大学側のそれぞれの関係機関から提出された原稿をもとに、広報委員会が編集・発行する」情報誌として位置づけられた。[13]

(三) 当局主導の加藤改革路線の進行と学生・院生・職員の反撃

上記のような矢継ぎ早の改革議論と態勢の整備に対して学生・院生側は強い警戒心を抱いた。まず改準調『覚書』については九月二七日東大民主化行動委員会[14]が、改準調『第一次報告書』については一二月に東院協理論委員会[15]が加藤改革路線への全面的な批判を展開している。これらに示された論点の大半は正鵠を射たものであり、議論の出発点となり得るものであった。しかし、学生側は議論の実質的開始の前提として学生自治会との正式な交渉の開始、全学改革委員会の設置を要求した（一九七〇年一月二〇日と同二二日の七学部学生自治委員長声明）[16][17]。これに対して加藤総長は全学部から正式な代表が選出されるまでは改革委員会の設置を認めないと表明する一方、一月三〇日には改準調を解散させ、新たに改革委員会（教官）を発足させた。その改革委員会（教官）は、改準調が解散にあたってまとめた研究教育組織、管理組織の二専門委員会報告書（それらはそれぞれ「新しい総合大学を求めて」[18]、「東京大学と国および社会との関係」[19]というサブタイトルをつけて三月に公表されていた）と『第一次報告書』をベースにした改革プランの検討を開始した。

こうして教官主導が鮮明となった加藤改革に対して学生、院生は繰り返し加藤総長に学生自治会中央委員会（一九七〇年五月再建）と東院協の公認、ならびに正式交渉を要求したが、加藤総長は全学部、全系を代表していないとして公認を拒否し、協議のみに限定するとした。改革は自治組織も対象の一つにしているのであるから自治会と改革のための組織ははっきりと区別するというのがその理由であった。しかし、この論理に基づくならば、改革対象である教授会から選出された各種委員も改革議論を担ってはならないことになるのであるから全くの詭弁といえよう。他方、一九六九年一一月一八日の評議会で発足していた臨時カリキュラム委員会は、教養学部で進められていた教官と学生の間の議論を無視して一九七〇年度入学生用の教養学部カリキュラム改革案を策定し、それを一九七〇年二月一七日評議会で決定したのである。

こうして加藤執行部と学生・院生との対立は厳しさを増していくのであったが、とはいえ一九七〇年の改革委員会（教官）の発足からその答申（一九七一年五月一八日）[20]までの一年半近くの間に加藤総長は七学部（一九七〇年五月からは八学部）学生自治会代表、五研究科自治会・東院協と合わせて九回、東職とは二回協議に応じている。しかし学生・院生側はその協議の場を活用して加藤改革の内容について踏み込んだ議論を挑むことはなく、ひたすら「確認書に基づく全学改革委員会の設置」を求める手続き論に終始したのである。こうした状況の下では（一）で紹介したような各学部・学科で湧き起っていた自主的な改革運動は全学的な改革へと発展させる契機をつかみ得ず、東大闘争を担った学生たちの卒業もあって衰退を余儀なくされていった。

東大職員組合（東職）も加藤改革と対峙する姿勢を次第に強めた。第一は、加藤改革における職員に位置づけをめぐってである。

改準調『第一次報告書』では「職員の担っている職務上の機能は、大学における研究・教育と深くかかわるものであるとはいえ、その職務の機能自体は、大学外の一般社会における類似の職務のそれと本質的には共通する性格のものであり、大学における特殊性は少ない。」「大学における職員は、その職務を遂行する態様に、大学という社会からくる多少の差異はあるにしても、原則的には、権限と責任の体系としてのビューロクラシーの中でそれぞれ特定の位置を占め、その体系の一環として与えられた職務を遂行すべき地位におかれている。それは、教官および学生の大学における機能が、大学固有のものであり、しかも各個人の自主的・主体的判断が重視されなければならないのとは、（職員は：引用者）明瞭に異なっている」（前掲注12、78頁）として職員業務の固有性を過小評価している。このこともあって大学において必要な職員定数とその根拠を提示することができず、政府による第二次定員削減計画に屈服することになったのである。結局のところ定員削減を事務組織の中央集権化など「合理化」で対処する道を選んだ加藤改革に対して東職は厳しい反撃態勢をとらざるを得なくなった。すなわち定員外職員（勤務実態は正規職員と同じでありながら国家公務員定員としてカウントされていないために著しい待遇上の不利益を被っている）の定員化要求をつきつける闘争である。東職はこの独自要求を付加して一九六九年一一月一三日の公務員共闘会議統一行動に合流し、傘下二一単組が一時間二九分、一単組が二九分のストライキを敢行したが、これに対して加藤総長は訓告、賃金カットを含めて七〇余名の処分を一九七〇年一月一四日に強行したのである。この大量処分は、公務員労働者も憲法上の労働基本権を享受すべきであり、地方公務員法、国家公務員法の規定は憲法の趣旨にそって適切妥当に解釈しなければならないという最高裁四・二判決*にも反するとして東職は強い憤りを表明し、加藤総長を糾弾した。[21]

＊都教組事件に対する一九六九年四月二日の最高裁判決。この判例は一九七三年の全農林警職法事件に対する最高裁判決で改変され、以後現在に至るまで地方公務員法、国家公務員法による争議権剥奪は合憲とされている。

第二に、部局長選出過程を民主化しようとする自主的な改革運動への抑圧に対してである。部局長は職員に対する処分、勤務評定、特別昇級、人事異動などについて事実上強い権限を有しているため、各部局単組は選出過程の民主化を東大改革の重要な課題として取り組んでいた。[22]例えば東京天文台ではすでに一九六九年に改革委員会（教授二、助教授二、講師二、助手二、職員八の計一六名）が発足し、そこで確認されていた〝台長選に際しては第一次選挙を全台員の参加の下でもとに行い、候補者三名を選出。

第二次選挙ではその三名の中から教授・助教授が投票によって台長を選出する。〃という方式が、〃部局長選挙方式は評議会事項であるので部局独自に改革を行うことは認めない〃という総長室サイドからの「ストップ令」を受けて一九七〇年秋に台長により破棄され、一方的に旧制度での台長選出が行われたのである。

教育学部では一九七〇年から全学部集会（教授会、職組、助手会、院生協議会、学生自治会）において学部長選出方法の改革が議論されたにもかかわらず教授会の姿勢が後退し、従来通りの方式での学部長選出が強行された。農学部では一九七一年九月二二日の学部長団交において「一、農学部で独自に出来る改革案については、農学部全構成員の合意の下に、農学部独自に積極的に推進する。農学部長選挙については農学部で改革をおこなう。二、学部改革を積極的に行うため、三団体（農職、農系自治会、農学部自治会）と当局の代表からなる『改革委員会』を設置する。そのために学部改革委員会準備会を置く。」という画期的な確認事項が交わされたが、これを農学部当局は「農学部のおける改革は、東大全体の改革の基本線に沿わざるをえない」として事実上破棄し学部長・評議員が辞任した。[23]

東大病院においては中間職制である婦長会が病院職員組合の「婦長選出規約案」を原則的に認めていたにもかかわらず東大当局の意を慮った病院当局は「下から推薦されたのでは部局長の任命権が無視される」という理由でその実施を妨げた。

これら自主的な改革運動に対する加藤総長の「ストップ令」に対して東職は一九七一年一〇月一日の総長団交において教育公務員特例法四条、評議会内規七条等に反し、かつ確認書を踏みにじるものとして追及したが、総長は「部局長選挙は全学に関わる問題なので、その改革は全学的な調整を要するもので、評議会事項である」[24]として「ストップ令」を撤回しなかったのである。

加藤改革開始後二年、一九七一年の状況を東職は「旧来の教授会自治すら破壊しながら一部総長周辺による『改革』案づくりは教授会メンバーの無気力、無関心をますます増大させ、総長自身『一体みんなが改革の意欲をもっているかどうかうたがわしい』とでも言わざるを得ないような、一種の手づまり状況」と批判し、「各部局（の）民主化を抑えつつトップレベルのみで観念的「改革」案なるものをひねくりまわしてきたここ二年間の当然の帰結である」（前掲注22）と断じているが、概ね的を射た評価であった。

かくて確認書が示した大学改革委員会設置が実現されないまま改革委員会（教官）の活動は続けられ、一九七三年二月二三日最後の報告「助手、事務組織、財政、病院（中間報告）[25]」）を行った。同報告に先立って加藤総長は任期二年ということで再選されたが、固辞し、改革を実行できないまま改革委員会（教官）を解散させ三月三一日任期を終了した。一九七三年四月一日、後任にはかねてから『確認書』に批判的見地をとっていた林健太郎文学部長が就任したが、それは加藤改革の挫折を意味することであった。なお、加藤総長が一九七三年一月九日に学生自治会中央委員会を公認し、東院協に対しては三月二日の協議で八研究科程度の院生自治会が結集すれば公認するとの方針を提示して、確認書中の重要な課題の一つを解決したことは特記しておきたい。

（四）加藤改革路線はなぜ挫折したのか

加藤改革路線の挫折はそれに代わる改革運動の前進によってもたらされた訳ではない。従ってそれは東大闘争後の大学改革作業の終焉といってもよい深刻な意味を持っていた。ではなぜ「今日の東京大学の危機的状況」の背景として「戦後の国立大学制度の内包していたさまざまな矛盾があり、さらに明治以来の日本の大学、ことに東京帝国大学の歴史に根ざす深い病根がある」という歴史認識を示し、改革の遂行にあたっては「学問の自由の擁護のために、大学自治の基本理念は高く掲げられるべきである。この原則を無視した大学改革によっては、学問研究の場である真の大学を再建することはできない[26]」と言い切って出発した改革が挫折したのか。ここではそれを担った加藤総長ならびに改準調各委員会メンバーなど（以下、加藤改革グループ）に焦点をあてて検討する。

まず注目すべきは、先に述べたように加藤改革グループの主力が就任時四六歳であった加藤総長より若い世代の教員であったことである。彼らは一世代上にあたる教授層にしばしば見られた権威主義的で家父長的な前近代的講座運営、部局や大学全体の運営に関する無関心、そして学生の権利を認めない姿勢に強い批判や反発を以前から抱き続けていた。そこへ東大闘争が勃発し、深い危機感をもって大学改革に臨んだと考えられる。すなわち加藤改革は東大で支配的であった旧体制に対する若手・中堅教員の運動であったともいえる。東大闘争時の学生・院生にも匹敵する彼らの驚くべきバイタリティはそうして生まれたのであろう。しかし、加藤改革には大きな弱点があった。

第一に、加藤改革グループを構成する教員のほとんどは東大闘争時、あるいはそれ以前において学部や講座での改革運動に取り組んだ経験を持っていないことである。自らの改革運動を積み重ねた結果としてではなく、東大闘争という非常事態を経て登場した加藤総長のもとでの上からの改革要員として抜擢されたといってよい。このことが改準調報告には評価すべき優れた分析や改革の方向性を含みつつも、改革委員会（教官）段階で具体的改革案づくりに入ると改革主体構築なしのプラン作りに陥り、頼るべき教員層においても結局のところの無関心を惹起してしまった大きな要因であろう。

第二に、第三章で光本も指摘しているように、加藤改革においては〝大学改革は教授会が主導する〟という方針を貫いたことである。このことは総長退任後に加藤自身が以下のように率直に語っている。「改革には二つ意味があった。一つはほんとうに大学をなんとか改革しなきゃいけないということですが、もう一つは改革で学生にイニシアティヴをとられては困る。やはり大学側がイニシアティヴをとって、学生が変な形で動かないようにしたい、ということもあって、その両方を考えたわけです」[27]。そもそも大多数の学生が立ち上がった東大闘争が加藤改革を始動させたのであり、学生や院生にイニシアティヴをとらせないという姿勢そのものが大学改革にとって自殺行為となることは明白であった。

（五）学生・院生はなぜ大学改革の流れを作り出せなかったのか

（一）で紹介したように確認書締結後各学部・各研究科、そして学科や研究室レベルでの改革運動は大きな成果を挙げつつあったが、それらを全学的な改革へと発展する流れを作ることができなかった。その大きな原因の一つが加藤総長との正式交渉実現に固執し、協議を活用しての本格的議論をためらったことにあったのではないだろうか。「学生は改革には乗らなくて、反対だ、反対だと言っているだけに終わったので、大学側がイニシアティヴをとったかたちになったのです。」（前掲注27、１３３頁』）という加藤一郎の回顧にあるように、大学側の〝作戦勝ち〟となったのである。ではなぜ学生、院生は協議を活用し、新たな闘争のバネにできなかったのか。大きく二つの弱点があったと考えられる。第一に大学改革における核心的課題を取り上げていた加藤改革の積極面を正確に評価せず、このため大学改革への本質的な課題を提起できなかったこと、第二に特に学生側が東大闘争時の運動モードから脱却できず、変革志向を有する多くの学生を新たな視点で再結集させる戦略を持たなかったことである。

まず第一の点を検討してみよう。加藤改革議論を推進した改準調は、国家政策が大学行政をコントロールする現状に対して「政党内閣の一員である文部大臣が広汎な権限をもち、政治的権力と直結した形で大学行政が行われる体制は望ましくない」（前掲注12、36頁）と明快に指摘し、大学行政を所管する国家的機関として「合議制の行政機関、つまり行政委員会（「大学委員会」と仮称）」の設置を長期的方針としてではあるが提案している（前掲注19、84頁）。そしてこの大学委員会は「全国の諸大学全体としての自治」によって担われなくてはならないことが強調されている（前掲注12、１０８頁）。この提案は加藤改革にとって東大闘争を受けての大学改革の出発点であり、かつまた核心的課題であった。文部省介入のルートを絶たない限り、そして個別大学を越えて大学全体の立場に立たない限り、いかなる改革も文部省の政策に組み込まれざるを得ないことを加藤改革グループは理解していたからであろう。

ところがこの件に関する当時の東院協側の主張は以下のようであった。重要な点なので少し長いが引用する。

「改準調（一九七〇年三月）において『国は財政権・組織権を中心に大幅な介入を行っている』という現状認識から、大学の意思決定と執行の自律的確保のために『国立大学と政府との関係について根本的に再検討する必要』があると述べていた当局が、『改革フォーラム』（七一年五月）では『当面は現存する制度的条件を外枠として前提』とし、その『枠内でも実現可能な改革』をめざすという中教審に対するまったくの迎合的対応へと転落している」（前掲注23、11頁）。

つまり東院協側は、加藤改革の出発点における核心的課題を評価しながらもその実現への努力がなされていないと非難している。しかしこの課題は明治時代以来国家主導で作られた大学制度の根本的変革を目指すものであり、学生・院生も独自に検討を開始しなければならなかったのである。その上で加藤総長と本格的な議論を行い、東大闘争、全国学園闘争を大学行政の根本的変革、法制度上も文部省支配からの脱却へと継続・発展させる新たな大学改革の課題を設定すべきであった。一九四八年に、結成されたばかりの全学連中央執行委員会が占領下においても大学法の学生案を提示したことを考えれば、この課題の設定とそれへの取り組み開始は、東大闘争を担った側の当然の責務であったともいえよう。

第二の点についていえば、再建された学生自治会中央委員会と東院協側が総長に対して自治会との正式交渉を要求し続けた背景には、交渉権を確保すれば改革の主導権を握ることができると過信したこともあったのであろう。しかし〝確認書にもとづく改革を〟といくら叫んでも提示すべき改革の内実をつくりあげる力量が学生・院生側になければ運動は前進しないことは明白であった。さらに第一の点で指摘したような新たな闘争を構築するためには「民青対全共闘」という東大闘争モードを止揚して改革志向を有する多くの学生・院生を再結集する戦略が必要とされていたのであろう。当時の学生や院生全体の意識を一九六九年二月、すなわち確認書締結後約一か月の段階で調査した結果（『世界』一九六九年九月号）によれば、確認書支持と不支持はおよそ二：一である。[28] 支持は民青系とクラス連合等のノンセクト系、不支持は概ね全共闘支持に対応しよう。同年秋に理系院生自治会が行ったアンケート（修士・博士課程在籍数六三七に対して回収数三七一。回収率は前掲『世界』と同じ五八％）によれば、確認書については六〇％以上が価値を認めるものの「無意味・闘争弾圧」は三〇％近くもあり、自治会については六〇％が全員加盟制を支持するが、任意加盟制支持も三〇％を超える。これらのことは民青系が強かったといわれる理系においても東大闘争終結後に全共闘を支持する院生がなお三〇％以上存在したことを示唆しているといえよう。

注目すべきは、確認書への賛否にかかわらず東大改革の基本的考えについては「貧困な文教政策の変革、政府介入反対、各階層の要求を基礎」などで九〇％を占めており、改革意識の高さが示されていることである。[29]一九六九年秋においてもなお改革志向性が維持されていることを示す好例の一つに経済学部学生の動向がある。一九六九～一九七〇年段階では全学の学生自治会多数派に結集していなかった経済学部学生のなかでは、学生大会で選出された改革委員を中心に「東京大学改革実行委員会」が組織され、大学行政の独立、学部・講座制の解体、卒業制度の廃止など改準調第一次報告に近い要求を掲げて活動を開始していた。[30]加藤改革に対峙して大学改革を進め、さらには大学行政の根本的変革を目指そうとするならば、東大闘争モードから脱却し、全学的になお維持されていた変革への志向性を新たに糾合する運動が創造されねばならなかったのであろうが、現実には民青系においても全共闘系においてもそうした意識には至らなかったのである。それが当時の運動の水準であったとはいえ、歴史の教訓としておきたい。

こうしてカリキュラム改革や学科・教室運営民主化等の第一段階が過ぎた一九七〇年には学生の改革運動は停滞し、日米安保条約廃棄通告・反独占の民主連合政府を樹立する運動へと軸足を移動させていく。その民主連合政府によって大学改革を進めようというのである。これは当時広く主張されていた「国民のための大学」論とも関係していた。現在でもしばしば「国民のための大学」論は展開されるのでその概要を前出の東院協理論委員会討論資料（前掲注15、3頁）に基づいて検討しておく。同資料ではまず「『政府や経済界の大学に対する要請』と『国民の大学に対する要求』は明確に対立して」いること、そして「我々が、大学の自治、学問の自由を主張するのは、今日の日本の『政治的、経済的権力による研究・教育への干渉』が『真理探求の努力を歪める』性格のもの、即ち、国民の利益に反するものだから」であることが主張されている。

しかしいったい「国民の利益」とは何なのか、社会はその「国民の利益」なるものと経済界の利益の対立関係によって構成されるような単純なものであろうか。これでは実体不明の「国民の利益」のために大学の自治、学問の自由を主張するという論理にさえなりかねない。いうまでもなく大学の自治によって支えられる学問の自由の成果は長い歴史のなかで人類の英知に貢献するのであって、「国民」であるとか「利益」でもって議論することのできない広い領域を有している。実はこの論理は、反独占資本の政府を樹立することによって「国民のための大学」を作ろうという運動への短絡を誘導し、大学改革よりも政府樹立に運動の力点を移す作用をもたらすことになった。必要なのは大学改革という内在的で固有な学園課題を、大学行政の根本的転換とあらたな大学行政組織創設という政治課題に転換・発展させることであったのである。

(六) 変革主体の継承性

大学改革のような息の長い活動については、それを通じて変革志向の主体がどのように継承されたのかという考察も重要である。

学生

改革運動が行き詰るなか先に述べたように政治課題に主力をシフトさせつつあった学生は、教養、法、教育、理、医、看護学校が一九七〇年六月二三日に日米安保条約廃棄通告を求めてストライキを決行し、全学連傘下で同日行われた全国一二一大学、二六七自治会のストライキ闘争の一翼を担った。その後、沖縄の核抜き無条件全面返還を求める全国的な運動に合流するが、そうした中で一九七一年一二月、国立大学授業料値上げ（年九〇〇〇円から一万二〇〇〇円）の政府予算案に直面した。この国立大学授業料値上げを阻止することは大学改革運動にとって本質的に重要な課題であり、東大教養学部学生自治会も長期のストライキ態勢に入った。しかし盛り上がりにかけ、全国的にも反対運動が低調なまま、そして社会的支持も十分には受けないまま一九七二年度からの値上げを許すことになったのである。

この国立大学授業料値上げ反対闘争の敗北は、一九六五年慶応大学学費値上げ反対闘争と一九六六年早稲田大学学費値上げ反対・学生会館自主管理要求闘争に始まり、東大闘争、全国学園闘争へと高揚していった学生運動の終焉開始を意味するものとなった。さらに一九七二年二月に連合赤軍が起こした浅間山荘事件は学生運動に対する社会的共感と信頼を大きく失墜させ、その後の学生運動弱体化を決定づけることになったと言っても過言ではない。同年五月、日本共産党指導下の日本民主青年同盟内におけるいわゆる新日和見主義事件も学生運動に複雑な影響を与えたことは否めない。

学園課題を喪失した一九七二年以降、学生運動の弱体化は徐々に進行し、それと連動して大学改革運動の推進力が失われていったことは深刻である。しかし、医学生固有の要求、目指すべき医学の在り方の模索に根差す運動を持続的に発展させていた医学部医学科自治会は東大改革挫折後も全国的な連携組織「医学連の正常な機能の回復をめざす全国医学系自治会連絡会議」を中心として旺盛な活動を続けた。そして一九六八年に崩壊した全日本医学生連合（略称「医学連」：一九五四年に個人加盟で設立）に代わって一九八四年に全日本医学生自治会連合（略称は同じく「医学連」。自治会単位の加盟）を発足させるうえで大きな貢献をしたのである。学生自治会の全国的な組織が機能を停止している中で医学連は今も活発な活動を続けている。[31] 学生固有の要求、目指すべき医学の在り方の模索に根差す運動を進めてきた医学部の経験は、変革主体の形成をどう進めるかという点からも極めて示唆に富むものであろう。

院生

院生の研究、生活、そして就職に関するなど様々な要求に基づく活動を展開しつつ、大学院制度についての改革提言を行っていた各系自治会と東院協は、学生時代に東大闘争を経験した世代の進学によって大きな力を得たこともあり加藤改革の挫折に左右されることなく運動を発展させていった。当時社会問題になりつつあったＯＤ（オーバードクター）問題への取り組みや奨学金を獲得できなかった院生への自主的互助制度の運営などに精力的にとりくみ、全国大学院生協議会（略称「全院協」：一九六〇年創設）をリードしたことが特筆される。その全院協は一九七三年一〇月二九日に機関誌『真理を求めて』で大学院制度問題の特集[32]を行い、さらに一九七四年四月二〇日には『全院協ニュース』を創刊するなどして、全国の院生層を母体とする固有の院生運動を創り上げたのである。それは東大闘争、全国学園闘争の継続とみることもできよう。この院生運動の蓄積は一九八〇年代後半の「学院」構想反対運動（後述）に引き継がれる。現在も院生運動は全院協の下、深刻なＰＤ（ポストドクトラル）問題等と格闘しながらも地道に続けられている。[33]

職員

第Ⅱ部第四章の佐々木論考に述べられているように東大闘争を通じて東職は教員主導から職員主導の組合へ転換した。このことも連関して教授組合員の退会が相次いだが、若い職員層が職員の要求を基礎とする運動を牽引する契機ともなった。この職員主導の態勢と加藤改革における職員論への批判が、後に大学における職員業務の固有性の承認とそれを担う権利の確立という大学改革の基本問題の一つへの取り組みを準備したといえよう。

二　第二ステップ（一九八四〜一九九一年）

――学院構想の登場と有馬改革の始動・全国政策化

加藤改革時の『第一次報告書（前掲注12）』においては相当のスペースを割いて大学院改革が論じられているが、加藤改革挫折後も大学院をめぐる議論は断続的に進められ、それは一九八九年に就任した有馬総長による改革（有馬改革）へと収斂していく。

（二）一九七〇年代における大学院改革議論

一九七三年四月に就任した林健太郎総長は、加藤前総長と打って変わって総長室を中心とした秘密主義的大学運営を進め、翌一九七四年二月、突如「総合大学院構想」を改革室メモとして発表した。これは当時大学設置審議会大学基準分科会の伊藤正巳法学部教授を主査とする専門委員会で行われていた大学院及び学位制度の検討（報告は一九七四年三月三〇日）と関連していたと考えられるが、あまりの唐突さもあって一時立ち消えとなる。しかし一九七六年六月の評議会に東京大学総合大学院構想の調査費概算要求が提出されたのである。この構想には、総合的・学際的研究を行うことをめざして物質、生命、人間、情報の四系から構成され各系に二五講座程度が設置されること、新キャンパスをもち学部学生なしの大学院のみからなる研究教育機関とすること、将来的には東大とは別個の大学院とすることなどが示されていた。これに対しては、既存の部局の拡充改革先行の必要性や基礎科学軽視への危険性からの批判も強く、調査費概算要求提出は東大闘争後初めての採決による評議会でようやく承認されたものの、文部省に取り上げられることはなかったのである[34]。

一九七七年に就任した向坊総長は、一九七八年二月に大学院総合計画委員会を発足させ、検討を継続させた。こうした議論に対して、一九七八年一二月に開催された東院協を主力とする第一回東大若手研究者シンポジウムでは、「大学の理念の検討や学問の発展方向の緻密な分析を欠いた〝作文〟であり、ある意味で「金と人」を確保する方便」であり「中教審路線に容易に包摂される危険を持つ」とまず警告している。そして政府・文部省、中教審の狙いが「旧七帝大を中心に大学院大学化し、大学に格差づけを図る」

こと、「国際競争の激化という低成長時代に学問・科学を総動員する『効率的』体制を整えようとする」ことにあることを直視し、それに対決することなしには真の自主改革はできないと主張している。[35] 後述するように一九八〇年代とそれ以降における改革議論は、残念ながらこの警告どおりの展開を示し、政府・文部省の狙いの実現を許すことになる。

（二）森総長による「学院」構想の提示

一九八一年に就任した平野龍一総長は向坊隆前総長から国大協会長を引き継ぎ、「基本的には、国立大学のあり方自体が問題となってきている」「大学自体を自ら分析し、将来の方向を探り、その上に立って、どのような方策をとるべきかを検討しなければならない」との認識の上に臨時行政調査会（臨調）の動向も踏まえつつも、「国立大学の基本的な任務は大学の自治と自由を護ることである」と一九八三年の国大協会報で明快に論じた。[36] 大学内においては深刻化する若手研究者の問題も踏まえて二つの総長補佐会文書「東京大学における組織の流動化」[37]と「東京大学における若手研究者の問題」[38]を契機に東大内での改革議論が新たに開始された。そして一九八五年に引き継いだ森亘総長が、一九八六年九月に「学部・修士一貫教育」を骨格とする「学院」構想を提起し、一九八七年一月に『東京大学における大学院制度について』シリーズ文書の『第一二稿』[39]を発表した。ここにおいては後に東大改革東職特別委員会（東職改特委）が指摘しているように「年来の東大中心主義に基づく〝国威を賭ける程の重点大学〟としての東大の再浮上を露骨に主張し、東大を学部・修士一貫教育制度による「学院」に改組し、積算校費、建物基準面積を飛躍的に増大しようとする構想」[40]が提示されたのである。

この構想の本質を考えるためには、一九八一年三月発足の臨調と一九八四年九月発足の臨教審の活動を見ておかねばならない。一九八一年に平野龍一法学部教授が総長に就任する直前に臨調は増税なき財政再建をスローガンに活動を開始し、国立大学に関しては学部等を含めて新増設の原則見送り、施設整備費の縮減などの行政改革方針が即実行された。阿曽沼明裕[41]によれば、例えば施設整備費（二〇〇〇年物価を基準に補正）は一九七九年の約三〇〇〇億から一九八五年には約一五〇〇億円へと半減している。現場での研究費に直結する教官積算校費単価も一九七九年から逓減を開始する。こうした中での国立大学の状況を当時文部省で大学改革を担当していた大崎仁は以下のように述べている。

「臨時行政調査会による行政改革は、とりわけ国立大学を直撃し、大学をめぐる空気を一変させた。新構想の模索は影を潜め、行政改革の波をいかに凌ぐかという防衛的姿勢か、新しいことをやろうとしても無駄だという退嬰的姿勢が支配的になっていった。大学紛争を契機とする改革の時代は終わり、大学は冬の時代を迎えたのである。」[42]

この流れを変えたのは首相の諮問機関として設置された臨教審である。この臨教審は強力に大学問題をとりあげ、第二次答申（一九八六年四月）の第三の柱として高等教育の改革（大学教育の充実と個性化のための大学設置基準の大綱化・簡素化等、高等教育機関の多様化と連携、大学院の飛躍的充実と改革、ユニバーシティ・カウンシルの創設）が掲げられた。東職改特委は後に「学院」構想の背景を五点指摘している。その第一は、「この〝大学院の飛躍的充実と改革〟を大学院問題を強調する上での千載一遇の好機としてとらえ」たことである。この第二次答申では修士課程を〝専門教育の充実・補強の場、高度専門職の養成と研修の場〟としてその充実を求めていること、さらに一九八四年二月に学術審議会が昭和七五年（二〇〇〇年）には大学院修士卒の需要が年間一万人を越すと予測したことなどを踏まえて修士課程充実と量的拡大が社会的要請であると判断し、それに呼応することによって大学院充実を図ろうという算段であった。以下、全文を引用する。

「第二は、八四年二月の学術審議会答申により、大学付置研究所などを文部省直轄の大学共同利用機関へ改組する政策が打ち出されたことである。この結果、東京天文台の東大からの分離・大学共同利用機関化や分子研などの大学共同利用機関を母体とする総合研究大学院の樹立などが進められ、直接に東大の研究機能の低下、急激な地盤沈下をもたらすことへの強い危機意識が存在した。第三に、これらの政策が単に東大のみならず、大学全体を単なる教育機関に変えてしまうことへの危惧の念も存在した。第四に、特に理科系における、世界的レベルでみた東大の研究機関としての疲弊、研究条件の圧倒的劣勢の自覚である。「金がない」「設備が悪い」「人が足りない」という悲鳴があちこちから上がった。第五に、戦後大学院制度が未だ制度的には確立しておらず、単なる学部の付属物としての扱いしか受けていないことへの不満である。」（前掲注40）

森総長は一九八七年五月二六日の大学院問題懇談会第一次中間答申による「学院」構想の一九八八年度調査費概算要求提出の承認を評議会でとりつけ、具体化と実現へ向けて大きく舵を切った。そして一九八八年三月二二日の最終答申を経て同年五月一七日には「学院化については全学の基本的合意が成立した」と宣言した。しかし、この「学院」構想に対しては当初から東職、東院協、学生自治会中央委員会によってその東大中心主義への徹底的批判が行われ、学生は学部自治会間の意見の違いを乗り越え東大闘争以来のストライキ闘争を全学的規模で敢行したのである。

一九八七年七月九日には教養学部学生自治会が、つづいて同一一月一八日には教育学部自治会がストライキを決行した。翌一九八八年六月七日のストライキは教養、法、文、教育、経済、工、農の七学部でそれぞれ七〇％以上の賛成で批准され、当日数百名の学生が本部庁舎前に結集した。とりわけ学生が強調したのは、学部・修士課程一貫の「学院」構想が、第一に大学院進学希望者を学部段階から確保し、囲い込むものであること、第二に大学院進学時における自由な全国的流動を妨げること、であった。この主張は大方の共感を呼び、「学院」構想挫折の大きな力となった。さらに教養学部や付置研究所からは「本郷の学部と教養学部、研究所間に成立している大学院へのイークォル・フッティングを破壊する」という批判が噴出し、到底合意が成立している状況ではなかったのである。

結局、一九八八年度の調査費概算要求は採択されずに終わった。その一方で臨教審答申に基づく大学審議会が一九八七年九月に発足し、一九八八年五月には大学院研究科講座を新設する国立学校設置法が改正され、一〇月には独立大学院としての総合研究大学院が創立された。これを受け、東大側の危機意識が急速に強まることになる。

ここで森総長がとった打開策について東職改特委は後に要旨以下のように分析している（前掲注40）。

第一に、臨教審第二次答申が求めた寄附講座の導入のために一九八七年五月一六日の文部省令改正より前に「寄附講座要項」を同年四月二一日の評議会で決定して新設の東大先端科学技術研究センターに四寄附講座を設置した。第二に、一九八八年七月一九日評議会で反対を押し切って決定した「分離・分割入試」を導入した。これは自民党文教部会の要求に応じたものである。第三に、後にリクルート疑獄関連で逮捕され、有罪判決を受けた高石邦男文部事務次官と森総長は一九八八年六月に対談し、その対談は一九九〇年の高石の衆議院選挙運動に活用されている。これらが奏功してか、文部省は「学院」構想としてではないとはいえ「大学の教育研究の高度化」調査費概算要求を認め、一九八九年度予算に組み入れたのである。

かつて加藤一郎は、前章の光本論考が指摘するように大学自治を堅持して、中教審の改革路線と対決し国立大学全体が国大協の下で自主的な改革に取り組むことを実践しようとしたが、東大はその矜持を捨て、単独で文部省にすり寄る道へ大きく歩を進めることになったのである。しかし森亘の回顧録[43]の行間からはこれらが苦渋の選択であったことが読み取れることも指摘しておきたい。

（三）有馬改革の開始とその全国政策化

一九八九年に就任した有馬朗人総長は、東大総長としては前例のない大蔵省広報誌上の座談会[44]に登場するなどして「大学の貧困」を社会にアピールしつつ、文部省や自民党の要求するものでも利益になると判断されるなら躊躇せず取り組むというスタンスで大学運営を出発させた。しかし森前総長による「学院」構想の挫折を踏まえて大学改革の方向性の検討は約一年かけて第二次大学院問題懇談会の議論に付した。そして一九九〇年三月二〇日に発表されたその報告書では、評価システムと競争原理を結合させる路線が明示されたのである。「学院」構想の中心であった学部・修士一貫教育は後景に退き、この路線に沿った研究組織のためにＰＤＦ（Postdoctoral fellow）、ＲＡ（Research assistant）、ＴＡ（Teaching assistant）の導入が理学部で先導的に実施された。具体的な改革については全学的整合性よりも個別部局における実現性のある改革プランの先導的実行を推奨する方針が採られた。

おそらくこれは、理念に基づく上からの改革として企図された加藤改革が結局挫折に終わったこと、かつまた森前総長の議論先行型の方針が大学内の矛盾をかえって顕在化させ挫折に追い込まれたという現実を踏まえて、有馬総長が部局の個別利益を駆動力とするいわば競争的改革運動を進めようとしたからであろう。実は有馬総長は一九六九年四月から一年間、若手助教授の総長補佐として加藤改革に参画し、一九八七年四月から総長就任直前まで森総長の下の総長特別補佐として「学院」構想に深くかかわっていた。その経験も競争的改革運動という路線に活かされたのであろう。「有馬改革」といわれる所以でもある。

この競争的改革運動に飛び乗って、それまでの「学院」構想とは全く異質の改革案を提出したのは法学部であった。一九九〇年三月、法学部六年教育という方針をやめ、法学部の講座を大学院法学政治学研究科の講座に転換して部局化し、学部に新たに学科目を設置して講座制＋学科目制で積算校費を一・二五倍化しようとする「妙案」である。現行法を変えずに実行できるこの案には、併せて「社会的要請」に応える目玉として社会人教育のための専修コース設置が企図され、同時に学部を学科目制による教育専門機関と位置づけることで臨教審の路線にも適合する仕組となっていることもあって、提案から一年後の一九九一年四月には実施に移された。この電撃的な早さは、この案が文部省の少数の担当者主導のもと石井紫郎法学部教授との間で綿密に練り上げられたもの[45]であることによるのであろう。

大学院を部局化し、既存の学部とあわせて二部局に転換することで積算校費の増額を狙ったこの「法学部方式」について東職改特委はそれが実施された一九九一年四月一日に厳しい批判を加えている。すなわち、「今回の『法学部方式』は、一般大学の教育機関化と一部特権大学だけを優遇する政策のパイロット・

プロジェクトである、と結論できる。要するに『法学部方式』は、大学の二重構造を構築する一大『改革』の序曲に他ならないのである」（前掲注40）。実際、「法学部方式」は東大内にとどまらず他大学にも広がり、東職改特委の指摘通り、国立大学は大学院を部局化した大学院重点大学群とそうでない大学群の二層構造へと向かうことになる。一九九一年九月、有馬総長が当初は見合わせていた大学審議会委員に就任することによって、有馬改革は大学審議会答申・文部省令改正とリンクしながら全国政策化される。

なお、大学審議会一九九一年二月八日答申「大学教育の改善について」に基づいて同年七月大学設置基準における一般教育と専門教育の区分が撤廃され、全国の国立大学で教養部・教養課程組織の廃止・解体が一挙に進んだ。東大の場合は、教養学部という独立した部局が教養課程を担っていたこと、さらに同学部が独自の大学院組織を持っていたこと、多くの教職員、学生、院生が教養学部解体に反対する声をあげたこと、それらを受けて難しい流用定員（本郷の専門学部から教養学部設立以来提供されていた教員定員）問題決着のために有馬総長が尽力したことなどから、大学審議会の路線に乗らないという賢明な道が選ばれた。このことは特記しておきたい。

三　第三ステップ（一九九六～二〇〇三年）
――国立大学法人法に基づく国立大学法人化

大学改革は一九九六年一一月第二次橋本内閣による一連の行政改革開始によって新たな局面を迎えた。

この一九九六年から二〇〇三年国立大学法人法成立までの経過については本小論の「はじめに」で紹介した田中弘允鹿児島大学元学長等の著作（前掲注3）に詳しい。また、一九九九年に東職と全国大学高専教職員組合（全大教）関東甲信越協議会と連携して作られた「独立行政法人反対首都圏ネットワーク」（首都圏ネットワーク）ならびにその後継組織「国立大学法人法反対首都圏ネットワーク」に詳細な記録[46]がある。

（一）法人化の内実を準備した有馬改革

国立大学法人法による法人化（以下、法人化と略す）は実は二―（三）で述べた有馬改革を急進的に遂行する手立てとなった。

第一に、旧七帝大に筑波大学、一橋大学、東京工業大学を加えた一〇大学を大学院重点大学とする〝一〇大学体制〟具体化である。大学院重点大学への予算、建物、設備の重点配分が新たに設立された「国立大学特別整備資金」（大学移転跡地処分収入を担保にして借り入れる制度）や「高度化推進特別経費」によってなされた。大学院重点大学は最終的には一六大学となったが、それらは明治時代からの主として設立順や設置形態による大学序列の上位を占める大学である。* この大学序列に基づく大学の機能的分化は今日の「ミッション再定義」による大学再編強行につながっている。

＊二〇〇〇年までに大学院重点大学となった大学は旧帝大（北海道大、東北大、東京大、名古屋大、京都大、大阪大、九州大、筑波大）、旧官立大（東京工業大、一橋大、神戸大、新潟大、金沢大、岡山大、広島大）、新七大（東京医

科歯科大）
旧帝大＝第二次大戦終了以前にその前身が帝国大学として設立されたものである。ただし、筑波大学（一九七三年一〇月一日設立）のみは例外として、旧帝大グループに属している。
旧官立大＝第二次大戦終了以前にその前身が大学として設立されたものである。例えば、一橋大学は、一九二〇年四月一日に東京商科大学として設立された。
新七大＝第二次大戦終了後、新制大学成立（一九四九年五月三一日）より前にその前身が設立されたものである。

出典：『学長の指定職の号俸にみる大学序列表』[48]

第二に、大学審議会一九九一年一一月二五日答申「大学院の量的整備について」中の〝二〇〇〇年には大学院生数を二倍程度に拡大する〟というプランに呼応した大学院生数の増大策である。大学院重点化の流れに乗り遅れまいとする大学がこの増大策を採り、またすでに大学院重点化した大学では学部学生数を上回る大学院生確保の強圧がかけられた。加えて大学院充実のために助教授、助手のポストを教授に振り替えたために若手教員のポストが減っていった。今日、ますます深刻化するポスドク問題と若手研究者養成の困難さの直接の要因の一つは有馬改革にある。

第三に、評価システムと競争原理の結合である。一九九一年五月一七日大学審議会答申「大学院の整備拡充について」では大学院への重点的財政充実措置を「当該大学院の教育研究活動の評価を踏まえて実施する」とし、評価の方法として「大学院から提出された教育研究活動の状況に関するデータ（〝自己評価・自己点検〟引用者注）を基礎とし、学会による評価、科学研究費補助金の採択状況等」を挙げている。評価を資金の傾斜配分に直結させる、即ち競争原理の導入が企図されていたのである。その危険性に対して東職改特委は一九九二年に以下のように指摘していた。

「競争原理の制度的仕組みとして、競争の組織化と国家的なレベルでの評価のシステムが作り出され、それを根拠とし文部省による資金配分が〝公正に〟行われる体制が確立したとき、……質的には薄められた量的指標ばかりが結局は横行する。悪貨が良貨を駆逐する」。大学間だけでなく大学内でも「部局間の競争が、学科間の競争が、講座・部門間の競争が、そして一人一人の個人同士の競争が、構造的な形で展開される。自由競争は独占を導く。しかも、寡占と独占が明治以来の歴史的経緯から形成されている状況を前提として、この競争は出発する。最初から、自由競争ですらないのである」[47]。

今日の状況はその指摘通りであると言っても過言ではない。

第四に、教員任期制の導入である。実はこの教員任期制導入は有馬総長時から企図され、「学院」構想の理学部版（「理学院」）では教員任期制の先導的試行が考えられていたのである。「法学部方式」の登場で「学院」構想は頓挫するが、この教員任期制は一九九七年に法制化され、法人化後の様々な不安定雇用の装置となっている。

（二）有馬文部大臣の登場と文部省の路線転換

行政改革の一環として国立大学を独立行政法人化（独法化）する案に対して、かつて東大闘争時に経済学部学生代表として東大確認書締結に加わった町村信孝文部大臣は、一九九七年一〇月に四項目の理由を明示した反対声明を公表していた。しかし一九九八年七月自民党所属参議院議員当選し、すぐさま文部大臣となった有馬朗人は同年一二月には文部省を独法化容認に転じさせた。さらに一九九九年九月二〇日、国立大学長等会議で有馬文部大臣は「国立大学の独立行政法人化の検討の方向」（以下、文部省の「検討の方向」）を提示するに至った。これに先立ち文部省は積算校費制（教官当校費・学生当校費）を二〇〇〇年度から廃止して新たに教育研究基盤校費とすることを決定し、同年八月二〇日急遽開催となった国大協第六常置委員会に通知した。

この大学財政の根本的転換が独立行政法人における運営費交付金への移行準備であったことは今や疑いないので少し詳しく説明する。積算校費は研究教育の基礎単位である講座・学科目に対して教官当校費・学生当校費を積算して設定されるものであり、各大学では教官当校費・学生当校費から大学中央ならびに学部等の管理運営の経費等を控除したうえで基礎単位に配分される。換言すれば、講座・学科目を構成する教官と学生に配分された予算から中央経費を供出する制度であり、自治の財政的基盤であった。しかし新たに設定された教育研究基盤校費では教官数積算分、学生数積算分、大学（高専）分等からなり、教官数積算分と学生数積算分には全国一律の単価が設定された。ただし、この部分は教育研究基盤校費の三割に過ぎない。つまり、残りの七割の大学分等の積算基準は不明確になったのである。とりあえず総額では前年度と同程度の額が配分されることにしたが、これまで国立大学の中核的予算であった積算校費の根拠が突如失われたことを意味する[49][50]。教官数や学生数など客観的指標に基づく安定した財源を保証してきた積算校費制の廃止は財政上実に深刻な転換にも関わらず国大協第六常置委員会で若干の疑念が出されただけであった。こうして有馬文部大臣は文部省を独立行政法人化容認とその準備作業着手へ大きく舵を切らせたうえで同年一〇月に退任する。

(三) 東京大学の屈服と国立大学法人法の成立

一九九七年に吉川弘之前総長を引き継いだ蓮實重彦総長は、一九九七年一〇月一七日と一九九九年八月一一日の記者会見、さらに同年一一月一八日には国大協会長として〝独立行政法人通則法による大学の独立行政法人化反対〟の立場を堅持していた。一方、蓮實総長の諮問機関として一九九九年七月一日に設立された「東京大学の設置形態に関する検討会」(座長：青山善充副学長)中の「比較検討WG」(主査：佐々木毅法学部長)と「理想形態WG」(主査：小林正彦副学長)の二つのワーキング・グループも原理的な議論を積み重ねそれぞれ検討結果を示した。比較検討WGは文部省の「検討の方向」に対して法律面、財政面、業務と中期目標と評価などを詳細に検討した結果をまとめた「概括的コメント」では、一九九九年七月一六日成立の独立行政法人通則法に規定される独立行政法人と文部省の「検討の方向」の問題を六点にわたって指摘し、「検討の方向」を〝検討に値しないもの〟と事実上結論付けた。理想形態WGも「Ⅸ．まとめ」において「大学は、国家・社会の発展を担う立法、行政および司法の三つの公的機能に比肩すべき重要な公共的機能を果たすべき『自治体』として位置づけられなければならない」(「理想形態WG」報告五三頁)と述べている。この二つの報告に対しては東職改特委も「東京大学が……力を傾注した今回の報告は十分検討に値するものであり、各方面から慎重で深い議論が加えられるべき[51]」との見解を表明した。

しかし〝親委員会〟にあたる「東京大学の設置形態に関する検討会」は二〇〇〇年一月七日、両ワーキング・グループの報告を換骨奪胎した報告書を提出した。そこでは独立行政法人通則法を前提とした「特例法」に基づく国立大学の法人化を容認するかの如き曖昧な態度に終始し、結局のところ〝文部省の「検討の方向」を検討の俎上に乗せ、更に立ち入った検討をする〟という選択肢を採用したのである。さらに二〇〇〇年三月二七日「東京大学の設置形態に関する検討会」の継続として、同じく青山副学長を座長として新たに発足した東京大学「国立大学制度研究会」が一〇月三日に出した報告書（以下、東大研究会報告書）では、文部省の「検討の方向」よりも同年五月九日に出された自民党文教部会・文教制度調査会提言に対応した内容となっている。[52]こうして東大研究会報告書は、国から独立した法人格が備えるべき基本の検討ならびにその実現も見通さずに国立大学の法人化を良しとした。しかも法人化によって文部省と国立大学の関係が指示監督関係から協議契約関係に変わるかのように述べているが（『東大研究会報告書』13頁）、それは法人化了承を合理化するための虚偽のロジックである。なぜなら、中央省庁の長には出先機関を含めた行政組織全体を監督する最終的な権限があるものの、それは国立大学の研究・教育に対する「指示監督」を意味せず、さらに、具体的な組織の管理運営を逐一本庁が指示監督する訳ではないからである。こうした虚偽のロジックまで動員して法人化了承の東大研究会報告書を急いだのは当時国大協で続けられていた深刻な議論の流れを法人化了承へと誘導するためであったことは「全国立大学を視野に入れて検討した」（『東大研究会報告書』3頁）と述べていることからもあきらかである。

一〇年前東大で始まった「法学部方式」による大学院部局化は、序列化された大学の階層別再編のトリガーになったが、二〇〇〇年には東大は蓮實総長の下で国立大学独立行政法人化へのゴーサインを事実上出したのである。その独立行政法人化は、大学側が期待した「特例法」ではなく、独立行政法人通則法の主要な条項を適用したうえで名称のみを変更した国立大学法人法によってなされることになった。二〇〇一年蓮實前総長から引き継いだ佐々木毅総長は着々と法人化準備をしつつも、二〇〇三年二月二八日国立大学法人法が閣議決定され、いよいよ国会審議が始まろうとしていた時に、「国立大学法人化雑感[53]」において国立大学法人法にもとづく法人化の危険な本質を衝いた厳しい警告を発したのである。それは政治学者としての見識の表明でもあった。この警告は「前東大総長からのメッセージ」という帯のかかった佐々木毅著『知識基盤社会と大学の挑戦　国立大学法人化を超えて[54]』には載せられていないので重要箇所を引用する。

・この仕組み（法人化：引用者）の本質は各官庁が自らの組織の一部を外側にくくり出し、厳しくコントロールする「独立の」法人を沢山作ったということにある。「独立の」法人である以上、今まで公務員組織の一環であった時代よりも厳しい精査と評価が加えられ、各官庁の影響力がますます強くなっても何ら不思議はない。

・先に述べた独立行政法人との共通性、独立行政法人通則法の「準用」は相当程度残されている。従って、前者（自主性を尊重する工夫：引用者）の側面だけに目を奪われることなく、特に、この仕組みが元々官僚制の影響力を決して弱めるものではないことには充分に留意する必要がある。

・官僚制には常に物事を細かくコントロールし、そういう競争をする組織的性癖があることをわれわれは充分に知っている。そして規制のための規制が横行し、権限の増殖が次々に生ずる傾向があることも周知の事実である。そして世論なるものがしばしばその後押しをすることも珍しくない。かくして「角を矯めて牛を殺す」ことになる。

・これまで国立大学関係者は内部の制度にばかり目を向けてきたが、これは制度環境を仕切る人々にとっては「思う壺」であったようにも見える。その意味では役者の力量には相当な格差がある。

この最後の引用中、「これまで国立大学関係者は……」の件は、当時の国大協執行部（長尾真会長＝京大総長、石弘光副会長＝一橋大学長ら）を指すのであろう。その後、法案の国会審議が開始され、次々と問題点が明らかとなっても国大協執行部は法の成立後に見解を表明するとして国大協内での検討を回避し続けた。回避とは容認を意味する。一方、大学の内外で国立大学法人法案への批判的見解と慎重審議要求が急速に広まるなかで、前掲「国立大学法人化雑感」に基づく佐々木総長の見解表明への期待が大きくなるのは当然であった。しかし佐々木総長は東大構成員に対して賛否に関わる見解を一切表明しないまま、そして理学部教授会、教養学部教授会などから出されていた懸念へ対処することなく、六月三日の参議院文教科学委員会へ参考人として出席して「国立大学法人法というものを基本的に支持する」と冒頭に述べ、いっさいの批判的見解を示さなかったのである。[55] それは政治学者としては自己の信条の封印であり、東大総長としては屈服を意味した。

六月一〇日「中期目標・中期計画」について教育研究の内容にまで細かく関与、介入することを示した文科省指示文書が暴露され、参議院での国会審議が一か月近く中断する事態になっても、政府が国立大学法人法採決を七月九日に強行し得た大きな要因が、六月一〇日までの国大協執行部に続いて一〇日新たに会長に選出された佐々木総長の国立大学法人法賛成表明にもあったことは想像に難くない。こうして二〇〇四年四月、国立大学は独立行政法人通則法の主要な条項が適用された状態で、国立大学法人法によって法人化されたのである。

（四）予見されていた国立大学の危機

第二ステップの有馬改革を担った人々が有馬朗人編『回顧と点検――鼎談：有馬朗人のメモワール――』（前掲注45）のなかで国立大学法人化後の不安を国立大学法人化直後の二〇〇四年一一～一二月段階ですでに率直に述べているので要旨を以下に記す。なお同書は全文五〇〇ページに近い大著であるが、私家版のため閲覧が難しいので関連部分を本章末尾に資料として掲載しておく。

積算校費制が法人化で運営費交付金に変えられたことに関する懸念（一六八、一七一ページ）

有馬は、「人件費一％、裁量経費五％が毎年続くことが一〇年続いたらすごいことになるので、大学はよく考えてきちんと対応しなければならない」と語り、積算校費制が廃止され運営交付金制度なったために「中央経費や学長裁量がうんと増え、下々の一般の教授、助教授クラスになると、がさっと減る」と指摘している。

評価制度に関しての懸念（一七五ページ）

有馬は「私は評価推進論者だったのだが、今度は、評価をやめようという運動をしようかと思っている」と述べている。

これらの懸念は有馬改革と国立大学法人法による法人化に反対する多くの人々や組織・団体によって繰り返し指摘されていたものである。そしてその懸念は本論の冒頭で述べたとおり、今日、現実のものとなっている。有馬改革に深くかかわった方々がその懸念を法人化が行われた二〇〇四年にすでに自覚していたことを座談会でとはいえ公言されていることに驚きを禁じ得ないが、ともあれ当初から破綻が予定されながら法人化がなされたことは間違いない。「法学部方式」を一九九〇年に文部省と協議して編み出した石井紫郎（一九九九年当時国際日本文化研究センター教授）も一九九九年には大学共同利用機関の「独立行政法人」化問題に深い懸念を表明していたことを指摘しておく。[56] 国立大学法人法審議の際に参考人として賛成の意見陳述をしてはいても、三か月前に前掲「雑感」のような見解を示していた佐々木毅も同じ思いであったに違いない。

有馬朗人著『大学貧乏物語』[57]に詳述されているような大学の現状を変革することを出発点とした有馬改革が、大学自治の矜持放棄のもとで政府・文部省の政策と融合して国立大学法人化へと接続し、最終的には有馬朗人自身に深い懸念を抱かせながらも急進的に推進されていったのは有馬朗人にとっても大学にとって悲劇というべきではなかろうか。

（五）有馬改革―国立大学法人化と対峙した東職の闘い

平野龍一総長時代の末期に始まる東大改革議論に対して東職は東職改特委を組織して検討を積み重ねるとともにその結果を機関誌『フォーラム東大改革』に掲載して学生、院生、生協等の学内労働者を含めて全学の議論と行動を呼びかけた。それについては資料（『フォーラム東大改革』一九八七年九月四日のNo.1から二〇〇三年九月一二日のNo.23）に掲載されているので省略するが、ここでは、第一に改革問題をどのように位置づけたのか、第二に有馬改革をどう評価したのか、第三に独法化・法人化反対闘争をどのようにリードしたのかに絞って論じる。

東大闘争・全国学園闘争の継続としての東大改革

かつて学生、院生、職員として全国学園闘争に参加した、あるいは直接ではなくとも学園闘争の継続を経験した東職組合員には東大闘争・全国学園闘争を大学変革へと接続できなかったことへの忸怩たる思いを持ち続けていた者が少なからず存在していた。一九八〇年代半ばに大学改革問題が急浮上した時、それらの組合員から未完の東大闘争の継続として闘おうという声があがったのである。その声を結集して、東大の現状分析と根本的変革の方向性を模索する組織、東職改特委が一九八五年に作られた。東職では第Ⅱ部第4章佐々木論考にあるように様々な政治的潮流が協力し合って活動し続けていたことが、この東職改特委の議論を深化させるうえで大きな力となった。

有馬改革の評価

東職改特委の作業は森総長による「学院」構想批判から始まったが、厳密さを要したのは一九八九年に始まる有馬改革の評価であった。それは一九九〇年九月の「東大改革に関する東職の主張――第一次案」[58]にまとめられている。そこでは、貧困な大学政策と行政改革がもたらした大学基盤の弱体化に対して有馬総長が具体的データをもって、批判し、改善を強く主張していることを積極的に評価したうえで、要旨、以下の四点を危険な方向として指摘した。

第一に、今日の大学危機を貧困や外部からの圧力に事実上限定している。内在的危機の克服抜きに貧困から脱却しても前近代的な身分制的教職員組織や硬直した大学組織などが強化される。

第二に、社会的評価を高めるためにとして評価システムを導入し、それを資本の期待する競争原理に結合させようとしている。これではアカデミック・フリーダムすら崩れ去る。

第三に、第一とも関連して前近代的な遺物や官僚統制との対決を回避している。文部省による大学再編がこれらを梃子に進められているなかでは、対決の回避は極めて歪んだ最悪の「近代化」を生み出す。

第四に、森前総長以来の大学ヒエラルキーを引きずっている。東大頂点主義を後景に退け、旧七帝大を核とする一〇大学体制を主張しているが、サミットをプラトーに変えるだけで、前近代的大学ヒエラルキーそのものの変革を意味するものではない。

そのうえで、日本の大学全体の変革と結合してこそ東大の改革も前進すると主張した。併せて有馬改革や各大学の改革議論の水準が上記四点の状態にとどまっているのは前近代的遺物と徹底的に闘いつつ、資本の論理による大学改変を乗り越えようとする我々の運動と論理が脆弱であることにもよると自省の念をこめて表明している。

この「第一次案」は有馬改革との闘争のうえの基本となったが、その後の経過から見ても正鵠を射たものであったといえる。

独法化・法人化反対闘争をリードした東職と独立行政法人反対首都圏ネットワーク

『ジュリスト』一九九九年六月一日号に、省庁再編と独立行政法人制度の創設で中心的役割を果たした東北大学法学部藤田宇靖教授の「国立大学の独立行政法人制度[59]」が掲載され、国立大学は一刻の遅延も許されず翌二〇〇〇年七月までに独立行政法人化を決めよという主張がなされた。このきわめて政治的な論文のコピーが全国の国立大学で配布され、加えて独立行政法人通則法が同年七月一六日に成立したこともあって、独立行政法人化やむなしの声が全国の国立大学に拡がった。これを切り返すうえで大きな貢献をしたのが同年七月二一日に続けて二つ発行された東職改特委『フォーラム東大改革』No.18[60]、田端博邦教授投稿による同No.19[61]であり、東職と「独立行政法人反対首都圏ネットワーク」（略称：首都圏ネット）の旺盛な情報発信・情報分析活動の開始であった。また岩崎・小沢編『激震！国立大学』[62]も同年一一月には出版され、さまざまな角度から独立行政法人化への批判と懸念が示された。

東職ホームページ内に設定された首都圏ネットのサイトには法人法関連の情報が全国から寄せられたが、そこには三〇年前の学生運動内の激しい対立から脱却した新たな共同行動が事実上成立していたのである。こうした情報の共有によって、全国の教職員組合や教授会、教員有志、諸団体がそれぞれ自らの力で運動を組織し、さまざまな活動が国立大学法人法阻止に向けて集中されるという新しいスタイルが形成された。田中鹿児島大学長を筆頭にした法人化反対の学長諸氏の活動にも励まされ、また首都圏ネットの情報配信が学長諸氏の活動にも貢献した。国立大学法人法の国会審議開始後、東京大学職員組合・国立大学法人反対首都圏ネットワークによる緊急出版もなされた[63]。

特筆すべきは、政治的には相対立する右派系知識人諸氏とも学問の自由を守る一点で共同行動が行われたことであろう。このように国立大学ならびに共同利用研究機関の多くの組合はさまざまな反対行動を展開したが、課題の重大性からすれば全国を貫くストライキをもって闘うべきであった。全国の大学教職員組合は第Ⅱ部第四章の佐々木論考にあるように、日教組所属時代には賃金闘争を軸に定員外職員定員化などの個別要求も掲げてストライキを積み重ねてきたが、しかしながら最も重要な局面で全大教はストライキを提起するまでには至らなかった。結局、力及ばずして法人法は二〇〇三年七月九日に成立したが、運動上の豊かな経験を蓄積したことは重要であったと言えよう。首都圏ネットは国立大学法反対首都圏ネットワーク（新首都圏ネットワーク）として継承され、首都圏ネット以来の全データは先述のようにアーカイブ化されている（前掲注46）。

なお国立大学の法人化に先立って二〇〇一年に行われた行政改革の一環としての中央省庁再編により文部省と科学技術庁が統合され文部科学省（文科省）となった。文科省の発足は大学にも大きな影響を与えているが、これについての検討は別途行いたい。

（六）法人法反対闘争敗北の二つの要因

独立行政法人通則法の主要部分を準用した国立大学法人化は、行政改革としての大学改革を拒否してきた国立大学側の敗北を意味した。その敗北の自覚がない限り、もはや覆い隠すことができないほど顕在化している国立大学全体の危機を打開する道を見出すことはできない。ここでは敗北をもたらした要因を二つ考える。

第一の要因は、東大が自らが頂点に立つ大学ヒエラルキーの変革を志向しないばかりか、頂点に立つことを武器にして単独で個別要求実現に走ったことにある。このことが、各大学が個別利害をかけて文部省の誘導に乗り、最終的には大学序列化の受け入れへの大きな契機となった。その意味で「法学部方式」は

第Ⅲ部

大学側に深刻な打撃を与えたのである。大崎仁が「かつて学部自治擁護の中心であった両大学（東大、京大）法学部が、このような動きの先陣を切ったことに、時代の変遷を感じざるをえない」（前掲注42、319頁）というように、この「法学部方式」の出現により文部省は以後の大学改革の主導権を確実にし、大学側は敗退への道に追い込まれた。その敗退は蓮實総長時代の法人化容認を経て、佐々木総長による参議院文教科学委員会での国立大学法人法賛成意見陳述で決定的となった。法人化後の国立大学運営の内実は、すでに有馬改革とその全国政策化によって定まっていたことは四（一）で述べたとおりである。東大の責任は極めて重大であったと指摘しておきたい。

第二の要因は、第一の要因となった東大執行部の動向を許した学生・院生・教職員の決定的な力量不足である。森総長による上からの「学院」構想は学生自治会中央委員会、東院協、東職の結束した闘いもあって挫折に追い込むことができたが、有馬改革が主として部局単位の個別要求を軸に競争原理と結合して進められると対峙する運動は困難に遭遇したのである。その後、法人化容認に傾斜する東大執行部を追い詰めるまでには至らず、最終的には佐々木総長による法人化賛成の意志表示を許すことになった。このことをはっきり認識しておきたい。

五　大学自治の主体形成に向けて

大学再生の鍵を握るのは大学自治の再興であるが、およそ自治というものは主体の形成とその不断の成長なくしては維持・発展できない。本小論の締めくくりにあたり、根本的変革の方向とともに大学自治を担う主体形成について浅学を省みず論じる。

（一）根本的変革への志向

貧困な国立大学の現状を告発することに始まり、その改善を求めて出発した有馬改革が最終的には国立大学法人化に到達し、今日の大学危機を醸成したという悲劇から学ぶ最大の教訓の一つは、行政からの誘導に乗って当面の改善を求めることに腐心せず、現状を規定する構造の根本的変革を目指す見地と行動を堅持しなければならないことである。そうすることによって日常的に取り組まれる部分的な改善や改良が根本的変革の準備となり得るし、また主体も成長する。

この教訓を今日に活かすためには、まず「指示監督関係から協議契約関係」という虚偽の論理を用いて強行された国立大学法人化の帰結が「許認可権と財政権を手に、ガバナンス改革などを通じて、大学の組織運営を誘導・コントロールする文科省の行政権の肥大化」（前掲注3、22頁）という現実を直視することから出発しなければならない。そして、国立大学法人法制定時の文部科学大臣遠山敦子が、国立大学法人化の根拠とした「（国立大学が—引用者）国の行政組織の一部であるということに伴って、人事上も、会計上も、それからマネージメントの上でも大変な制約があった　……これが独立の法人格を持つことで、それぞれの法人の自主性に任されていく」（国立大学法人化直前の佐々木毅東大総長らとの対談、前掲注54、151頁）ということが全くの絵空事、そうでなければマヌーバーであったことを指摘する必要がある。三—（四）で述べたように、そもそも国立大学法人法化はその推進者自身が出発時に大きな懸念を表明していたもの

第Ⅲ部

であり、その懸念がすべて現実のものとなっているのである。

では根本的変革への志向とは何か。国立大学法人法を速やかに廃止し、政治権力から独立して大学行政を担う制度の構築を目指すことである。同法廃止に伴って現行の運営交付金制度も廃止し、教育・研究・技術と大学運営に不可欠な基本費目ごと単価を設定して積算する新たな予算制度が創設されなければならない。これらのことはこの間の新自由主義的大学改革を詳細に分析した細井克彦が既に述べている[64]。こうした志向性を持たずに運営費交付金の増額のみを要求するならば、財政誘導による文科省コントロールの更なる強化を導きかねない。それは有馬改革の悲劇で証明済みなのである。

この根本的変革に向かううえで、加藤改革が長期的方針としてめざした〝文部省（当時）の一行政組織ではなく政治権力から独立した合議制行政委員会（大学委員会）の設置〟とそれを支える〝全国の諸大学全体としての自治の構築〟の提起は、議論の土台として今なお有効である。さらに「東京大学の設置形態に関する検討会：理想形態ＷＧ」のいう〝立法、行政および司法の三つの公的機能に比肩すべき重要な公共的機能を果たすべき『自治体』〟としての大学という見地も継承すべき内実を有している。実はこの根本的課題は第Ｉ部第一章大窪論考が指摘するように戦後改革時に取り組まねばならないものであったが、それを棚上げしたまま放置し、一九八〇年代後半からは政府に阿って当面の個別利益を追求した結果が、今日の危機を生み出す大きな要因であったことも深刻に総括しておかねばならない。

この政治権力から独立した大学行政組織の構築が大学の自治と学問の自由を支えるとともに、大学に対する社会からの様々な要請を時々の政治権力や経済界のフィルターやバイアスなしに直接大学に反映させる装置となる。大学の自治と社会的要請とは予定調和的関係ではなく、しばしば緊張を伴うものであろう。

そうであるからこそ、政治権力から独立した大学行政組織の創設が求められる。そのためには大学行政組織を担い、責任を負う自治主体の形成が必要となることはいうまでもない。

（二）大学行政に束縛されない大学改革問題研究の場の創設

東大闘争後の大学改革議論と具体的活動を振り返ると、それぞれの局面で非常に優れた見識や行動力を有する人々が大学運営の指導的集団のなかに包摂されると多くの場合その主張が封印され、現実政治に拝跪させられることがしばしばであったという残念な歴史が浮かび上がる。これでは自治を支える理論の構築と蓄積がなされないのである。ほとんど唯一の例外は、蓮實総長のもとで副学長を担い「理想形態ＷＧ」主査を務めた小林正彦がその実績も踏まえて東職執行委員長として国立大学法人法反対闘争を先頭に立って指揮されたことであろう。

この残念な歴史をふまえるならば、大学行政や個別的大学運営に束縛されない大学改革問題の研究、議論の場と成果を蓄積する組織の形成が是非とも必要である。この点ではフランスにおけるアレゼールの経験、また日本におけるその試みの経験に学びたい[65]。なお実は一九六八〜一九七〇年の全国学園闘争を踏まえて大学問題研究所を創設する構想が当時あった。大学問題、なかんずくその改革が一層重要な社会的課題となると想定されるなかで、たかだか数年で卒業する学生のみに依拠した運動では担えないという認識からである。同所の準備は相当程度進められていたが実現に至らなかったのは今からみても痛恨の極みと言わざるを得ない。その準備過程の経験も継承して新たな研究の場の創設が期待される。

第Ⅲ部

に述べているのでまず紹介しておく。

（三）学生自治の復興

大学自治の衰退は学生自治の衰退と深く連動している。このことを実は二人の元東大総長が問わず語りに述べているのでまず紹介しておく。

有馬朗人元総長：

先に紹介した鼎談（前掲注45）のなかで清水建宇氏（朝日新聞論説委員）の「もし（法人化が大学にとって―引用者注）本当に危機だと思ったら、大学の中から絶対に反対の声が出たはずなのに、それがなかったのですね」との質問に対して、「私が非常に不思議に思ったのは、教職員組合が動かなかったことです」「それ（国立大学法人法反対というファックスがテレビ朝日に相当数入った―引用者注）はあったかもしれませんが、昔だったらそんなことものでは済まない。学生も動かなかった、一九六〇～一九七〇年頃だったら大変でしたよ」（３９２頁）と述べている。

佐々木毅元総長：

「実を言うと、大学の改革に際してもう一つ期待をかけたアクターがあった。それは学生であった。私には学生たちが大学のあり方について合理的な改革を要求すること（政治的なスローガンをがなりたてるのではなく）がなければ大学を本当の意味で動かすことは出来ないように思えたからである（教職員の意識改革から全てを始めるというのは正論のように見えて、あまり賢明な策には思えなかった）。しかし、日本ではかつての大学紛争の後遺症があり、その上、学生の極端な社会的消極性のため、このアクターの役割を期待することにはほとんど現実味がなかった。率直に言えば、何をどうしたらいいのか分からないというのが重い現実ではなかろうか」（前掲注54序文ｖ）

法人化を推進した重要なメンバーである有馬朗人や最終的には法人化を容認した佐々木毅の述懐は他者、なかんずく学生の責任をあげつらっての自己弁護であり甚だ残念という以外にはない。しかし、大学の自治が学生の自治とその運動によって支えられること、さらに大学改革を進めるには学生の力が必要なことを端的に示しているともいえる。東大闘争以前は大学の自治＝教授会の自治といわれたが、その教授会の自治さえも実は学生の自治によって支えられていたことは歴史の示すとおりである。今や教授会の自治は、二〇一四年に学校教育法が改悪されて「ほぼないに等しいほど後退」（前掲注3、２６９頁）しているのである。

いうまでもなく学生自治は大学自治を守るためだけに存在するのではない。学生自治にはそれ自身に固有の意義と任務がある。この点に関して前掲「東大闘争と学生の意識」（注28）を受けて行われた座談会で、高畠通敏は次のような重要な指摘を行っていた。「学生運動のもつ教育的な効果はわれわれ（大学教員―引用者注）のはるかに及ばないものがある気がしますね。最大の自己教育ですからね」「自己教育すべき場としての学生運動の意味はこの上なく大きいと思いますし、今日の大学はそのための容器として再編成されてしかるべきだと私は考えるのです」[66]。この高畠の指摘は時代を越えて普遍的な意味を持っており、佐々木毅元総長が嘆く「学生の極端な社会的消極性」や「何をどうしたらいいのか分からない……重い現実」

第Ⅲ部

（前掲注54序文ⅴ）を克服する上での重要な示唆となっている。

では現在、その「容器」として大学は何をすべきなのか。この点で第Ⅲ部第一章は重要である。乾彰夫が指摘するように日本と違いヨーロッパでは一九六八年の学生闘争をへて学生自治の一環として大学運営への学生参加が法的に保証されている国が多数である。日本においても学生自治の再興めざして大学における学生参加の法的保証をめざす検討を遅ればせながら開始しなければならない時期といえる。実はヨーロッパにおける学生参加の法的保証の根拠は、社会的に無償化された高等教育を受ける学生達がその責任を自覚し、全うするためには彼らに自治を付与し、市民として成長させることが必要と考えられているからであろう。単に大学当局や時々の政治権力から学生への圧力を防ぐための学生自治ではなくそこには未来を担う学生を含めて市民社会を構築するという積極的意義が存在する。

翻って考えてみるに、今日の日本のように受益者負担論によって授業料を含む高額の学費が必要とされる状況では、学生は大学や受験産業にとって「お客様」「消費者」として扱われ、また学生も自らそう思うこともしばしばであろう。そうであれば学生が社会的責任を負う意識は希薄にならざるを得ず、従って自治が発展しがたいのである。国立大学の授業料の高額化の出発点は中教審四六答申後の一九七二年度からでありその後答申にもとづいて二〇一六年度までの間に物価指数で補正しても一四倍にも上がっているが、それは学生自治の衰退過程とも符合する。高等教育の無償化は学生自治再興の点からも大学が取り組まねばならない喫緊の課題である。

高畠のいう「容器」としては自治寮である学生寮がとりわけ大きな役割を果たしてきた。大野博が第Ⅰ部第二章で指摘するように、学生自治が生活の場である寮を拠点に形成され継承されていったことはよく知られている。しかしながら東大は第一高等学校以来の自治寮＝駒場寮を寮生ならびに寮自治会の反対と抵抗を力ずくで押し切って廃寮した（二〇〇一年八月）。それは自治活動の拠点である学生寮廃止という文部省の方針に沿ったものであったことは疑いない。こうして東大は大学自治を支えてきた学生自治に自ら打撃を与えるという歴史的過ちを犯したのである。今後、学生寮の拡充や新設と自治の付与などが検討されるべきではないだろうか。なお六〇数年に及ぶ自治寮の膨大な公式記録は寮生排除の強制代執行時に教養学部が放棄したにもかかわらず一般財団法人駒場寮同窓会によって保管され、現代史ならびに大学史の貴重な資料として東大文書館に順次移管されつつある。駒場寮同窓会諸氏の思いに頭が下がる。

学生自治の復興のためには上記のような「容器」の問題だけではなく、かつての学生自治とそれに基づく運動がどのようにして発展し、そしてなぜ衰退したのかが議論されねばならない。これに関しては第Ⅰ部第二章の大野博、第Ⅱ部第二章における大窪一志の分析、さらに小杉亮子の研究[67]が大いに示唆に富むが、この数十年の社会的歴史的変動の中でさらに深めるべきテーマでもあり今後の研究の進展を待ちたい。

（四）固有の大学業務を担う職員の自治

東大確認書は職員が固有の権利をもって大学自治を形成することを高らかに謳う一方、改準調『第一次報告書』では大学自治への参加に否定的見解を述べていた。その背景には大学における職員の固有の業務を認識しない姿勢がある。教員と職員の協働によってはじめて大学の業務が成り立つことは確認書から五〇年を経た現在、一層明白になっているが、その協働と自己成長の障害となっているのが教員と職員の間、

第Ⅲ部

さらには職員間に存在する半ば身分制的な関係とそれに連動する待遇上の著しい格差である。かつて私は職員の置かれている状況を「教員からの身分的支配と文部省からの官僚的支配という二重の軛の下で定員削減の矢面に立たされている[68]」と指摘したが、それは基本的に今でも変わらない。

これらを根本的に改革して協働態勢を実現することは大学の任務を全うするうえでの要の一つであり、大学改革の大きな柱となるべきものである。そして協働と自己成長は自治によってのみ保証される。横断的な職員組織である労働組合としての教職員組合がこの職員自治をどう進めていくか、過半数代表制は労働基準法の規定を緩和するための装置ではあるが、自治をめざす補助装置としてどう活用していくか、現代的課題として提起しておきたい。

注

1　豊田長康『科学立国の危機：失速する日本の研究力』（二〇一九年二月、東洋経済新聞社）
2　山口裕之『「大学改革」という病』（二〇一七年七月、明石書店）
3　田中弘允・佐藤博明・田原博人『検証　国立大学法人化と大学の責任』（二〇一八年七月、東信堂）
4　大野博・伊藤谷生・大窪一志・柴田章・光本滋〈座談会〉東大闘争50年――『確認書』の意義と今日の大学」（二〇一八年一〇月、『季論21』四二号）
5　東京大学教養学部学生カリキュラム委員会『カリキュラム改革の現代的課題』（第二版、一九六九年一一月）
6　東大学生自治会中央委員会改革問題小委員会『東大改革の現状と展望』（一九七〇年五月）

7　東院協理論委員会『東院協資料「大学民主化闘争の前進のために」』（一九六九年九月）

8　東院協理論委員会『東院協資料「大学院の「変質」と我々のめざす大学院」』（一九七〇年七月）

9　東大医学部医学科執行委員会・理論委員会編『変革の課題とその原点』（一九七〇年五月、第一、第二分冊）

10　医学生ゼミナール実行委員会『医学生ゼミナール基調報告』（一九七〇年三月）

11　東大寮連『第8回定期大会基調報告』（一九六九年七月）

12　『東京大学改革準備調査会報告書』（一九六九年一〇月、『東大問題資料3』＝東京大学出版会）。後述18、19と区別するために『東京大学改革準備調査会第一次報告書』（略称『第一次報告書』）と呼ばれている。

13　東京大学広報委員会『改革フォーラム』№1（一九六九年一二月）

14　東大民主化行動委員会『「大学法」の実質化と大学の反動的再編に対決し、覚書改革案の弱点と欠陥を批判し、「確認書」にもとづく新しい東大創造の闘いに決起しよう！――われわれの問題提起』（一九六九年九月）

15　東院協理論委員会『東院協討論資料№6　民主化なき「改革」の危険な陥し穽《ママ》――大学改革準備調査会第1次報告書批判』（一九六九年一二月）

16　法・医・教育・理・農・教養・文自治会委員長「大学当局の一方的、非民主的な東大『改革』の動きに反対し、全学の総力をあげて要求と『確認書』にもとづく東大の自主改革を進めよう」（一九七〇年一月二〇日、ビラ）

17　法・医・教育・理・農・教養・文自治会委員長「加藤執行部は学園の主人公である学生の固有の権利を尊重し、学生自治会との正式な交渉に、ただちに応ぜよ――東大改革の試金石と交渉権」（一九七〇年一月二二日ビラ）

18　改革準備調査会　研究・教育組織専門委員会報告書『新しい総合大学を求めて』（一九七〇年三月）

19　改革準備調査会　管理組織専門委員会報告書『東京大学と国および社会との関係』（一九七〇年三月）

20　東京大学広報委員会『改革フォーラム』No.19（一九七一年五月）
21　東大職員組合「1・14総長文書と処分に対する断固たる回答」（一九七〇年一月一九日ビラ）
22　東大職員組合民主化特別委員会「部局長選民主化の闘争の高揚と東大当局の圧力」（一九七一年九月ビラ）
23　東院協理論委員会『討論資料No.12　「改革」の現局面と要求の〝復権〟（一九七一年一一月）
24　東京大学広報委員会『改革フォーラム』No.22（一九七一年一二月）
25　東京大学広報委員会『改革フォーラム』No.28（一九七三年二月）
26　大学改革準備調査会『大学改革準備調査会の任務と調査の基本方針「覚書」シリーズNo.1』（一九六九年二月）20頁
27　大崎仁編『「大学紛争」を語る』（一九九一年八月、有信堂）133頁
28　「東大闘争と学生の意識」（『世界』一九六九年九月号）
29　東京大学大学院理学系研究科院生自治会・理系白書委員会『東大理系院生白書』（一九七一年九月）
30　東京大学大学改革実行委員会『New University 建設のために』（一九六九年一二月）
31　https://twitter.com/info_igakuren
32　全国大学院生協議会『大学院制度改革問題特集　真理を求めて』（一九七三年一〇月臨時号）
33　http://zeninkyo.blog.shinobi.jp/
34　全国大学院生協議会『〈全院協三月集会基調報告〉大学院をめぐる今日的情勢と院生の成長の課題』（一九七七年二月）
35　東大若手シンポジウム実行委員会『〈東大全学大学院生協議会第1回東大若手研究者シンポジウム〉基調報告』（一

九七八年一二月）
36　平野龍一「国大協のあり方について二、三の感想」（『国立大学協会報』一〇〇号記念号、一九八三年）、『東大の内と外』（一九八六年四月、東大出版会）97―105頁
37　平野龍一「東京大学における組織の流動化」（前掲注36所収。48―57頁。作成に関わった総長補佐会文書。総長補佐の了解を得て収録されたもの）
38　平野龍一「東京大学における若手研究者の問題」（前掲注36所収、69―88頁）
39　森亘「東京大学における大学院制度について（第一二稿、一九八七年一月）」（東大生協編『東大改革資料集』51―72頁に採録。総長の私的文書と言われている。一九八七年三月一〇日東職が公表）
40　東大改革東職特別委員会「東京大学改革の現局面にあたって―東京大学大学院重点大学構想批判」（『フォーラム東大改革』No.11、一九九一年四月）
41　阿曽沼明裕「国立大学に対する政府財政支出の規模の変化」（国立学校財務センター研究報告第8号、二〇〇三年一二月）
42　大崎　仁『大学改革1945～1999』（一九九九年一一月、有斐閣選書）
43　森亘『総長室の一五〇〇日』（東京大学出版会（一九八九年五月））
44　有馬朗人・福田誠・戸恒東人・日下部元雄「〈座談会〉『有馬東大総長を囲んで―大学・物理学・俳句』」（大蔵省広報誌『ファイナンス』一九九〇年六月号
45　有馬朗人『回顧と点検―鼎談：有馬朗人のメモワール』（二〇〇五年、七月私家版、119～120頁）
46　http://www.shutoken-net.jp/archive-200912/kousin-rireki.html

47　東大改革東職特別委員会「〝10大学体制〟の形成と有馬改革」（『フォーラム東大改革』No.13、一九九二年四月）
48　http://www.shutoken-net.jp/2001/09/0193ranging.htm
49　阿曽沼明裕「国立大学に対する政府財政支出の構造変化―歳出予算項目（物件費）の推移を中心に」（『国立学校財務センター研究報告8』、二〇〇三年一二月）
50　齊藤徹史「戦後の積算校費の推移に関する研究」（『国立学校財務・経営センター研究報告11』、二〇〇九年八月）
51　東大改革東職特別委員会『「東京大学の設置形態に関する検討会報告書』を批判する」（『フォーラム東大改革』No.21、二〇〇〇年三月）
52　東大改革東職特別委員会「東大『国立大学制度研究会』報告書を批判する」（『フォーラム東大改革』No.22、二〇〇一年一月）
53　佐々木毅「国立大学法人化雑感」（『文藝春秋』二〇〇三年四月特別号）
54　佐々木毅『知識基盤社会と大学の挑戦：国立大学法人化を超えて』（二〇〇六年一一月、東大出版会）２６４頁
55　佐々木毅「第１５６回国会参議院文教科学委員会第17号参考人意見」（前掲注54）
56　石井紫郎「大学共同利用機関の『独立行政法人』化問題」（岩崎稔・小沢弘明編『激震！　国立大学』、一九九九年一一月、未来社所収）
57　有馬朗人『大学貧乏物語』（一九九六年三月、東京大学出版会）
58　東大改革東職特別委員会「東大改革に関する東職の主張―第１次案」（一九九〇年九月）
59　藤田宙靖「国立大学と独立行政法人制度」（『ジュリスト』No.１１５６、一九九九年六月一日号）
60　東大改革東職特別委員会「国立大学の独立行政法人化に断固たる拒否を！―『ジュリスト』藤田論文批判（『フォ

ーラム東大改革』No.18、一九九九年七月）
61　東大改革東職特別委員会「藤田氏の三つの立場と三つのトリック―藤田論文批判」（『フォーラム東大改革』No.19、一九九九年七月）
62　前掲注56参照
63　東京大学職員組合・独立行政法人反対首都圏ネットワーク編『国立大学はどうなる―国立大学法人法を徹底批判する』（花伝社、二〇〇三年五月）
64　細井克彦『岐路に立つ日本の大学：新自由主義大学改革とその超克の方向』（二〇一八年六月、合同出版）
65　アレゼール日本編『大学界改造要綱』（二〇〇三年四月、藤原書店）
66　平井啓之・高畠通敏「大学には何ができるのか」（『世界』一九六九年九月号、77―78頁）
67　小杉亮子『東大闘争の語り：社会運動の予示と戦略』（二〇一八年四月、新曜社）
68　伊藤谷生「崩壊の危機にさらされている教育研究支援組織」（一九九九年一一月、前掲注62）172頁

参考文献

大学改革準備調査会『覚書』No.1（一九六九年二月一一日）～No.15（一九六九年七月二四日）
東京大学広報委員会『改革フォーラム』No.1（一九六九年一二月一五日）～No.23（一九七三年三月二二日）
東大生協『東大改革資料集』（一九八七年七月）
東大生協『東大改革資料集　補遺』（一九八七年一二月）
東大生協『東大改革資料集　第2巻』（一九八九年二月）

第Ⅲ部

向坊隆『学長の平日と休日』（一九八二年二月、東京大学出版会）
林健太郎『昭和史と私』（二〇一八年一〇月、文春学藝ライブラリー）
東大改革東職特別委員会『フォーラム東大改革』No.１（一九八七年九月四日）〜No.23（二〇〇三年九月一二日）

〈資料〉

①積算校費制が法人化で運営費交付金に変えられたことに関する懸念（１６８頁）

青柳正規（東大文学部教授、元副学長、元文学部長）「今までの国立大学は、講座幾つ、大講座幾つといういわばポスト本位制というべきものを予算制に加味して、ある意味では非常に柔軟性のある、あるいは予算緊縮になったときにもバッファーのある制度をもっていた。ところが、交付金というお金だけになってしまった。だから、これから厳しいですねえ。」

有馬「心配ですね。毎年一％かな。それは人件費を除いたところにかかってくるのですね。」

青柳「しかも裁量経費になると五％ずつ減らすと。」

有馬「これが一〇年続いたらすごいことになる。法人化をきっかけとして、大学はよく考えてきちんと対応しなければならないと思うのです。」

青柳「今のままだとどんどん悪化して、どうしようもなくなって、それで周りが、これほど大学を放っていたら悪くなってしまうから、どうにかしなければならないという声が出てくるまで落下傾向が続くかもしれないですね。

（１７１頁）

塩野宏（元総長特別補佐、元法学部長）「昔は、例えば法学部の行政法講座、一講座当たり幾ら来ますから、本をこのぐらい買えますと、そういうようにうまく説明できたのですが、今は文学部（ママ、おそらく「法学部」の間違い―引用者注）に交付金ポンと来ます。その積算根拠は何かと聞いても何の根拠もないようで。あれは、私、財務省のトリックに文科省がひっかかったのではないかと思いますね。最初のころはもう少し積算の考えがあったと思うのですが、いつの段階かで交付金構想に代わり……。

有馬「もう一つの問題点は、以前、校費の時代からあったのですが、中央経費とか称して水光熱費を天引きしていたでしょう。あれが今は大々ふえたわけ大々的にとれるようになった。しかも学長裁量がうんと増えたわけですよ。だから、下々の一般の教授、助教授クラスになると、がさっと減る。そしてまた実験系と非実験系が以前は格差があったのを揃えてしまった。非実験系に、下に揃えてしまったのですよ。これは私が（文部：引用者注）大臣のときのことで、私はそれに反対して、揃えるなら上に揃えろと。実験（系）の博士講座の八〇〇万円にね。それを二〇〇万円に揃えたのですよ。その残りは、大学当りとか、いわゆる競争資金的なものにもっていった。そこで辛くなったのですね。これが法人化でまたすっかり様変わりしました。私は、まさに（塩野）先生がおっしゃるように、それを心配していて、何か対策を講じないとジリ貧になる。」

②評価制度に関しての懸念（１７５頁）

有馬「私は、評価推進論者だったのですが、今度は少し考え直せと言っているのです。あまりにやり過ぎです。国立大学の場合、まず文科省の中の大学評価委員会があり、それ以外に、木村（孟）先生の大学評価・学位授与機構がやるでしょう。その二つで十分だと思います。ところが総務省がまたやるわけです。同じようにやる。冗談じゃないですね。総務省は、文科省の大学評価委員会の働きを評価すべきであり、また格別やらなくてもいい。それから日本人の性質なのか、さんざん反対しておいても、やるとなるといっせいにやるでしょう。私は今度は、評価をやめようという運動をしようかと思っている。」

青柳「評価疲れしますね。」

有馬「だから、あれほど評価を重ねないで、少し減らせと言いたい。五年に一回か一〇年に一回、きちんとしたものをやればいいのですね。総長の評価のように、そこそこ四年に一回やればよい。ほかは自己点検です。その自己点検・評価をまたきちんと文部省で見るならみる、そこで終わりですね。私はこのごろ評価のやり過ぎだということを言っていますよ。」

【資料】

東大闘争略年表（一九六七年一月〜一九七〇年六月）

Ⅰ　前史：東大闘争への予兆（一九六七年）

	東大当局・教員の動き	東大の学生の動き	社会
一九六七年			
一月		二五医、インターン闘争で無期限スト突入。	
二月		一一駒場、建国記念日（紀元節）に抗して、三〇〇〇人登校。	
四月		一〇医、六一日間スト、終結。青医連の自主カリ、団交の承認。	東京都知事選で美濃部亮吉当選。
五月	医、インターン闘争ストを理由に学生三名を戒告処分。		
六月			中国、初の水爆実験
七月	東大物理教官有志、米軍資金導入問題で日本物理学会に臨時総会開催を要求。		医師法改正案（登録医法案）廃案に。
八月			一九六六年度国民総生産、世界第三位。
一〇月		四　文、定例文協（教授会・助手・学生で構成）、オブザーバー参加で紛糾。	八　佐藤首相東南アジア訪問阻止で第一次羽田闘争、機動隊との衝突で京大生の山崎博明君死亡。 一〇成田空港建設、測量開始。
一一月	一一〜一二　駒場祭。一一日第二次羽田闘争に向かう三派系学生、駒場キャンパス占拠、駒場祭委、自治会、当局、退去を要求。機動隊立ち入りをめぐって緊張。駒場祭委員長、折衝中に負傷、自治会は機動隊立ち入りに対して防衛委員会を結成、駒場当局は警察官立ち入りに教官立ち会いを要求、結果、機動隊入らず。		

一二月	二　大河内総長再任。 一一　医、青医連・自治会代表、病院長に卒後研修に関する要望。 二二（冬休み中）文教授会、「文協の場で師弟関係にもとる行為」でN君を停学処分。		一六　登録医法案、国会再上程。
一九六八年			
一月		一六　駒場、代議員大会、三年ぶりに成立。米空母エンタープライズ佐世保入港反対決議、代表派遣。	

Ⅱ　医学部無期スト突入と卒業式・入学式、五月祭をめぐる緊張（一九六八年一月〜五月）

一月	一七　医、上田病院長、卒後研修で回答。	一九　法、二五番教室で開催予定のエンタープライズ反対の討論集会、集会の直前に教室使用許可取り消し。 二四　医、学生大会、教授会の登録医制度反対表明、卒後研修でスト権確立、二七日までの回答をせまる。 二六　文、N君処分白紙撤回のスト提案で学生大会招集。不成立も学生集会決議。 **二九　医、登録医制度反対・卒後研修で無期限スト突入、**M4は卒試ボイコット、各クラス一〇名の全学闘結成。教授会は全学闘との交渉拒否。	一九　エンタープライズ佐世保入港に抗議行動。 三〇　南ベトナム解放戦線など、テト攻勢へ（〜三月）。
二月	九　国大協第三常置委「最近の学生運動に関する見解」で警官導入、学内の政治活動禁止をうちだす。	一九　医、春見事件。医全学闘、上田病院長に団交要求し、学生に暴行した春見医局長に謝罪要求。	

三月	**一二 医教授会、春見事件を理由に学生・研修医一七名処分、四名退学処分。** 一六 東大当局、告示で機動隊導入を示唆。 二四 大河内総長、記者会見。処分正当、警官導入を示唆。 二六 医学部二講師、処分者のT君のアリバイ発表。 二八 卒業式典中止、学部ごとの証書授与。	二六 活動再開した七者協（東職、東院協、好仁会労組、学生自治会中央委、生協労組、生協理事会、東大寮連）、不当処分撤回、警官導入反対の一〇〇〇人集会。連日泊まり込みの警戒態勢。 二七 医、全学闘の一部、卒業式阻止で安田講堂入口ピケ。 二八 七者協、「機動隊導入反対、医学部処分撤回、「卒業式粉砕」の挑発方針反対、大学の自治守れ」で集会、デモ、六〇〇人。	
四月	一二 入学式、医全学闘が入口にピケをはり、新入生を前に一部混乱するも実施。 二九 学生委、五月祭常任委に対し、五月祭企画、医学部自治会「不当処分撤回」のタイトル変更を要求、自治会中央委企画を届出団体ではないとしてクレーム。五月祭での警官パトロールをめぐり紛糾。	一〇 医、全学闘、入学式阻止の方針。 一一 七者協、機動隊導入阻止で集会、三〇〇人泊り込み。 一五 医、学部新一年生もストに合流。 二五 駒場、自治会主催でTBS田英夫記者、北爆下の北ベトナムと報道の自由で講演。	四 米、キング牧師暗殺。 一四 日大、国税庁調査で二〇億円使途不明金が判明。

月			
五月	**二四～二六 五月祭**。本部企画「東京大学」。警官パトロール阻止。二五日、五月祭の一環で、ベトナム訪日団歓迎集会、六五〇〇人。東大当局、当初の企画変更を理由に安田講堂使用を不許可、安田講堂前集会に。五月祭、警官パトロール反対の本富士署抗議行動で二名逮捕。		八 厚生省、イタイイタイ病を公害認定。 一〇 医師法一部改正（登録医制度）成立。 二〇 仏、学生がソルボンヌ大占拠。 二七 日大全学総決起集会、日大全共闘結成。

Ⅲ 安田講堂占拠、機動隊導入、六・二〇ストライキ（一九六八年六月～七月）

月			
六月	**一七 未明、警察機動隊導入**。一二〇〇名。警察、教官の立ち会いを拒否。安田講堂占拠の学生は退去しており逮捕者なし。	**一五 医学部全学闘執行部三〇名および医科歯科大生五〇名、安田講堂を占拠。医学部各クラスで占拠反対決議。** 一六 駒場、自治委員長選挙、フロントの今村君当選。投票総数五〇〇〇こえ、史上初。 **一七 機動隊導入、全学に衝撃**。各学部で一斉に学科、クラス討論。自治会中央委声明、機動隊導入・時計台占拠の挑発行動に抗議、医トップ辞任要求、スト提起。七者協、機動隊導入抗議集会。 一八 駒場、緊急代議委員大会、正副委員長提案六・二〇スト可決。 一八～一九 法、薬をのぞく本郷六学部学生大会で六・二〇スト可決（医は無期スト中）。 一九 駒場、全学投票でスト可決。	一一～一九 日大一一学部中六学部で無期限スト突入。 一四 東京教育大、学長選で移転推進派、僅差で勝利。移転強行へ。 一五 ベトナム反戦、樺・山崎追悼市民集会（日比谷野音）。 一九日大全共闘、本部封鎖。

六月

二〇 八学部（法、薬のぞく）一日スト、安田講堂前の統一集会に一万人。「機動隊導入抗議・医学部処分白紙撤回・医学部闘争勝利・総長団交要求」六・二〇全東大総決起集会。

六月二〇日以降、七月上旬の夏休みまで、各学部で、教官をまきこんで、院生・学生の討論。学部集会に学生、院生、教官多数参加。

二三 自治会中央委総会、機動隊導入抗議、医学部闘争勝利、大学の民主的変革のために、長期スト権確立をよびかけ。

二五 医パンフ「医学部の異常事態について」、処分正当化。

二五 文、学生大会で無期限スト決定。二六日スト突入。

二六 法、工、理、農、育、経の各学部で学生大会、長期スト権確立。学部団交開催。農は学生投票、三分の二にならず不成立。

二八 午前、評議会、T君処分白紙に。午後総長、安田講堂で会見、三〇〇〇人の学生失望。

二八 薬、学生大会、長期スト権確立。

二九 総長会見に抗議して、工、法、育が統一スト。法は史上初。

二九 教育大、文、スト（～七・一五）、本部封鎖。

七月

二 医、教養中心の「本部封鎖実行委」名で安田講堂再封鎖、教官五〇〇名、説得。

一～四 教育大、理、農、育、スト権確立。

三～六 法、八四時間スト。七・四 学生大会で本部封鎖解除決議。

三 工、学生大会で原子力三年提案「無期スト（七月一〇日まで）、封鎖支持、総長団交要求」可決。

三 駒場、代議員大会、委員長・三派共同提案の無期限スト可決、各クラス一名の全学闘結成。

四 駒場、全学投票で無期限スト可決。翌五日、無期スト突入。

七月

五 教養教授会、機動隊導入を遺憾、医処分問題解決を求める見解を発表。

五 東大闘争全学共闘会議（東大全共闘）結成。

六 理、学生大会、封鎖解除よびかけ、可決。

一五 東大全共闘代表者会議、七項目要求。

《七月中旬～九月上旬、夏期休暇の時期》

Ⅳ 八・一〇告示から全学無期限スト体制へ（一九六八年八月～一〇月）

八月

一〇 東大当局、八・一〇告示、全学生に送付。病院長・医学部長辞任、医処分再調査、機動隊導入正当化。中央委、全共闘、大衆団交ぬきと批判。

一七 学部長会議、医学部学部長、病院長交代。

二二 医、一一八名、スト終結宣言。

二四 全共闘、医学部本館封鎖。

二〇 ソ連・東欧五ヵ国軍、チェコスロバキア侵入。

九月

八・一〇告示受け、各学部で、教官・院生・学生による学部集会開催。

四 文教授会、N君の停学処分を解除。

七 教養教授会、九月下旬予定の学期末試験の延期を決定。

二 東院協、全学に統一代表団結成運動をよびかけ。

七 「病院封鎖」をめぐり緊張。七者協「病院封鎖反対」全学総決起集会、四項目要求提起。都学連部隊、御殿下グラウンドでデモ。

七 駒場、学部集会めぐり代議員大会、全学闘委員柴田（全学連系）、四項目要求・封鎖反対・学部団交提案、委員長・三派提案、スト終結提案、全提案否決。

九月	九医、卒試、秘密裏に強行。		
	一六医、小林学部長、医学部本館前で、卒試延期めぐって青空大衆団交。	一六駒場、スト実ら、一号館（事務棟）封鎖。	
		一七駒場、全学連行動委、一号館バリケード撤去。	
		一七工、学部集会に一〇〇〇人、八・一〇告示めぐり教官と学生対立。	
		一八　駒場、代議員大会。クラ連登場。学部団交、事務封鎖、全学バリケード、闘争中の民主主義などをめぐって一二時間。全学連行動委、スト実、全学闘書記局（委員長）、クラス連合、有志学部集会の四提案、いずれも否決。	
	《九月一六日～一〇月一八日、駒場、本来は、学期末試験ならびに進学振り分けの秋期休暇》		
		一八七者協の全階層ストのよびかけで、東職、全学スト。	
		一九工、学生大会、七項目要求で無期限スト可決。自治会執行部を解任してスト実結成。	
		二二医、全共闘系学生、一部の医局を封鎖。これに反対する医学生と緊張。	
		二五文、スト実、事務封鎖。職員、抗議声明。	
		二六経、学生大会、臨執提案の七項目で無期限スト可決。事務封鎖留保。	二六　厚生省、水俣病を公害認定。
		二八育、四項目をかかげての数度の波状ストをへて、執行部提案の無期スト学生投票で批准。	三〇日大、理事会と日大全共闘との大衆団交に学生二万人。理事会自己批判。

一〇月		
	一 理、学生大会、一二時間のすえ、有志提案の無期スト可決。	一 佐藤首相、日大での大衆団交を批判。
二 医、教授総会、紛争対策委員交代。		三 日大理事会、日大全共闘との確認を一方的破棄。
	四 農、前日の学部団交をふまえて、学生大会で、七項目かかげ、総長・評議会団交までの無期スト可決。	
	四 薬、スト実提案、教授会が八・一〇告示撤回声明しないかぎり七項目での無期ストの提案を可決。八日、スト突入。	
	五 駒場、全学連行動委、政府文部省の大学紛争介入に抗議する学内での総決起集会のあと、渋谷に地域デモ。二名が公安条例違反で狙いうち逮捕。	
	八 七者協、一〇・八統一行動で、理系大学院、院教協スト。理系大学院ストは、全国初。全学全階層集会に一〇〇〇名。	
	九 駒場、クラ連主催、第一回全学討論集会。	
	一一 法、学生大会、一四時間かけて、有志提案で無期スト可決。文処分撤回をのぞく六項目、各会派合同の書記局によるスト実結成。**東大全学部で無期限ストライキ突入。**	一四 警察、医学部図書館に泊まり込みのM君を逮捕、大河内総長、警視庁に抗議。
一六 経教授会、八・一〇告示廃止、医処分白紙還元、医学部責任者辞任の見解。	一五 医、全共闘系学生、内科研究棟を封鎖。	
一七 教官有志一〇一名、「八・一〇告示批判」の見解を発表。医処分取り消し、青医連公認、機動隊導入反省、学生・院生自治組織との協議・交渉の原則を。	一七 理、学生大会、運営協議会設置、学部全員交渉、大衆団交実現のための代表団選出方針を可決。	

一〇月		一八 法、学生大会に七三八名参加。無期スト解除提案否決。無期スト続行。
	二〇 医教授総会、青医連公認。	二〇 育、学生大会、大衆団交代表を選出。
	二二 学部長会議、八・一〇告示の見直し、総長団交の方向を議論。	
	二八 評議会で総長収拾案（試案）、	
	二九日全学部で教授会。学生、教官、総長試案を強く批判。	

Ⅴ 加藤代行登場、代表団運動、封鎖阻止（一九六八年一一月）

一一月	**一 前日の学部長会議を受け、評議会、大河内総長辞任を了承。医学部処分白紙撤回、全評議員辞任、各学部で学部長・評議員改選へ。**学生は、自己批判抜きの執行部辞任に強く批判。	一 全共闘、工八号館、列品館封鎖。
		二文、全学連支持協議会（全支協）、新執行部選出のための文秘密教授会をつきとめ、スト実とともに阻止行動。大衆団交の確約。
	四 文教授会、確約を破棄して秘密裏に教授会を開催し、林学部長選出。	四〜一二 文スト実、バリケード内二番教室で林「新学部長」と無期限大衆団交。文処分めぐり平行線。全支協、八日に撤収。
	四 加藤一郎法教授（総長事務取扱）、「学生諸君へ」、全学集会開催の方針表明。	五 駒場、代議員大会。全共闘系五者提案「七項目、全共闘結集、全学封鎖、学部長団交」可決とされるも、代議員証発行、採決の有効性めぐり終始紛糾。

一一月

八　加藤執行部、文学部無期限缶詰団交に抗議して、全学部教官決起集会、農学部運動場に五〇〇人。

八　駒場、大衆団交。野上学部長、五日の代議員大会をうけて、共闘会議を交渉団体として承認。交渉は決裂。共闘系の学生一五〇人、教職員会館封鎖。

九　育・理の二学部、五系大学院（理、薬、農、育、人文）、東院協、東職で統一代表団準備会結成。一〇日、加藤執行部に全学大衆団交への公開予備折衝申し入れ。

九　日本共産党「当面する大学問題の解決のために」発表。

一二　全共闘、総合図書館封鎖行動。東大闘争勝利　全学連行動委開催集会参加者一〇〇〇名余が阻止。

一二　理、学生大会、封鎖反対決議。

一四　法、学生大会、無期限スト解除提案否決。全学封鎖反対、実力阻止、可決。

一四　駒場、東Cスト実ほか三〇〇人、第三・第六本館封鎖行動、学生二〇〇〇名が阻止。

一五　加藤代行、全共闘、統一代表団準備会（七者協よびかけ）双方と、全学集会開催について交渉。

一六　東大民主化行動委、「当面の主張と要求」を発表。

一八　加藤代行、全共闘と公開予備折衝、安田講堂で。学生三〇〇〇名。

一九　加藤代行、統一代表団準備会（代表、尾花清）と公開予備折衝、学生二〇〇〇名余。

一九　工、学生大会、有志連合提案の封鎖反対可決。スト終結案否決。代表団六名選出（有志五、全学連系一）。

二〇　法、理、学生大会、封鎖反対可決、無期限スト解除否決。

二一　農、学生大会、有志連合提案の全学封鎖反対、学内暴力反対提案を可決。

二二　東大構内で、全学連が一一・二二全国学生統一行動、東大全共闘・日大全共闘よびかけの総決起集会。双方あわせて二万人が集結・対峙。全共闘、総合図書館を抜き打ち封鎖。

二三～二四　駒場、自主管理での駒場祭。

二五　加藤執行部、統一代表団準備会と第二回公開予備折衝。加藤代行は欠席。

Ⅵ 各学部代表団選出、入試中止の攻防、確認書締結（一九六八年一一月末～一九六九年一月一〇日）

一一月

二六 経、学生大会、有志会提案の七項目要求支持、全学封鎖反対、可決。スト実、有志メンバーに交替、学部代表選出。

二七 理、学生大会、代表団選出と全学封鎖抗議を可決。

二七 農、学生大会、早期大衆団交実現可決。学部代表三名（ノンセクト二名、全学連系一名）選出。全共闘系執行部リコール。

二七 スト解除派（全学学生団体総連合＝法・学生懇談会、文学部生の会、経済学部有志、工学部有志連合、農学部有志連合、教養学部学生協議会）、大学側交渉委員と接触、提案集会の後、大衆団交にむけての公開予備討論会開催を要望。

二九 加藤代行、総合図書館前で提案集会、全共闘の妨害により流会。

二九 加藤代行、工・農・経三学部代表団と全学集会の交渉。

三〇 法、学生大会、代表団選出方針を可決。これで六学部（育、工、理、経、農、法）で代表団選出方針確立。

米占領下沖縄、屋良朝苗、行政主席当選。

一二月

二 **加藤総長代行、「学生諸君への提案」**（二万字）。八・一〇告示清算、医処分撤回、六・一七機動隊導入反省、文処分解除のため撤回せず、追加処分せず、大学改革ビジョンを提起。助手共闘反発。

二 駒場、全共闘、第八本館封鎖。教養学科、封鎖解除を決議、代表選出。

二 文部省、大学問題委員会設置「東大入試中止」など検討。

二 工・経・農の学部代表（有志連合系）、七項目かかげ、加藤総長代行と公開予備折衝。四〇〇人参加。全学集会（団交）について了解。

一二月	
	四　法、学生大会、代表団五名選出（法懇二、全学連系二、封鎖阻止実行委一）。
	四　東大民主化行動委・東大闘争勝利全学連行動委、連名で加藤提案（一二・二）について見解。闘争の成果と前向きに受け止め、さらに矢内原三原則・東大パンフの撤回、全学協議会設置などを要求。
五　工、教授会、工代表団との学部団交にて、学部集会開催の四条件承認。	五　理、学生大会、正代表選出。スト終結案否決。六学部で全学集会（大衆団交）への代表選出。
	五　駒場、全学連行動委・クラス連合の代議員大会開催要求を、今村委員長拒否。
	六　駒場寮で、社青同解放派と革マル派が二度にわたり乱闘。寮生四〇〇名、抗議行動。以後も両派の抗争つづく。
	七　駒場、クラス連合・全学連行動委が賛同する代議員大会実現実行委結成。一二・一三代議員大会開催要求署名、クラス決議を追求。
一〇　加藤代行、「学生諸君へ」。	
一〇　加藤執行部、東職と大学職員の権利めぐり交渉開始。	一〇　東職、大学職員の権利要求で二時間ストをかまえる。
	一二　文、学生大会、加藤提案拒否、文処分撤回をふくむ七項目要求貫徹を可決。
	一三　駒場、代議員大会。今村委員長招集拒否のもと、駒場寮食堂で自主開催。五〇〇名参加し成立、代表団一〇名を選出（クラ連四、全学連四、その他二）。三〇〇〇名の学生が防衛のピケ。東大当局（加藤執行部）内で、教養学部代表団の代表権に疑問。

一二月		
	一五　駒場を迎えて七学部代表団成立。七項目／四項目、院生自治会・東職の代表参加めぐり論議。	
	一五 全共闘、七学部代表団と大学当局との公開予備折衝（一六日予定）会場の法文二五番教室を占拠、封鎖。	
一六予定された七学部代表団と大学当局との公開予備折衝、中止。		
一七 八教官声明「東京大学の危機に際して」		
一九　教養学部教授会、駒場代表に関する加藤執行部の問い合わせについて、一二・一三代議員大会選出代表団の代表権を認めることを圧倒的多数で可決。	二〇 農、学生大会、無期スト解除案否決、代表二名辞任（一名はスト解除提案、一名は農共闘支持表明）、全学連系一名に。	
二三　加藤執行部、全共闘に妥結案提示。全共闘拒否。加藤執行部、同内容を二六日、「声明」として公表。	**二四 医、学生大会実現。自治会再建へ執行部選出、全学団交オブザーバー選出。**	二四 保利官房長官、東大入試はできないと談話。
二五 理学部研究科、理系大学院公認。	二五 法、学生大会、無期限スト解除、可決。	
二六 七学部代表団、大学当局と非公開予備折衝、全学集会の開催で合意。		
	二六 経、学生大会、無期限スト解除、可決。	
	二七 教養学科、学生大会、無期限スト解除、可決。	二九 坂田文相と加藤総長代行、「東大入試中止」で会談、加藤、文相の中止方針を了承。ただし一月一五日までにスト解除された場合は、入試実施の可能性ありと理解。

一九六九年

一月

四　加藤代行「大学の危機の克服をめざして」の声明。

五　F4ファントム米戦闘機、九大キャンパスに墜落。

六　七学部代表団、大学側と折衝、一月一〇日七学部団交開催で合意。

九　経済有志から東大当局への要請で、機動隊導入。

九　七学部代表団、経済学部正門前で団交成功全学総決起集会。全共闘、団交粉砕かかげ、教育学部、経済学部、理学部一号館を襲撃。

一〇　七学部代表団と東大当局との大衆団交（第一次集会）。本郷、駒場に防衛隊を残して、七五〇〇名が秩父宮ラグビー場での集会参加。引き続く日本青年館での代表団交で「確認書」交換。

Ⅶ　確認書を受け、無期スト解除、安田講堂「攻防戦」（一九六九年一月）

一月

一一　駒場、代議員大会。厳戒態勢の下、北寮屋上に五一五人参加、圧倒的多数で、代表団提案の確認書承認、東大闘争終結にむけての取り組みを可決。

一一　育、理、農の三学部学生大会、確認書の学部合意事項の批准、無期スト解除、封鎖解除を決議。工は同趣で代表団報告集会、学生投票へ。

一二　法、学生大会、確認書について、文処分、追加処分、機動隊導入の三項目のぞき、圧倒的多数で承認。

一二～一五　駒場、代議員大会決定（確認書批准）の全学投票、投票総数三七八二票、圧倒的多数で信任。

一三　薬、学生大会、確認書をうけ、無期スト解除案、可決。学部に改革委員会設置。基礎科も学生大会で無期スト解除。

一四　医、医学科学生大会、執行部提案の、医教授会との交渉、確認書批准のための代表選出、封鎖解除を可決。

一月		
	一四 工、学生投票で、七学部団交での工・合意事項の確認、無期スト解除、封鎖解除、入試実施、を可決。	
一五 教養教授会、七割台の賛成で確認書批准。本郷では六割台。	一五全共闘、占拠中の安田講堂防御態勢強化。	
一六 大学当局、警視庁に、危険物・凶器除去、不法占拠者排除のため、機動隊導入を文書で要請。	一六 駒場、代表団のもと、行動隊が第八本館の封鎖解除を開始。	
一七 加藤代行、各学部の無期スト解除をふまえ、坂田文相と会談するも、入試実施の結論出ず。学内外者の一九日午前一〇時までの構内立ち入り禁止を通告。		一七 自民党総務会「大学が正常化されておらず、入試は実施すべきでない」。
一八 警視庁、午前六時半、八五〇〇名の制服私服警察官を東大周辺に配置、七時、警備車、放水車等三五〇台、ヘリコプター四機をともない、四〇〇〇人の部隊が構内に進出、本郷キャンパスを制圧。テレビの実況中継のもと、「安田講堂攻防戦」を演出（～一九日）。東大構内などでの逮捕者七六七人（のち実刑総計一三三人）。全共闘、東大入試不可能になったとして勝利宣言。		一九 自民党文教部会、一・一〇確認書撤回が東大再建の条件。
	二〇 駒場、学生・教官、東大入試中止に抗議する集会。集会後、学部長先頭に構内デモ。	二〇 佐藤首相、東大本郷視察、入試中止確定へ。加藤代行、坂田文相に抗議。
	二一 駒場、全共闘、第八本館退去。	二八 内閣法制局、一・一〇確認書は一概に違法とはいえない、との見解。政府、確認書の撤回要求しないことに。

Ⅷ 確認書発効、授業再開、大学・学部改革、大学法反対、自治会再建（一九六九年二月～一二月）

一月

三〇 駒場、代議員大会、代表団提案二・四スト可決。臨執一〇名選出。

二月

三医、学生大会、医教授会との合意書批准、無期スト解除を決定。

一〇 駒場、今村委員長招集、駒場共闘中心の代議員大会開催。四二六名参加と発表。スト続行、封鎖貫徹、第二自治会粉砕を決議。排除された代議員四七四名は、自治会再建実行委の「民主的運営を要求する集会」に参加。

一一 学生・院生の代表団（八学部（文、薬のぞく全学部）、二学科（教養学科、基礎科）、五系大学院（理、農、育、薬、社会））と大学執行部との間で、第二次団交が開かれ、「確認書」が全学的決定として発効。

一五 大学改革準備調査会、答申を公表。本委員会「基本方針」、組織問題専門委が「管理組織改革の問題点」（その一）。三月に中間報告、七月に本報告の予定。

一八 駒場、代表団よびかけの代議員大会。今村委員長リコール、委員長代行・臨執選出、自主講座・カリキュラム委員会発足、授業再開を可決。学生投票へ。

一九～二五 駒場、学生投票。今村リコール、牛久保信任。

二八 教育大宮島執行部、文スト口実に、評議会の反対を押し切って、機動隊導入。以後、機動隊常駐の下、ロックアウト。

	三月	四月
	五 東大当局と東大職員組合、確認書。 一四 加藤総長代行辞任。八学部長退陣（医、教養のぞく全学部）。林文学部長も交代へ。 二三 総長選挙、加藤一郎総長就任。文学部長岩崎武雄、医学部長中井準之助。 二四 駒場、授業一部再開。 二七 加藤一郎『「七学部代表団との確認書」の解説』（三月九日付、東大出版会）発行。	三 駒場、教授会、四月九日授業全面再開決定。教授会・学生合同カリキュラム委を承認し、自主ゼミ公認へ。 三 大学改革準備調査会、学部制度で覚書。 七 大学改革準備調査会、学生・職員の固有の権利を盛り込んだ覚書。
	五 法、長期自主講座発足シンポ開催。 一〇 文、団実委・文連協が農学部で、自主学生大会開催。防衛隊のもと、前日から泊まり込みの二八二名参加。「確認書批准、文処分撤回、代表団選出」可決、「無期スト解除、スト権確立」可決、「無期スト解除、授業再開」否決。定足数（学生数の四分の一）を満たしているが、過半数三五五名に達せず、全学投票で過半数以上めざす。 一五 文、学友会議長招集の学生大会に三一一名参加。スト実「スト体制強化」を可決。	
	七 中教審中間報告、スト禁止など学生の自治活動制限する内容。	文部省、昭四四年度予算で、東大・教育大、入試中止を理由に、学生経費一学年分削減。 日本育英会、紛争校の学生対象に、奨学金一時打ち切り。 教育大理、ロックアウト下、自治活動禁止のもと、授業再開。文教授会は、ロックアウト下の授業再開反対。

四月		二八 駒場、沖縄デーに一日ストで参加。	四・二八沖縄デー。
		一九六九年度五月祭、中止。	三〇 中教審答申、大学紛争収拾臨時措置法（大学法）、立法へ。
五月		一二 駒場、二・四学期（七月から）にむけ、自主ゼミ公募。	いざなぎ景気。
		文、三・一〇学生大会選出代表団と教授会第二委との定期的団交開始。学生側、学生大会決定にもとづき、卒業・進学を希望する学生に対し、教授会の適切な措置を要求。	
	一九 加藤よびかけの討論集会、全共闘の妨害で流会。		
		二〇 駒場、代議員大会、大学立法粉砕方針、全学連復帰を可決。	二四 政府、大学立法を国会上程。
六月		二四 文、学生大会、無期ストを一年ぶりに解除、授業再開、大学立法粉砕のスト権確立、臨執選出、全学投票を可決。七月六日時点で支持署名、全学部生の過半数をこえる。	
		二八 医、授業再開。一年四ヵ月ぶり。	
七月	七 駒場、新カリで二・四学期開始。		
	七 東大当局の大学改革準備調査会、総長選で覚書、一二日には学内規律で二つの覚書発表。	一四 文、授業再開。数ヵ月にわたり、全共闘の教室占拠・バリ封鎖、当局の機動隊導入のいたちごっこ。喫茶店、六義園などでの放浪授業が続く。	
		一九 大学弾圧立法粉砕、七・一九全東大総決起集会、安田講堂前に二〇〇〇名。	
			二四 教育大評議会、筑波移転を強行決定。文教授会、これを認めず。機動隊常駐下、学生、移転決定に抗議行動。
			三〇 大学法案、衆議院本会議で強行採決。

	八月	九月	一〇月
			二七　駒場、二・四学期試験開始。四二生、八ヵ月遅れの一二月進学見込み、四三生、六ヵ月遅れの七〇年九月進学見込み。奨学金打ち切りの現状で、経済上、就学が困難な学生も。 二九　東大当局、文学部授業妨害で負傷者も出ているとして「全共闘」を告訴。荒木国家公安委員長、告訴を「非人道的」と批判。
		二七　東大民主化行動委員会、一連の大学改革準備調査会「覚書」批判のパンフを発表。	一七～一九　第二〇回駒場祭、開催。一ヵ月たらずの準備期間で、例年より一ヵ月早く。
	二　大学法案、参院文教委で強行採決。加藤東大総長、奥田京大学長、抗議。 一六　文部省、大学法の対象となる紛争校六六校を発表。重症校に教育大、東京外大など。それ以外の対象校に東大文学部も。 一七　大学法施行。	五　山本義隆全共闘議長、安田講堂攻防戦を理由に、凶器準備集合罪で逮捕。	一七　大学法運用（閉、廃校措置）のための臨時大学問題審議会発足。 二三　東京教育大、雨宮和夫理学部自治会委員長代行を、大学移転の方針に反対する学生大会開催などを理由に退学処分。一一月一日、放校処分。学生、教員、雨宮君を守る会結成。

月			
		理、物理学科で、勉学条件の改善等で学科団交。	
一一月	三〇 駒場、四二生、進学発表。一二月一日本郷進学。	一三 安保・沖縄で一一・一三統一ストに、東職一六〇〇人、時限ストで参加。	二二 日米共同声明「沖縄の核抜き七二年返還」。「核隠し、有事核持ち込み、米軍自由出撃」の批判。 二八 「東大裁判」で初の判決。七人有罪、五人実刑。
一二月	本郷、各学部、駒場から四二生二九八五名をむかえ、冬学期開始。	一〇 医、研修問題で医局員・学生・教授会による三者協議会発足へ。 一五 文、スト実、ストライキ終結宣言「授業に介入して粉砕」。	日本育英会、奨学金支給再開。

Ⅸ 加藤改革批判、七〇年安保（沖縄返還闘争）（一九七〇年）

一九七〇年

月			
一月	一四 東大当局、一一・一三ストを理由に、東職組合員七〇名余に訓告処分、東職抗議。 一四 医教授会、教授総会と学生自治会が各階層に協議会設置をよびかけることを承認。 三〇 教官側改革委、発足。	二二 七学部（法、医、理、育、農、文、教養）自治会委員長、加藤執行部による一方的「改革」の中止を求め、総長と自治会の団交を要求。 二六 理、学生大会で加藤執行部の一方的「改革」に反対決議。二八日には法学生大会でも。	一二 中教審中間報告「高等教育の改革に関する基本構想試案」、大学を六類型に分類。
二月	三 理学部当局、理自治会の改革に関する団交要求を拒否、討論集会を提案。	四 駒場、学生自治会、教養学部当局と改革の基本方向、カリ改革、学部協議会の設置で協議。	

四月

改革委準備調査会専門委、二つの報告「東京大学と国および社会との関係」「新しい総合大学を求めて」を発表。

一五　駒場、学生オリ委主催の自主入学式。

五月

七　八学部自治委員長、加藤総長と改革委設置問題で交渉。

一二　自治会中央委員会再建総会に八学部参加。不参加は、経、薬。六八年一〇月以来の再建。

二一　自治会中央委員会、加藤総長に公認を求めるも、二学部不参加などを理由に拒否。

二二　台湾で死刑判決を受けた二名の留学生の東大復帰を求め、加藤総長、国府に要望書。

二九～三一　二年ぶりの五月祭。三〇日、全共闘三〇〇名、暴力行為、多数の抗議に退散。

六月

一五　駒場、安保条約廃棄、沖縄全面返還六・二三統一行動にむけ、一五日～二三日の九日間スト。

二二～二三　法、理、六・二三行動で二日間スト。法は政治課題での初のスト。

二三　六・二三統一集会に二二万人。

日米安保条約自動延長。

「〈東大闘争・確認書五〇年〉一・一〇討論集会」資料として、二〇一八年一二月作成。東大関係については、主に『東大新聞』記事によった（柴田章）。

一九六九年一月一〇日の七学部集会における確認書（十項目確認書）

一九六九年一月一〇日の七学部（法・工・理・農・経・教養・教育）集会（七学部「団交」）で、加藤一郎総長代行・大学当局との間に結ばれた「確認書」は次の通り。

一　医学部処分について

1　大学当局は、次の点を認め、この処分が白紙撤回されたものであることを再確認する。

⑴　日本の医療制度をめぐって、医学教育及び医師研修制度の改革を要求した医学部学生の運動に対してこの処分が妨害的役割を果し、その結果として、いわゆる政治的処分の意味を持った事。

⑵　この処分が、本人からの事情聴取の手続きをふまず、「紛争」中にその一方の当事者である医学部教授会のみの判定でそれを正当化する十分な理由なしに一方的に行われた事。（全部署名）

2　粒良君その他一一名の学生の名誉と人権が深く傷つけられた事に対して、大学当局は謝罪する。（全部署名）

3　大学当局は、大河内総長をはじめ昨年三月一一日当時の全評議員が、この処分の決定に参加した責任上辞任した事を確認する。（基礎科学科のみ不署名）

4　評議会はこの処分に関し直接重大な責任をもつ豊川、上田両教授の退官につき適切な措置をとる。（全部署名）

二　文学部処分について

大学当局は、この処分が従来の「教育的処分」という発想に基づいて行なわれた点において、旧来の処分制度への反省の契機となったことを認め、新しい処分観と処分制度のもとで再検討する。（全部不署名）

三　追加処分について

1　昨年一月二九日以来の闘争の中で行なわれた学生・院生のストライキをはじめとした抗議行動については、大学側に重大な誤まりがあった以上、大学当局は処分の対象としない。（全部署名）

2　大学当局は、林文学部長らに関する事件についても、旧来の処分制度で処分することはせず、新しい制度のもとでこれをとりあげる。（全部不署名）

四　今後の処分制度

1　新しい処分制度については、今後相互で検討する。但し、大学当局は、その原則として、客観的に学生・院生の自治活動への規制手段としての役割を果してきた「教育的処分」という見地をとらぬこと。又、学生・院生の正当な自治活動への規制となる処分は行わない事、且つ、その手続きにおいては、一方的処分はしないことを認める。（全部署名）

2　新制度が確立されるまで、右の条項を前提とした暫定措置については、今後双方が協議、交渉する。（経のみ不署名）

五　警察力導入について

1　大学当局は、六月一七日の警察力導入が、講堂占拠の背後にあった医学部学生の要求を理解し、根本的解決をはかる努力をつくさないままに、もっぱら事務機能回復という管理者的立場にのみ重点をおいてなされた誤りであった事を認める。（全部署名）

2　大学当局は六月一七日の警察力導入が人命の危険、人権の重大な侵害、ないしは緊急の必要という大学当局のいう基準に該当しなかったことを認める。（経・工のみ署名）

3　大学当局は、原則として学内「紛争」解決の手段として警察力を導入しないことを認める。（全部署名）

4　緊急の場合の、警察力の導入の問題については、今後両者の間で検討する。（法・経・工・教養学科のみ署名）

六　捜査協力について

1　正規の令状に基いて捜査を求めた場合でも大学当局は自主的にその当否を判断し、その判断を尊重することを警察に求めるという慣行を堅持する。又、警察力の学内出動の場合もこれに準ずる。（全部署名）

2　学内での学生の自治活動に関する警察の調査や捜査については、これに協力せず、警察の要請があった場合にも原則的にこれを拒否する。（全部署名）

七　青医連について

大学当局は、青医連を正規の交渉団体として公認する。その詳細については医教授会と医学生・研修医が今後検討するものとする。（工のみ不署名）

八　「八・一〇公示」について

大学当局は、「八・一〇公示」を昨年一二月三日に「大学問題検討委員会」を廃止した時点で、完全に廃止されたものと認める。（経・工・基礎科学科・教養学科のみ不署名）

九　学生・院生の自治活動の自由について

1　大学当局は、各学部の学生自治組織と東大学生自治会中央委員会、各系の院生自治組織と東大全学大学院生協議会を公認する方針をとる。（法・経・工のみ不署名）

2　大学当局は、右の自治組織の団交権（大衆団交を含む）を認める方向で、その交渉要求に誠意をもって応じる。但し、その内容・形態については今後話し合うものとする。（法・経・工のみ不署名）

3　大学当局は、「矢内原三原則」を廃止する方向で停止する。（全部署名）

4　大学当局は、学部共通細則第八条、第九条、第一〇条、同取扱内規三および四、掲示に関する内規など、学生・院生の自主的な活動を制限している条項の改正又は廃止について早急に学生・院生と交渉を開始する。（全部署名）

5　自治組織と大学当局とのあいだの責任者名の交換、連絡方法、学生・院生の自主的な活動のための施設の利用や掲示などに関する必要な定めについては、学生・院生代表と大学当局とのあいだで、当面の措置と今後の措置をとりきめる。（工・基礎科学科のみ不署名）

十　大学の管理運営の改革について

1　大学当局は、いわゆる「東大パンフ」を廃棄する。（全部署名）

2　大学当局は、大学の自治が教授会の自治であるという従来の考え方が現時点において誤りであることを認め、学生・院生・職員もそれぞれ固有の権利をもって大学の自治を形成していることを確認する。（法・経・理・工のみ不署名）

3　大学当局は、大学における研究が資本の利益に奉仕するという意味では産学協同を否定するものであることを確認する。（理のみ不署名）

4　大学当局は、学生・院生・職員の代表を加えた大学改革委員会を設け、今後の大学のあり方を検討する。（法・経・教養・基礎科学科のみ不署名）

＊カッコ内に「全部」とあるのは七学部（法・工・理・農・経・教養・教育）、二学科（教養学部の教養・基礎科学の二学科）、五系（理・農・教育・薬・社会の各大学院）のことである。

一九六九年二月一一日の七学部代表団との最終確認書

七学部代表団［七学部（法・工・理・農・経・教養・教育）、二学科（教養学部教養学科・同基礎科学科）、五系大学院（理・農・教育・薬・社会）及び医学部医学科・同保健学科（追加）］との第二次集会における確認書は次の通り。

一九六九年一月一〇日の七学部集会（七学部「団交」）における確認書について、双方がそれぞれの決定機関に持ちかえって確認した結果、次に掲げる項目について双方の意見が一致したので、これが双方を拘束する正当性を持った決定となったことを、ここに確認する。

一九六九年二月一一日

東京大学総長代行　加藤一郎

（以下、学部、学科、院生代表一六名、略）

Ⅰ　医学部処分について（その1）

大学当局は次の点を認め、この処分が白紙撤回されたものであることを再確認する。

(1)　日本の医療制度をめぐって、医学教育及び医師研修制度の改革を要求した医学部学生の運動に対して、この処分が妨害的役割を果し、その結果として、いわゆる政治的処分の意味を持った事。

(2) この処分が、本人からの事情聴取の手続きをふまず、「紛争」中にその一方の当事者である医学部教授会のみの判定でそれを正当化する十分な理由なしに一方的に行なわれた事。

Ⅱ 医学部処分について(その2)

粒良君その他一一名の学生の名誉と人権が深く傷つけられた事に対して、大学当局は謝罪する。

Ⅲ 医学部処分について(その3)

大学当局は、大河内総長をはじめ昨年三月一一日当時の全評議員が、この処分の決定に参加した責任上、辞任したことを確認する。

Ⅳ 医学部処分について(その4)

評議会はこの処分に関し、直接重大な責任を持つ豊川、上田両教授の退官につき、適切な措置をとる。

Ⅴ 追加処分について

昨年一月二九日以来の闘争の中で行なわれた学生・院生のストライキをはじめとした抗議行動については、大学側に重大な誤まりがあった以上、大学当局は処分の対象としない。

Ⅵ 今後の処分制度

新しい処分制度については、今後相互で検討する。但し、大学当局は、その原則として、客観的に学生・院生の自治活動への規制手段としての役割を果してきた「教育的処分」という見地をとらぬこと。又、学生・院生の正当な自治活動への規制となる処分は行なわない事、且つ、その手続きにおいては、一方的処分はしない事を認める。

Ⅶ 警察力導入について(その1)

大学当局は、六月一七日の警察力導入が、講堂占拠の背後にあった医学部学生の要求を理解し、根本的解決をはかる努力をつくさないままに、もっぱら事務機能回復という管理者的立場にのみ重点をおいてなされた誤まりであった事を認める。

Ⅷ　警察力導入について（その2）

大学当局は、原則として学内「紛争」解決の手段として警察力を導入しないことを認める。

Ⅸ　捜査協力について（その1）

正規の令状に基いて捜査を求めた場合でも、大学当局は自主的にその当否を判断し、その判断を尊重することを警察に求めるという慣行を堅持する。又、警察力の学内出動の場合もこれに準ずる。

Ⅹ　捜査協力について（その2）

学内での学生の自治活動に関する警察の調査や捜査については、これに協力せず、警察の要請があった場合にも原則的にこれを拒否する。

Ⅺ　青医連について

大学当局は、青医連を正規の交渉団体として公認する。その詳細については医教授会と医学生・研修医が今後検討するものとする。

Ⅻ　学生・院生の自治活動の自由について（その1）

大学当局は、「矢内原三原則」を廃止する方向で停止する。

XIII　学生・院生の自治活動の自由について（その2）

大学当局は、学部共通細則第八条、第九条、第十条、同取扱内規三および四、掲示に関する内規など、学生・院生の自主的な活動を制限している条項の改正又は廃止について、早急に学生・院生と交渉を開始する。

XIV　学生・院生の自治活動の自由について（その3）

自治組織と大学当局との間の責任者名の交換、連絡方法、学生・院生の自主的な活動のための施設の利用や掲示などに関する必要な定めについては、学生・院生代表と大学当局とのあいだで、当面の措置と今後の措置をとりきめる。

XV　大学の管理運営の改革について

大学当局は、いわゆる「東大パンフ」を廃棄する。

「確認書」について

東大闘争においては、一九六九年一月一〇日の「七学部代表団」と大学当局との第一次団交で交わした「確認書」を、学生・院生代表がそれぞれ選出母体に持ち帰って確認手続きを行い、二月一一日に再び団交して最終的な「確認書」を交わした。大学当局は、第一次団交のさいに一部の学部しか署名しなかった諸項目、例えば、第一次「確認書」の「十　大学の管理運営の改革について」は第一項しか批准しなかった。こうした未批准七項目について評議会は見解を発表し、従来の「大学の自治＝教授会の自治」という考え方を否定して、学生、院生、職員がそれぞれ固有の権利を持って大学の自治を構成していることを確認する、また、研究の自主性を失って資本の利益に奉仕する「産学協同」を否定するなどのことを表明した。そして、学生の意見が一致するなどのことがあれば誠意を持って応ずるとも述べた。従って、最終確認書が「双方を拘束する正当性を持った決定」であることは当然として、第一次確認書もまた東大闘争において重要な意味を持っており、二つの「確認書」を資料として掲載した。

（編集部）

東京大学当局と東京大学職員組合との確認書

東京大学当局と東京大学職員組合とは東大紛争（東大闘争）に関連して同組合から出された諸要求について折衝を重ねてきたが、後記の諸項目について両者の合意が成立したことを確認する。これは、

（1）大学の自治は教授会の自治であるという従来の考え方がもはや不適当であり、職員、院生、学生も大学の構成員として固有の権利をもち、それぞれの役割において大学の自治を形成する。

（2）大学はその構成員の自主的、民主的な意思に依拠して大学の自治を不当な圧力から守る。

という原則の共通な認識に立って東大紛争（東大闘争）を解決し東京大学の改革をすすめるためのものである。

なお、東大当局と東京大学職員組合とは、一月一〇日「七学部集会」における「確認書」のうち、大学当局が二月一一日に学生側七学部代表団とのあいだで確認した一五項目、二月九日の評議会において「確認書」と同一の文言で大学の意思を表明することに決定した二項目、および同評議会の議をへて公表された「確認書の審議を終えて」に示された四つの「基本的な考え方」にもとづいて具体化をはかることになった七項目について、これらが同職員組合の要求と基本的に合致するものであることを確認した。

また、大学当局は、大学の財政ならびに事務機構についても、あらたな大学自治の考え方をとり入れて改革をはかる方

向で、大学改革委員会において審議することに同意した。

確認された項目

1　警察力導入について

(1)大学当局は、六月一七日の警察力導入が講堂占拠の背後にあった医学部学生の要求を理解し、根本的解決をはかる努力をつくさないままに、もっぱら事務機構回復という管理者的立場にのみ重点をおいてなされた誤りであったことを認める。

(2)大学当局は、原則として学内「紛争」解決の手段として警察力を導入しないことを認める。

2　捜査協力について

学内での組合活動など職員の正当な自主的活動に関する警察の調査や捜査については、これに協力せず、警察の要請があった場合にも原則的にこれを拒否する。

3　処分について

(1)大学当局は、昨年一月二九日以来の闘争の中で行なわれた職員の正当な抗議行動については、学生、院生の場合と同様に処分の対象としない。

(2)大学当局は、正当な組合活動の規制となり、あるいは基本的人権の無視となるような職員に対する処分その他の不利益な取扱いは行なわない。

4　職員の自治活動の自由について

(1)大学当局は、東京大学職員組合との交渉に応じる。

その交渉相手は基本的には総長である。交渉に際しては、職員組合としての交渉事項、時間、人数、場所については不当な制限は行なわない。

⑵大学当局は、学部共通細則第八条、第九条、第一〇条、同取扱内規三および四、掲示に関する内規など職員、院生、学生の自主的活動を制限している条項の改正または廃止、および改廃が行なわれるまでの暫定的取扱いについて東京大学職員組合とも交渉する。

⑶組合事務所として必要な施設、備品について、大学当局は誠意をもって措置する。

5　大学の管理運営の民主化について

⑴「八・一〇告示」およびいわゆる「東大パンフ」は廃止されたことを確認する。

⑵職員は大学自治の担い手である。

⑶大学当局は、「大学改革委員会」の設置および権限、性格について東京大学職員組合とも協議する。

6　軍学協同、産学協同について

⑴大学当局は、「軍事研究は行なわない、また軍からの研究援助は受けない。」という東京大学における慣行を堅持し、基本的姿勢として軍との協力関係をもたないことを確認する。

⑵大学当局は、大学における研究が自主性を失なって資本の利益に奉仕することがあれば、そのような意味では産学協同を否定すべきであることを確認する。

昭和四四年三月五日

東京大学総長代行　　加藤一郎

東京大学職員組合執行委員長　山口啓二

＋＋＋＋＋＋＋＋＋＋＋＋＋＋＋＋＋＋＋＋＋＋＋＋＋＋＋＋＋＋＋＋＋＋＋

東大当局との「確認書」についての折衝経過における了解事項

〔前文〕

（a）⑴および⑵に関連して………「大学の構成員」は、本来的には、学生、院生、職員であるが、大学の研究教育環境、厚生部門において重要な役割をになっている生協、好仁会などの労働者も、あらたな大学自治を構築し、また、それを不当な圧力から守るにあたっては、事実上のかかわりをもっている。「定員外職員」は、勿論、「職員」の中に含まれる。

（b）東職の要求である「財政の公開とその民主的運用。事務局長、庶務部部長、部局事務長など、事務上層部の文部省から天下り人事に反対し、民主的改革をはかるべきである」についても、大学全体の財政や事務機構の改革をはかる中で検討、審議して行く。

1⑴………この文言は、この限りにおいて六・一七総長告示の実質撤回である。

4⑴………「職員組合としての交渉事項」という表現にしたのは、大学当局としては、国公法一〇八条を考慮したためであるが、これは、ある「制限」を意図したものでなく、組合に要求する交渉事項について、柔軟な態度で誠意をもって応じるものである。

5⑶………「大学改革委員会」の設置、その権限、性格の検討にあたって、東職の主張する「教授会構成員を除く職員の代表は東職である」「総長、部局長の選挙権拡大、全学、各部局運営協議会設置」についても並行して協議して行くものとする。

6⑴………「基本的姿勢として、軍との協力関係をもたない……」との文言にしたのは、決して現状を肯定することを意味するものではない。大学として、東大の慣行に照らして、実態がどうなっているかについての調査および具体的な基準が不十分であることを認め、早急に大学当局の見解を明らかにしたい。自衛隊の船による南極観測参加問題についても近く東大の見解をまとめて行く。

以上了解事項として、確認します。

一九六九年三月五日

野上燿三（大学当局側交渉委員）
平田煕（東大職員組合団交代表）

なお、東職の提示した確認書項目の中で、次の二つについて、団交の席上で大学当局から以下の説明があった。（説明内容の文言については当局も了承した。）

〔A〕大学当局は、六月一七日の機動隊導入ならびに一〇月一四日の三吉逮捕の経過を公開し、その責任の所在を明らかにせよ。

（Ⅰ）六・一七導入の方針が、池の端のある旅館で決められたと云われているが、その内容、参加者を明らかにせよ。事務上層官僚も一枚加わっていたのではないか。

（説明）確かにその会議はあった。参集したのは、総長及び一部部局長であるが、名前はいえない。ただ慣行上、そのような問題について、総長が相談をかけられるべき、時計台管理責任者をふくめ部局長四名である。「導入」の判断は最終的に総長がやった。そのための情報は、事務当局だけでなく、複数のルートがあったものと思う。

（Ⅱ）導入にあたって、学生部職員がヘルメット着用姿で、本富士署から機動隊を誘導して来たと云われているが本当か。捜査に教官の立会いがなかったことをどう思うか。

（説明）関係事務部から二名、案内役として、先導パトカーに同乗して安田講堂前に機動隊を誘導した。開いていない窓を破って、機動隊が講堂内に突入したのは事実である。講堂内捜査に立合ったのは、事務局長、各部課長、補佐補佐、係長である。教官の立合いがなかったことは、管理責任上からは手落ちはなかったが、「大学の自治」の観点から云えば、やはり遺憾なことであった。機動隊が、はじめの三〇分間、誰の立合いの許さなかったという噂について機動隊と同時に、案内した職員は、その他の建物関係者は内部に入っている。

（Ⅲ）機動隊退出後、「時計台を見に来るように」との通達が各部局になされたというが、何のためか。

（説明）占拠学生が退出したあとで行われた学部長会議、評議会の席上で、部局長及び評議員に建物の被害状況を視察して欲しいと頼んだ。一般職員にまで指示したのは本部の関知するところではない。各部局の判断だったと思う。

（Ⅳ）六・一七以前に、学生自身が自主的に占拠をやめさせる動きをしていたことについてどう思うか。

（説明）前総長の情勢判断についての評価は、ここではできない。

出典：「東職確認書・確認事項集第一輯」（一九八〇年一月）

筆者略歴

大窪一志（おおくぼ・かずし）＝一九四六年生まれ、六六年文科Ⅲ類入学。東大闘争時は民青全学委員、後文学部学友会常任委員。筑摩書房編集部、日本生協連広報室勤務の後、フリーランスの編集者・著述者。著・訳書に『素描・一九六〇年代』（川上徹と共著）、『「新しい中世」の始まりと日本』、『自治社会の原像』、ランダウアー『レボルツィオーン　再生の歴史哲学』、ホロウェイ『権力を取らずに世界を変える』（四茂野修と共訳）、クロポトキン『相互扶助再論』など。

大野　博（おおの・ひろし）＝一九四六年生まれ、六五年文科Ⅰ類入学。教養学部学生自治会自治委員、同学部学生会館委員会議長等を経験し、東大闘争時は教養学部で活動。卒業後は医療生活協同組合の運動と事業に専念、医療生協さいたま専務理事等の任にあたる。二〇〇九年三月東北大学大学院経済学研究科博士課程修了、同年四月～二〇一一年三月同研究科博士研究員。現在、公益財団法人嘱託。

柴田　章（しばた・あきら）＝一九四八年生まれ、六七年理科Ⅱ類入学。教養学部学生自治会委員長。東大闘争時、東大闘争勝利全学連行動委員会（駒場）代表者、七学部代表団教養学部代表メンバー。五月祭常任委員長、全学連中央執行委員。農学部卒業後、出版社勤務。

神山正弘（かみやま・まさひろ）＝一九四三年生まれ、一九六二年東京教育大学教育学部入学。六五年から全学連中央執行委員、六七年東京都学連委員長。東大闘争時は日本民主青年同盟（民青）東京都委員会学生対策部長。一九七三年東京大学大学院教育学研究科入学。一九八二年高知大学助教授を経て教授（〜二〇〇七年）。帝京平成大学教授（〜二〇一四年）。高知大学名誉教授。専門は教育行政学。訳書に『民主教育論』（エイミー・ガットマン、二〇〇四年、同時代社）、『現代アメリカの学校改革』（リチャード・エルモア、二〇〇六年、同）など。

佐々木　敏昭（ささき・としあき）＝一九四三年四月二日生まれ。一九六五年東京大学原子核研究所図書室気付雑誌編集職員に採用。九六年東京大学職員組合専従書記、七一年から書記長、副執行委員長歴任。八八年東京地区大学教職員組合連合書記長、九九年〜二〇〇二年全国大学高専教職員組合専従副執行委員長など。

乾　彰夫（いぬい・あきお）＝一九五〇年生まれ、一九六八年理科Ⅰ類入学。同年一一月より東大闘争勝利全学連行動委員会で活動。駒場祭委員長、東大学生自治会中央委員会書記長、全学連中央執行委員など。法政大学を経て東京都立大学教員時に故田代伸一さんと石原都政の都立四大学統廃合に抗する闘争を経験。首都大学東京名誉教授、専門は教育学。著書に『高卒5年、どう生き、これからどう生きるのか』（編著、二〇一三年大月書店）、『若者が働きはじめるとき』（二〇一一年日本図書センター）など。

藤本　齊（ふじもと・ひとし）＝一九四五年生まれ、六四年文科Ⅰ類入学。教養学部学生自治会自治委員、駒場寮委員。六五年同自治会常任委員、東京都学生寮自治会連合（都寮連）委員長。六六年全日本学生寮自治会連合（全寮連）委員長。六七年法学部緑会委員。東大闘争時は法学部在籍。七一年司法研修所入所（二五期）、青年法律家協会員。七三年弁護士。東京合同法律事務所に参加。その後、自由法曹団東京支部長、第二東京弁護士会副会長、同事務局長、関東弁連常務理事、日弁連常務理事、東弁二弁合同図書館館長、全国大学生協連・全国保険医団体連合会顧問など。

光本　滋（みつもと・しげる）＝一九七〇年生まれ。高等教育論、北海道大学大学院教育学研究院准教授。著書に『新自由主義大学改革』（共編）、『危機に立つ国立大学』など。

伊藤谷生（いとう・たにお）＝一九四五年生まれ、六五年理科Ⅰ類入学。教養学部学生自治会常任委員会書記長、東大闘争時は日本民主青年同盟（民青）東大全学委員長。七〇〜七二年民青東京都委員。東大理学部助手、助教授を経て千葉大学理学部教授（〜二〇一一年）。帝京平成大学教授（〜二〇一七年）。構造地質学。東大職員組合執行委員長、千葉大学ユニオン委員長、独法化反対首都圏ネットワーク（現：国立大学法人法反対首都圏ネットワーク）事務局など。千葉大学名誉教授。

（掲載順）

歴史《れきし》のなかの東大闘争《とうだいとうそう》

——得《え》たもの、残《のこ》されたこと

二〇一九年一〇月七日　初版　第一刷発行

著　者　大窪　一志／大野　博／柴田　章／
神山　正弘／佐々木　敏昭／
乾　彰夫／藤本　齊／光本　滋／
伊藤　谷生

発行者　新船　海三郎

発行所　株式会社　本の泉社

〒113・0033　東京都文京区本郷二・二五・六
TEL.　03(5800)8494
FAX.　03(5800)5353
http://www.honnoizumi.co.jp

印刷　亜細亜印刷株式会社

製本　株式会社　村上製本所

DTP　河岡　隆（株式会社　西崎印刷）

ISBN978-4-7807-1941-3　C0036